孔子家语

王志新◎主编

团结出版社

图书在版编目（CIP）数据

孔子家语 / 王志新主编. — 北京：团结出版社，
2018.6
ISBN 978-7-5126-5708-3

Ⅰ. ①孔… Ⅱ. ①王… Ⅲ. ①孔丘（前 551-前 479）
-生平事迹 Ⅳ. ①B222.2

中国版本图书馆 CIP 数据核字（2017）第 263600 号

出　　版：团结出版社
　　　　　（北京市东城区东皇城根南街 84 号　　邮编：100006）
电　　话：（010）65228880　65244790（出版社）
　　　　　（010）65238766　85113874 65133603（发行部）
　　　　　（010）65133603（邮购）
网　　址：http://www.tjpress.com
E － mail：65244790@ 163.com（出版社）
　　　　　fx65133603@ 163.com（发行部邮购）
经　　销：全国新华书店
排　　版：文贤阁
印　　刷：北京德富泰印务有限公司

开　　本：640×920 毫米　16 开
印　　张：24
印　　数：3000
字　　数：345 千
版　　次：2018 年 6 月　第 1 版
印　　次：2018 年 6 月　第 1 次印刷

书　　号：978-7-5126-5708-3
定　　价：32.00 元

"中华国学经典"
系列图书专家委员会

❧ 前 言 ❧

　　孔子，名丘，字仲尼，春秋末期鲁国陬邑（今山东曲阜东南）人，著名的思想家、教育家、政治家，儒家思想的创始人。孔子生于公元前551年（一说公元前550年），卒于公元前479年，祖上为宋国（今河南商丘）贵族。他虽然出身贵族之家，但幼年丧父，生活贫困。在困境中，孔子自强不息，勤奋学习，到处问学，渐渐以博学多能闻名。四十岁左右时，孔子被任命为鲁国中都宰，不久升任司空，后又当上了大司寇，并曾在鲁国摄理宰相事三个月。孔子素有治国安邦之志，被鲁君委以重任后很想有所作为，也做过几件在当时颇有影响的事情，但当时鲁国的政治日趋腐败，孔子被排挤，失望之下辞去官职，率领一批弟子周游列国，希望能遇上一位能实现自己抱负的贤明君主。十四年间到过卫、曹、宋、郑、陈、蔡、楚七个诸侯国，但都没有得到任用。六十八岁时，孔子觉得仕途无望，便转而从事文化教育工作。他回到鲁国，一面认真整理古代典籍，一面广招门徒传授自己的学术和思想主张。据称其弟子多达三千人，比较出名的有七十多人。这些弟子及其后学努力传播孔子的思想和学术，形成了中国历史上影响最大的一个学派，即儒家学派。后世尊奉孔子为至圣先师、万世师表。

　　《孔子家语》又名《孔氏家语》，是一部记录孔子及孔门弟子思想言行的古书。原书二十七卷，今本为十卷，共四十四篇。三国时魏国王

肃为《孔子家语》作注，此后《孔子家语》陷入了增加、杂乱和真伪之辨中，致使其蒙上伪书的诟病。随着近代简帛文献的出土，确认其为先秦旧籍，《孔子家语》的真实性与价值越来越被学界重视。宋代时，儒学者重视《论语》《孟子》《大学》《中庸》，并将其列为"四书"，奉为儒家经典，但与"四书"相比，《孔子家语》在规模上和内容上均要高出很多。《孔子家语》对全面研究早期儒学极具价值，甚至有认定《孔子家语》为"儒学第一书"的说法。

《孔子家语》详细记录了孔子与其弟子门生的问对诘答和言谈行事，对研究儒家学派的哲学、政治、伦理和教育思想有着重要价值。同时，由于该书保存了不少古书中的有关记载，对考证上古遗文，校勘先秦典籍，有巨大的价值。其次，由于书中的内容大都具有较强的叙事性，即大多是有关孔子的逸闻趣事，故此书具有较高的文学和历史价值，是研究孔子生平及其思想的重要资料，也是我们认识孔子的重要依据。

本书精选了《孔子家语》中的三十五篇，参照权威版本，配以注释、译文板块，希望能对广大读者了解其内容有所帮助。由于编者水平有限，书中不免有所疏漏，望广大读者批评指正。

目 录

卷一

相鲁第一

孔子初仕，为中都宰。制^①为养生送死之节，长幼异食，强弱异任，男女别涂，路无拾遗，器不雕伪。为四寸之棺，五寸之椁^②，因^③丘陵为坟，不封不树。行之一年，而四方之诸侯则焉。

定公谓孔子曰："学子此法以治鲁国，何如？"孔子对曰："虽天下可乎，何但鲁国而已哉！"

于是二年，定公以为司空。乃别五土之性，而物各得其所生之宜，咸^④得厥所。先时，季氏葬昭公于墓道之南，孔子沟^⑤而合诸墓焉。谓季桓子曰："贬君以彰己罪，非礼也。今合之，所以掩^⑥夫子之不臣^⑦。"

由司空为鲁大司寇，设法而不用，无奸民。

定公与齐侯会^⑧于夹谷，孔子摄相^⑨事，曰："臣闻有文事者必有武备，有武事者必有文备。古者诸侯出疆，必具官以从，请具左右司马。"定公从之。

至会所，为坛位，土阶三等。以遇礼相见，揖让而登。献酢^⑩既毕，齐使莱人以兵鼓噪，劫^⑪定公。孔子历阶^⑫而进，以^⑬公退，曰："士，以兵之。吾两君为好，裔夷之俘，敢以兵乱之，非齐君所以命诸侯也！裔不谋夏，夷不乱华，俘不干⑭盟，兵不偪⑮好。于神为不祥，于德为愆义，于人为失礼，君必不然。"齐侯心怍⑯，麾⑰而避之。有顷⑱，齐奏宫中之乐，俳优侏儒戏于前。孔子趋⑲进，历阶而上，不尽一等⑳，曰："匹夫荧侮诸侯者，罪应诛。请右司马速加刑

焉！"于是斩侏儒，手足异处。齐侯惧，有惭色。将盟，齐人加载㉑书曰："齐师㉒出境㉓，而不以兵车三百乘从我者，有如此盟。"孔子使兹无还对曰："而㉔不返我汶阳之田，吾以供命㉕者，亦如之。"齐侯将设享礼，孔子谓梁丘据曰："齐鲁之故㉖，吾子何不闻焉？事既成矣，而又享之，是勤㉗执事。且牺象㉘不出门，嘉乐不野合㉙。享而既具㉚，是弃礼；若其不具，是用秕稗也。用秕稗，君辱；弃礼，名恶。子盍图之？夫享，所以昭德也；不昭，不如其已。"乃不果享。

　　齐侯归，责其群臣曰："鲁以君子道辅其君，而子独以夷狄道教寡人，使得罪。"于是乃归所侵鲁之四邑及汶阳之田。

①制：制定。②椁：古代的棺木分内外两层，外层叫椁，里层叫棺。③因：依傍。④咸：都。⑤沟：挖沟。⑥掩：掩盖。⑦不臣：不守臣道。⑧会：会盟。⑨相：司仪、赞礼之人。⑩献酢：主客之间互相揖让献酒。酢，客人用酒回敬主人。⑪劫：威胁，胁迫。⑫历阶：一步一级地快步登阶。古代的礼制规定要双脚登同一个台阶慢行。⑬以：保护，护卫。⑭干：干扰，扰乱。⑮偪：通"逼"，威胁。⑯怍：惭愧，愧疚。⑰麾：原指指挥作战用的旗帜，这里作动词，指挥的意思。⑱有顷：过了一会儿。⑲趋：快走。⑳不尽一等：盟台有三级台阶，孔子虽急登台阶，但未登上顶层，这是符合礼制的。㉑载：记载。㉒师：军队。㉓出境：指出兵攻打他国。㉔而：通"尔"，你。㉕供命：派军队任凭齐国调遣。㉖故：原有的礼节传统。㉗勤：麻烦，劳烦。㉘牺象：装饰有鸟形图案、鸟羽或象骨的酒器。㉙野合：在野外演奏。㉚具：具备，齐全。

译文

孔子刚开始做官时，担任中都宰。他制定了让百姓生有所养、死得安葬的制度，提倡按照年龄的长幼吃不同的食物，根据能力的强弱分配不同的任务，男女在道路上行走时各走一边，在路上遗失的东西没人拾取据为己有，所用的器物也不求浮华的雕琢纹饰。棺木厚四寸，椁厚五寸，依傍丘陵修建坟墓，不兴建高大的坟，不在坟墓周围种植松柏。这样的制度施行了一年后，西方的各诸侯国纷纷效仿。

　　鲁定公对孔子说："学习您这套治政方法来治理鲁国，怎么样？"孔子回答说："即便治理天下也是可以的，何况只是治理鲁国呢！"

　　就这样施行了两年，鲁定公任命孔子为司空。孔子根据土地的不同性质将其分为山林、川泽、丘陵、高地、沼泽五种，各种作物都种在适合的土壤中，都得到了很好的发展。早前，季平子将鲁昭公葬在鲁国先王陵墓的墓道南面，孔子派人挖沟将鲁昭公的陵墓和先王的陵墓圈连到一起，并告诉季平子的儿子季桓子："令尊以此贬损君王，却也因此彰显了自己的罪行，这不符合礼制的行为。现在把陵墓连在一起，可以掩盖令尊不守人臣之道的罪名。"

　　之后，孔子又从司空升任为鲁国的大司寇，他虽然也设立了法律法规，却没有派上用场，因为当时没有奸诈顽劣的刁民了。

　　鲁定公和齐侯在齐国的夹谷举行盟会，孔子当时担任司仪，他对鲁定公说道："我听说举行和平盟会一定要有武力做后盾，进行军事活动也一定要有致力于和平外交的准备。古代的诸侯离开自己的国家进行外交活动时，一定有文武官员随行，请您带上左右司马。"鲁定公听从了孔子的建议。

　　到了进行盟会的场所，已经筑好了举行盟会仪式的高台，高台设立了三层台阶。双方以简略的会遇之礼相见，相互谦让着登上了高台。然后互相礼让着敬酒，敬酒完毕以后，齐国派莱人的军队擂鼓呼喊，以威胁定公。孔子马上快步登上台阶，保护定公退避，并下令："鲁国的士兵们，你们快去攻击莱人。我们两国的国君在这里举行友好的盟会，那些远方夷狄的俘虏竟敢拿着武器行暴，这绝不是齐侯和天下诸侯友好邦

交之法。远方的异国不得图谋我华夏，夷狄不得扰乱我中原，俘虏不得干扰盟会，兵甲不能威胁盟友。否则，这不但对神灵来说是不敬的，在道德上也是不义的，在为人上更是失礼的，齐侯一定不会这么做的。"齐侯听了孔子的话后心中惭愧，就指挥那些莱人退下了。过了一会儿，齐国方面奏起了宫廷的舞乐，唱歌的俳优和侏儒小丑在国君面前表演歌舞杂技、调笑嬉戏。孔子快步走向前，登上台阶，站在第二个台阶上说："卑贱的人竟敢戏弄诸侯，应当诛杀。请右司马赶快对他们施刑！"于是那些侏儒被斩杀，手足都被斩断。齐侯看了以后很恐惧，面有惭色。正当两国要歃血为盟的时候，齐国在盟书上写道："以后齐国的军队出兵征战的时候，如果鲁国不派遣三百辆兵车跟从出征的话，就要按照盟约的规定予以惩罚。"孔子就派兹无还回应道："如果齐国不归还我们鲁国汶河以北的领地，而让鲁国派兵跟从的话，齐国也要按照盟约的规定接受惩罚。"齐侯准备设宴款待鲁定公，孔子就对齐国的大夫梁丘据说道："齐国和鲁国的传统礼节，难道您不知道吗？会盟既然已经完成，再设宴款待的话，就只是白白劳烦你们的群臣而已。况且牺象这样的酒器不应当带出宫门，雅乐也不应当在野外演奏。如果设了宴并且所有东西都齐备的话，那就相当于违背了礼仪；如果宴会上的东西简陋的话，那就等于是舍弃了五谷而用那些秕稗。而秕稗则有辱于君王的尊贵；违背礼仪又会背上不好的名声。你们怎么不慎重考虑呢？设宴是为了显示君王的功德的；如果不能够显示功德的话，还不如没有更好。"于是齐国就没能设宴。

　　齐侯回去以后，责备群臣说："鲁国的臣子是用君子道义来辅助君王的，你们却单单用夷狄的行为来误导我，使我招致这么多的羞辱。"于是就把侵占的四座城邑以及汶河以北的土地都归还给了鲁国。

原文

孔子言于定公曰："家不藏甲①，邑无百雉②之城，古之制也。今三家过制，请皆损③之。"乃使季氏宰仲由隳④三都。叔孙不得意于季氏，因费宰公山弗扰率费人以袭鲁。孔子以⑤公与季孙、叔孙、孟孙入于季氏之宫，登武子之台。费人攻之，及台侧，孔子命申句须、乐颀勒⑥士众下伐之，费人北⑦。遂隳三都之城。强公室，弱私家，尊君卑臣，政化大行。

初，鲁之贩羊有沈犹氏者，常朝饮其羊以诈市人。有公慎氏者，妻淫不制⑧。有慎溃氏，奢侈逾法。鲁之鬻六畜者，饰之以储价⑨。及孔子之为政也，则沈犹氏不敢朝饮其羊，公慎氏出其妻，慎溃氏越境而徙。三月，则鬻牛马者不储价，卖羊豚者不加饰，男女行者别其涂⑩，道不拾遗。男尚忠信，女尚贞顺。四方客至于邑者，不求有司，皆如归焉。

注释

①甲：兵器、铠甲，引申为武装。②雉：古代用来计算城墙面积的计量单位，长三丈高一丈为一雉。③损：削减。④隳：毁坏。⑤以：保护。⑥勒：指挥。⑦北：败北。⑧制：管制。⑨储价：抬高价格。⑩涂：通"途"。

译文

孔子对定公说道："卿大夫的家中不能私自藏有武器，封邑中不能建造规模超过百雉的都城，这都是古代的礼制。如今有季孙氏、孟孙氏、叔孙氏三家大夫违背了礼制，请您予以削减。"于是定公就派季孙氏家臣仲由拆除了三家大夫的城池。叔孙氏的庶子叔孙辄因为得不到季孙氏的器重，就联合了费城的长官公山弗扰率领费人一同袭击鲁国都城曲阜。孔子保护着定公，和季孙氏、叔孙氏、孟孙氏三位大夫躲进季氏的住宅，登上了武子台。费人攻打武子台，攻打到台的一侧时，孔子便命令申句须、乐颀两位大夫带领士卒前去抵御，费人被击退。于是三座都邑的城池终于被拆除。国君的势力得以增强，大夫的势力被削弱，国君地位更加尊崇，臣子的地位有所下降，于是政治教化得以执行。

早前，鲁国有个贩羊的沈犹氏，经常在早晨给羊灌水增加重量再卖掉以欺骗买主。有一个叫公慎氏的人，他的妻子与人淫乱他却不管。有一个叫慎溃氏的人，生活奢侈逾越了礼法的规定。鲁国贩卖牲口的那些人，在牲畜身上做手脚从而抬高价格卖掉。到了孔子在鲁国治政的时候，沈犹氏不敢在早晨卖羊前给羊灌水了，公慎氏休掉了他的妻子，慎溃氏逃出边境迁居别国了。为政三个月后，贩卖牛马的人不敢随意抬高价格了，贩卖猪羊的人也不敢对牲畜做手脚了。男女在路上各走一边，路上遗失的东西也没有人据为己有。男子追求忠诚、信用，女子崇尚贞节、孝顺，四方宾客来到鲁国的城邑，不用再请求主管商旅的官员帮助，就像回到家里一样安全方便。

始诛第二

孔子为鲁司寇，摄①行相事，有喜色。仲由问曰："由闻君子祸至不惧，福至不喜。今夫子得位而喜，何也？"孔子曰："然，有是言也。不曰'乐以贵下人'乎？"于是，朝政②七日而诛乱政大夫少正卯，戮之于两观③之下，尸于朝④三日。

子贡进曰："夫少正卯，鲁之闻人⑤。今夫子为政而始诛之，或者为失乎？"孔子曰："居，吾语汝以其故。天下有大恶者五，而窃盗不与⑥焉。一曰心逆而险⑦，二曰行僻而坚⑧，三曰言伪而辩⑨，四曰记丑⑩而博，五曰顺非而泽⑪。此五者，有一于人，则不免君子之诛，而少正卯皆兼有之。其居处足以撮徒成党，其谈说足以饰衰莹众，其强御足以反是独立⑫。此乃人之奸雄，有不可以不除。夫殷汤诛尹谐，文王诛潘

正，周公诛管蔡，太公诛华士，管仲诛付乙，子产诛史何，凡此七子皆异世而同诛者，以七子异世而同恶，故不可赦也。《诗》云：'忧心悄悄，愠于群小。'小人成群，斯足忧矣。"

①摄：代理。②朝政：执掌朝政。③两观：宫门外的两座高台。④尸于朝：在朝廷上陈列尸首。⑤闻人：出名的人，有名望的人。⑥不与：不在其中。⑦险：险恶。⑧坚：固执。⑨辩：善辩。⑩丑：怪异的事。⑪泽：润泽，润色。这里指理直气壮。⑫反是独立：反对正道，违背礼制自成异端。

孔子担任鲁国大司寇，代理宰相的职责，脸上表现出高兴的神色。仲由问孔子："我听说品德高尚的君子面对祸患不会畏惧，面对幸事也不感到欣喜。现在先生得到高位而面露喜色，这是为什么呢？"孔子回答："对，是有这样的说法。但不是还有'显贵了仍然以谦恭待人为乐事'的说法吗？"就这样，孔子执掌朝政七天就诛杀了扰乱朝政的大夫少正卯，在宫殿门外的两座高台之下将他杀死，并在朝廷上暴尸三日。

子贡向孔子进言说："少正卯是鲁国有名望的人物。而今您当政之始，就马上杀他，可能有些失策吧？"孔子回答道："你坐下来，我来告诉你为什么要这样做。天地间有五种恶行最大，连盗窃这一类的行为都不在其中。第一种就是通达了世事却又用心险恶，第二种是行为怪僻并且固执，第三种是言语诡诈但又能言善辩，第四种是知道了太多不义的事情，第五种是反对礼法却又理直气壮。这五种恶行，只要有人犯了其中的一项，就免不了受到正人君子的诛杀，况且少正卯五种恶行都具备。他身处高位足以聚集徒众、结党营私，他的言论也足以伪饰自己迷惑众人并得到声望，他积蓄的强大力量足以违背礼制自成异端。他可真称得上奸雄啊！不能不除啊！殷汤杀掉尹谐，文王杀掉潘正，周公杀掉管叔和蔡叔，姜太公杀掉华士，管仲杀掉付乙，子产杀掉史何，这七个人生于不同的时代，但被杀原因相同，因为这七个人虽然所处时代不同，但是他们的罪行都是相同的，因此不能够放掉他们。《诗经》上说：'忧心如焚，为恶势力所憎恨。' 小人成群出现，这就很值得我们担忧了。"

原文

孔子为鲁大司寇，有父子讼①者，夫子同狴②执③之，三月不别④。其父请止，夫子赦之焉。季孙闻之不悦，曰："司寇欺余，曩⑤告余曰：'国家必先以孝。' 余今戮一不孝以教民孝，不亦可乎？而又赦，何哉？"

冉有以告孔子，子喟然叹曰："呜呼！上失其道⑥而杀其下，非理也。不教以孝而听⑦其狱⑧，是杀不辜。三军大败，不可斩也；狱犴不治，不可刑也。何者？上教之不行，罪不在民故也。夫慢⑨令谨诛，贼也；征敛无时，暴也；不试责成，虐也。政无此三者，然后刑可即也。《书》云：'义刑义杀，勿庸以即汝心，惟曰未有慎事。' 言必教⑩而后刑⑪也。既陈道德以先服之，而犹不可，尚⑫贤以劝之；又不可，即废之；又不可，而后以威惮之。若是⑬三年，而百姓正矣。其有邪民不从化者，然后待之以刑，则民咸知罪矣。《诗》云：'天子是毗，俾民不迷。' 是以威厉而不试⑭，刑错⑮而不用。今世则不然，乱其教，繁其

刑，使民迷惑而陷焉。又从而制之，故刑弥繁而盗不胜^⑯也。夫三尺之限，空车不能登者，何哉？峻故也。百仞之山，重载^⑰陟^⑱焉，何哉？陵迟故也。今世俗之陵迟久矣，虽有刑法，民能勿逾乎？"

注释

①讼：打官司。②同狴：同一个牢房。狴，监狱。③执：监禁、关押。④别：判决。⑤曩：以前，过去。⑥道：通"导"，教导，教化。⑦听：断决，治理。⑧狱：诉讼案件。⑨慢：松弛。⑩教：教化。⑪刑：刑罚。⑫尚：表彰，推崇。⑬若是：如此，像这样。⑭试：用。⑮错：搁置不用。⑯不胜：不可胜数，数不清。⑰重载：载重的车子。⑱陟：登上。一般指登山。

译文

孔子在担任鲁国大司寇的时候，有一对父子打官司，孔子将他们关押在同一个牢房里，过了三个月，仍然没有判决。父亲主动提出撤回诉讼，孔子就将他们放了。季孙氏知道这件事后很不高兴，说道："司寇欺骗了我，以前他曾经告诫过我：'治理国家的时候一定要先实行孝道。'如今要我杀掉一个不孝之人，用以教导我的百姓实行孝道，难道不可行吗？但司寇又赦免了他，这是什么原因呢？"

再有将季孙氏的话讲给孔子听，孔子听后叹息道："唉！身居高位的人没有履行自己教导百姓的职责，反而滥杀百姓，这样的做法违背常理。如果身居高位的人不用孝道教化百姓，却又去随意处理官司，这样做就是滥杀无辜。三军遭遇大败，不能用乱杀士兵来阻拦败逃；违法犯罪的案件不断出现，但不能靠严酷的刑罚来制止。这是什么原因呢？统治者不能教化百姓，罪责不在百姓身上。如果法令松弛，对人的惩罚却

很严厉，这就是残害生灵；随便横征暴敛，就是残暴的表现；不教化百姓却要求百姓遵守礼法，这就是暴虐的表现。只有在施政的时候不再有这三种弊病，才可以使用刑罚。《尚书》上说：'刑罚杀戮要讲究恰如其分，不能要求事事都合自己的心意，断案不是那么顺当的事。'说的是必须先教化后用刑罚。陈说道义使百姓敬服，如果还是不行，就对贤德的人加以表彰以鼓励众人从善；还不行的话，就放弃说教；如果这些都不行的话，就用威势震慑他们。这样施政三年，老百姓就能走上正途了。其中还有那些冥顽不化之徒，就可以对他们使用刑罚了，这样百姓们都知道什么是罪过了。《诗经》中说：'辅佐天子，使百姓不迷惑。'能做到这些就用不着威慑，刑罚也可以搁置了。当今之世却不是这样的，教化紊乱，刑罚繁多，让百姓感到迷惑而随时会掉进陷阱。官吏又紧接着用刑罚去制裁他们，所以刑罚越繁重盗贼也越多。三尺的门槛，即便是空车也很难登上去，为什么呢？这是太过于陡峭的缘故。百仞的高山，负载很重的车子也能够登上去，这是为什么呢？这是因为山是由低到高慢慢升上去的，车子就会慢慢登上去。如今社会风气已经败坏很久了，即使有严刑酷法，百姓能做到不触犯吗？"

王言解第三

孔子闲居，曾参侍。孔子曰："参乎，今之君子，唯士与大夫之言可闻也，至于君子之言者，希①也。於乎！吾以王言之，其不出户牖②而化天下。"

曾子起，下席而对曰："敢问何谓王者言？"孔子不应。曾子曰："侍夫子之闲也难，是以敢问。"孔子又不应。曾子肃然而惧，抠衣③而退，负席④而立。

有顷⑤，孔子叹息，顾⑥谓曾子曰："参，汝可语明王之道与？"曾子曰："非敢以为足也，请因⑦所闻而学焉。"子曰："居，吾语汝！夫道者，所以明德也；德者，所以尊道也。是以非德道不尊，非道德不明。虽⑧有国之良马，不以其道服乘之，不可以取道里⑨。虽有博地众民，不以其道治之，不可以致霸王。是故，昔者明王内修七教，外

行三至。七教修，然后可以守；三至行，然后可以征。明王之道，其守也，则必折冲⑩千里之外；其征也，则必还师衽席之上。故曰内修七教而上不劳，外行三至而财不费。此之谓明王之道也。"

注 释

①希：同"稀"，稀少，罕见。②户牖：门窗。③抠衣：提起衣服。④负席：背靠着墙。负，倚，背靠。席，应为"序"，东西墙为序。⑤有顷：过了一会儿。⑥顾：回头看。⑦因：通过。⑧虽：即使。⑨道里：在道路上行进。⑩折冲：使敌人的战车后撤，即打败敌人。冲，兵车。

译 文

孔子闲居在家，曾参在身边侍候。孔子说："曾参啊，现在身居高位的人，只能听到士与大夫的言论，至于高尚道德的贤人言论，就很少听到了。唉！我若将成就王业的道理讲给身居高位的人听，他们足不出户就可以治理好天下了。"

曾参站起来，离开坐席问："请问什么是成就王业的道理呢？"孔子没有回答。曾参又说："看到老师有空闲的时候很难，所以大胆向您请教了。"孔子还是没有回答。曾参紧张而害怕，提起衣襟退下去，背靠着墙站在旁边。

过了一会儿，孔子发出一声叹息，回头对曾参说："曾参，可以和你谈论古代明君的治国之道吗？"曾参说："我不敢认为自己掌握的知识已经完备了，我请求通过听老师的讲解来学习。"孔子说："你坐下，我告诉你。道是用来表明德行的；德行是用来尊崇道义的。所以缺少了德行，道义就不会被尊崇；缺少了道义，德行就不能彰显。即使拥有全

国最好的马，如果不按照一定的方法驯服、驾驭，训练它驾车，它也不会在道路上行进。即使有广袤的土地、众多的国民，如果不用一定的方法治理，就不能取得霸业。因此，过去贤明的君主在国内实行'七教'，在国外实行'三至'。'七教'实行得好，守御国家应该没有问题了；'三至'实行了，就可以征讨其他国家了。贤明的君主治理国家的方法是：保卫本国，一定要在千里之外打败敌人；征讨他国，就一定毫不费力地胜利归来。因此，在国内实行'七教'，国君可以不必劳苦；在国外实行'三至'，就不会在外交上浪费财物。这就是贤明君主的治国之道。"

原文

曾子曰："不劳不费之谓明王，可得闻乎？"孔子曰："昔者帝舜左禹而右皋陶，不下席而天下治。夫如此，何①上之劳乎？政之不中②，君之患③也；令之不行④，臣之罪也。若乃⑤十一而税⑥，用民之力岁不过三日，入山泽以其时而无征，关讯⑦市廛⑧皆不收赋，此则生财之路而明王节之，何财之费乎？"

曾子曰："敢问⑨何谓⑩七教？"孔子曰："上敬老则下益⑪孝，上尊齿⑫则下益悌⑬，上乐施则下益宽，上亲贤则

下择友，上好德则下不隐^⑭，上恶贪则下耻争，上廉让则下耻节，此之谓七教。七教者，治民之本也。政教定，则本正矣。凡上者，民之表^⑮也，表正则何物不正？是故，人君先立^⑯仁于己，然后大夫忠而士信^⑰，民敦^⑱俗朴^⑲，男悫^⑳而女贞。六者，教之致^㉑也，布^㉒诸天下四方而不怨，纳诸寻常之室而不塞。等^㉓之以礼，立之以义，行之以顺，则民之弃恶如汤之灌雪焉。"

注释

①何：什么。②中：安定。③患：忧虑，担心。④行：实行。⑤若乃：如果。⑥十一而税：征收十分之一的税收。⑦讥：查看，检察。⑧廛：集市中的旅舍。引申为市场。⑨敢问：请问。⑩谓：叫作。⑪益：更加。⑫齿：代指年长的人。⑬悌：尊敬兄长。⑭隐：归隐。⑮表：表率。⑯立：树立。⑰信：诚信。⑱敦：敦厚。⑲朴：淳朴。⑳悫：诚实、谨慎。㉑致：结果。㉒布：广布，广泛实施。㉓等：划分等级。

译文

曾参说："不为政事烦劳，不劳民伤财就可以称为贤明的君王了吗？其中的道理老师可以讲给我听吗？"孔子说："以前，舜帝的左右有禹和皋陶辅佐，他不用离开坐席，天下就被治理得井井有条了。像这样，君王有什么烦劳的呢？政治不安定，是君王担忧的；政令不能有效实行，是臣下的罪过。如果只向百姓征收十分之一的税收，爱惜民力，每年百姓劳役的时间不超过三天，按照一定的时令让百姓入山打猎、入湖打鱼而不滥征税，交易市场也不滥收赋税，这些都是国家生财之道，而贤明的君王会节制使用这些手段，又怎么会浪费民力财力呢？"

曾参说："请问什么叫作'七教'呢?"孔子说:"在上位的人尊敬老人,百姓就更加讲孝道;在上位的人遵从长幼次序,百姓中弟弟就更加尊敬兄长;在上位的人乐善好施,百姓就更加宽容待人;在上位的人亲近贤人,百姓就会选择良友;在上位的人重视德行,百姓中就不会有人隐瞒自己的看法;在上位的人厌恶贪婪,百姓就会把争利当成耻辱;在上位的人廉洁谦让,百姓就会以不讲礼节为耻。这就叫作七教。七教是治理人民的基本原则。政治教化有这样的基本原则,治民的根本就正确了。在上位的人是下层百姓的表率,表率正还有什么不正的呢?因此,君王首先用'仁'的标准要求自己,这样大夫就会忠于职守而士就会诚信,民风淳朴,男子诚实谨慎而女子忠贞。这六个方面是教化达到的效果,把它散布到天下四方,没有人埋怨,把它贯彻到一般百姓家里也不会觉得行不通。用礼划分等级,用道义立身,遵守礼、义来做事,百姓抛弃恶念,就像用热水灌洗积雪一样简单了。"

原文

曾子曰:"道则至①矣,弟子不足以明之。"孔子曰:"参以为姑止②乎?又有焉。昔者明王之治民也,法必裂地以封之分属以理之。然后贤民无所隐③,暴民无所伏④。使有司⑤日省⑥而时⑦考之,进用⑧贤良,退贬不肖⑨,则贤者悦而不肖者惧。哀鳏寡⑩,养孤独,恤⑪贫穷,诱⑫孝悌,选才能。此七者修,则四海之内无刑民矣。上之亲下也,如手足之于腹心矣;下之亲上也,如幼子之于慈母矣。上下相亲如此,故令则从⑬,施⑭则行,民怀其德,近者悦服,远者来附,政之致也。夫布⑮指知寸,布手知尺,舒肘知寻⑯,斯⑰不远之则也。周制,三百步为里,千步而井，三井而埒，埒三而矩，五十里而都，封百里而有国，乃为福积资袭焉，恤行者之有亡。是以蛮夷诸夏，虽衣冠不同，言语不合，莫不来宾。故曰无市而民不乏，无刑而民不乱。田猎罩弋[18]，非以盈[19]宫室也；征敛[20]百姓，非以盈府库也。憱恒[21]以补不足，礼节以损有余。多信而寡貌，其礼可守，其言可复[22]，其迹可履。如饥而食，如渴而饮。民之信之，如寒暑之必验。故视远若迩[23]，非道迩也，见明德也。是故兵革不动而威，用利不施而亲，万民怀其惠。此之谓明王之守，折冲[24]千里之外者也。"

注释

①至：达到极点，很好。②姑止：仅仅这些。③隐：埋没。④伏：隐藏。⑤有司：官员。⑥省：省察。⑦时：按照一定的时候。⑧进用：推荐。⑨不肖：不称职，没有能力的。⑩鳏寡：无妻或丧妻称为鳏，丧夫称为寡。⑪恤：同情，怜悯。⑫诱：诱导。⑬从：服从。⑭施：措施。⑮布：伸开、伸展。⑯寻：度量单位，两臂伸开为一寻。⑰斯：这。⑱弋：以绳系箭而射。⑲盈：充盈、填满。⑳征敛：征收赋税。㉑憱恒：忧伤，这里是同情的意思。㉒复：听信。㉓迩：近。㉔折冲：打败敌人。冲，兵车。

译文

曾参说："这种治国之道非常好，只是我还不是很明白。"孔子说："你以为仅限于这些吗？还有呢。以前贤明的君王治理人民，制定法令，把土地分封下去，派官吏去管理。这样贤良的人就不会被埋没，残暴的小人也没有藏身之处。经常派主管官员去考察民情，举荐贤才，罢免不

称职的官员，这样贤良的人就会感到愉快，而不称职的官吏就会有所畏惧。同情鳏夫寡妻，养活老年无所养之人和孤儿，怜恤穷苦的人，诱导人们孝敬父母、尊敬兄长，选拔有才能的人。做到了这七点，四海之内就没有人受刑罚了。在上位的人亲近百姓，像手脚爱护自己的胸腹一样；百姓亲近在上位的人，就像幼童依恋慈爱的母亲一样。上下之间相亲相爱，百姓就会遵从法令，措施就能有效执行，百姓感激君王的恩德，身边的人都心悦诚服，远方的人就会来投奔，这是政治达到的最高境界。伸开手指就会知道寸有多长，伸开手掌就知道尺有多长，伸开胳膊就知道寻有多长。这就是身边的准则。周代的制度是以三百步为一里，一千步见方为一井，三井为一埒，三埒为一矩，五十平方里的地方可以建大城市，分封一百平方里的地方可以建立国都，目的是积蓄生活所需的物品，使安居的人去帮助漂泊无依之人。因此蛮夷和华夏虽然穿戴不同，说话也不一样，但是没有不来臣服朝拜的。所以说，即使没有市场，百姓却不缺乏生活物资；即使没有刑罚，百姓也不会作乱。打猎并不是为了使宫室充盈；向百姓征收赋税并不是为了充实府库。这是因为国君忧民，遇到天灾人祸就会用国库的粮食补给缺少粮食的百姓，用礼来节制奢侈浪费。多多地树立诚信而少用纹饰，国家的礼法就可以得到遵守，君王的言论百姓就听从，他的行为就可以成为百姓的表率。就像饿了要吃饭，渴了要喝水。百姓信任君王，就像寒暑随四季变化一样。所以说百姓觉得君王看似距离遥远，又近在身边，不是因为离君王道路近，而是四海之内都散布了他圣明的教化。因此不用动用武力就能树立威信，不用利诱就能让百姓亲近，并且百姓都会感激君王的恩惠。这就是贤明的君王守御国家的方法，能在千里之外打败敌人。"

原文

曾子曰："敢问何谓三至?"孔子曰："至礼不让①而天下治,至赏不费②而天下士悦,至乐无声而天下民和。明王笃行③三至,故天下之君可得而知,天下之士可得而臣,天下之民可得而用。"曾子曰："敢问此义何谓?"孔子曰："古者明王必尽知天下良士之名,既知其名,又知其实,又知其数④及其所在焉。然后因⑤天下之爵以尊之,此之谓至礼不让而天下治。因天下之禄以富天下之士,此之谓至赏不费而天下之士悦。如此,则天下之明名誉兴焉,此之谓至乐无声而天下之民和。故曰:所谓天下之至仁者,能合天下之至亲也。所谓天下之至知者,能用天下之至和者也。所谓天下之至明者,能举天下之至贤者也。此三者咸⑥通,然后可以征。是故仁者莫大乎爱人,智者莫大乎知贤,贤政者莫大乎官能⑦。有土之君修此三者,则四海之内供命⑧而已矣。夫明王之所征,必道之所废者也,是故诛其君而改其政,吊其民而不夺其财。故明王之政,犹时雨⑨之降,降至则民悦矣。是故行施弥⑩博,得亲弥众,此之谓还师衽席⑪之上。"

注释

①让:谦让、辞让。②费:破费财物。③笃行:忠实地执行。④数:人数。⑤因:用。⑥咸:都。⑦官能:任用有贤能的人。⑧供命:

听从命令。⑨时雨：及时雨。⑩弥：更加。⑪衽席：朝堂举办宴席的时候所设的座位。

译文

曾参说："请问什么叫作'三至'呢？"孔子说："最高的礼节是不必互相谦让天下就能治理好，最高的赏赐是不用破费财物天下的士人就会喜悦，最好的音乐是没有声音而能使百姓和睦相处。贤明的君王专心努力达到'三至'，天下其他的君王，都可以知道他，天下的士人，都可以当他的臣子，天下的百姓，都可以为他所用。"曾参说："请问这是什么意思呢？"孔子说："古代贤明的君王，一定知道天下所有贤良人才的名字，既知道他们的名字，还知道他们实际的才能，还知道他们的人数以及他们所在的地方。等到一定的时候，用适当的爵位让他们得到尊贵的地位，这就叫作最高的礼节是不必互相谦让天下就能治理好。用天下的利禄来让天下的士人富足，这就叫作最高的赏赐是不用破费财物天下的士人就会喜悦。能做到这两点，天下的百姓就会讲究名誉，这就叫作最好的音乐是没有声音而使百姓和睦相处。所以说：通常所说的天下最仁爱的人，能够团结天下最亲近的人；天下最明智的人，可以将能够让百姓和睦的人收为己用；天下最贤明的人呢，能够举荐天下最有贤能的人。这三个方面都做到了，就可以对外征伐了。因此仁爱的人莫过于爱护民众，有智慧的人莫过于知道贤人，贤明的执政者莫过于选拔贤能的官员。拥有疆土的君主如果能做到这三方面，天下的人就都会听从他的吩咐了。贤明的君王征讨的国家，必定是礼法废弛的国家，因此诛灭这个国家的国君，改变这个国家原本的政教，抚慰这个国家的人民而不掠夺他们的财物。所以贤明君王的政令，就像及时的降雨，一旦降落百姓就会很高兴。因此，他的教化施行得越广泛，亲近的百姓越多，这就是军队出征能得胜的方法。"

大婚解第四

原文

孔子侍坐于哀公，公曰："敢问人道孰为大?"孔子愀然作色①而对曰："君及此言也，百姓之惠也，固臣敢无辞②而对。人道政为大。夫政者，正也。君为正，则百姓从而正矣。君之所为，百姓之所从。君不为正，百姓何所从乎!"公曰："敢问为

政如之何?"孔子对曰："夫妇别，男女亲，君臣信。三者正，则庶物③从之。"公曰："寡人④虽无能也，愿知所以行三者之道，可得闻乎?"孔子对曰："古之政，爱人为大;所以治爱人，礼为大;所以治礼，敬为大;敬之至矣，大婚⑤为大。大婚至矣，冕⑥而亲迎者，敬之也。是故君子兴敬为亲，舍敬则是遗亲也。弗亲弗敬，弗尊也。爱与敬，其政之本与⑦?"

注释

①愀然作色：忧惧而脸色变得严肃。②无辞：不推辞。③庶物：一般的事物。④寡人：古代君王、诸侯、大夫的自称。⑤大婚：帝王的婚姻。⑥冕：大夫以上的贵族所戴的帽子。这里用作动词，穿戴冕服。⑦与：通"欤"，句末语气词。

译文

孔子陪伴鲁哀公坐着，鲁哀公问道："请问治理人民的措施中什么是最重要的？"孔子脸色变得严肃，回答说："您能问到这个问题，真是对百姓的恩惠了，所以我敢不加推辞地回答这个问题。治理人民的措施中政是最重要的。所谓政，就是正。如果国君做得正，百姓就会随之做得正。国君的所作所为，是百姓要仿效的。国君如果做得不正的话，百姓跟他学什么呢？"鲁哀公说："请问怎样治理政事呢？"孔子回答："夫妇要有区别，男女要相亲，君臣之间要讲信义。这三件事做好了，其他的事情就都能做好了。"鲁哀公说："我虽然没有才能，但是我想要知道做到这三件事的方法，可以听听吗？"孔子回答说："古代治理政事，最重要的是爱人；爱人最重要的是施行礼仪；施行礼仪最重要的是有恭敬之心；最高尚的恭敬之心，就是天子诸侯的婚姻。结婚的时候，天子、诸侯要穿戴冕服亲自迎娶，这是最为尊敬的做法。因此君子提倡用尊敬来求亲，舍弃尊敬就是不想求亲。不亲近不敬畏，就是不尊重。爱和尊重，大概是为政最根本的吧！"

公曰："寡人愿有言也。然冕而亲迎，不已重乎?"孔子愀然作色而对曰："合二姓之好①，以继②先圣之后，以为天下宗庙社稷之主，君何谓已重乎"? 公曰："寡人实固③，不固安得④闻此言乎! 寡人欲问，不能为辞⑤，请少进。"孔子曰："天地不合，万物不生。大婚，万世之嗣也，君何谓已重乎?"孔子遂⑥言曰："内以治宗庙之礼，足以配天地之神; 出以治直言之礼，足以立上下之敬。物耻则足以振之，国耻足以兴之。故为政先乎礼，礼其政之本与!"孔子遂言曰："昔三代⑦明王，必敬妻子⑧也，盖有道焉。妻也者，亲之主也。子也者，亲之后也。敢不敬与? 是故君子无不敬。敬也者，敬身为大。身也者，亲之枝也，敢不敬与? 不敬其身，是伤其亲; 伤其亲，是伤其本也; 伤其本，则枝从之而亡。三者，百姓之象⑨也。身以及身，子以及子，妃以及妃，君以修此三者，则大化忾⑩乎天下矣，昔太王之道也。如此，国家顺矣。"

注释

①合二姓之好：把两种血统融合起来，指成为姻亲。②继：延续。③固：鄙陋。④安得：怎么能够。⑤不能为辞：意为找不到恰当的言辞。⑥遂：又。⑦三代：指夏、商、周三代。⑧妻子：妻子和儿女。⑨象：表率。⑩忾：通行。

鲁哀公说："我还有一句话问您，天子诸侯穿着冕服亲自迎娶，是不是太隆重了？"孔子脸色严肃，回答道："促成两家的美好姻缘，以便延续祖宗的后嗣，使之成为天下宗庙社稷的主人，您怎么能说太隆重了呢？"鲁哀公说："我实在是浅陋，如果不是浅陋的话，又怎么能听到夫子这番言论呢！我只是想要发问，又找不到恰当的措辞，请夫子慢慢讲给我听吧。"孔子说："天地之气如果不能很好地交合，那么万物就不能生长。天子诸侯的婚姻，是延续子嗣万代的，您怎么能说太隆重了呢？"孔子接着又说："夫妇对内主持宗庙礼仪，那就足以和天地神明感应；对外遵从正言教化的礼仪，就足以树立上下相敬的风气。假使人们做出有愧于礼的事情，也是可以补救的。国家如果政事有愧于礼，也是可以再度兴盛的。因此，要治理政事必须以礼为先。礼不就是政事的根本吗？"孔子又说："以前夏商周三代的贤明君王，必定尊敬妻子和儿女，这是有道理的。妻子，是侍奉宗祧的主体，儿子是延续后代的。能不尊敬吗？因此君子没有不尊敬妻子儿女的。要做到尊敬，最重要的是尊敬自身。因为自己是承上启下的关键，能不尊敬自己吗？如果不尊敬自己，就是伤了亲人的伦常；伤害了伦常，就伤了宗族的根本；伤了宗族的根本，支属就会随之消亡。自己、妻子、儿女这三者，百姓也像君王一样都有的。由自身想到百姓之身，由自己的儿子想到百姓的儿子，由自己的妻子想到百姓的妻子，君王做到了这三点，就可以把他的教化推广到天下了。以前太王的治国之道就是这样的。能够这样，国家就顺畅了。"

原文

公曰："敢问何谓敬身?"孔子对曰："君子过言①则民作辞,过行②则民作则。言不过辞,动不过则,百姓恭敬以从命。若是则可谓能敬其身,敬其身则能成其亲矣。"公曰："何谓成其亲?"孔子对曰："君子者,乃人之成名也。百姓与名谓之君子,则是成其亲为君而为其子也。"孔子遂言曰："爱政而不能爱人,则不能成其身;不能成其身,则不能安其土;不能安其土,则不能乐天;不能乐天,则不能成其身。"公曰："敢问何能成其身?"孔子对曰："夫其行己不过乎物,谓之成身。不过乎物,合天道也。"公曰："君子何贵乎天道也?"孔子曰："贵其不已③也。如日月东西相从而不已也,是天道也;不闭而能久,是天道也;无为而物成,是天道也;已成而明之,是天道也。"公曰："寡人且愚冥,幸烦子之于心。"孔子蹴然④避席而对曰："仁人不过乎物,孝子不过乎亲。是故仁人之事亲也如事天,事天如事亲,此谓孝子成身。"公曰："寡人既闻如此言,无如后罪何?"孔子对曰："君之及此言,是臣之福也。"

注释

①过言：言语过失。②过行：行为过失。③已：停止。④蹴然：吃惊不安的样子。

译文

鲁哀公说："请问怎样才算是尊敬自己呢？"孔子回答说："君王的言论有过失的话百姓之间就会兴起言辞虚浮的作风，君王做事有过失的话百姓也会这样。君王言语行为没有过失，百姓就会恭敬地听从君王的政令。能做到这样就可以说是尊敬自己了，然后就能使他的亲人成为有名望的人了。"鲁哀公说："什么叫作使他的亲人成为有名望的人呢？"孔子回答说："君子是人们中有成就有名望的人。百姓把他叫作君子，就是把他的亲人当作有名望的人，而他是有名望的人的儿子。"孔子接着说："关注政事却不能爱护百姓，就不能保护自身；不能保护自身就不能使他的领土安定；免不了流亡在外，没有安定的居处，就不能无忧无虑了；不能无忧无虑，就无法成就自己。"鲁哀公说："请问怎样才能成就自己呢？"孔子回答说："一个人的行为能不逾越常规，就叫作成就自己。不逾越常规是与天道相合的。"鲁哀公说："君子为什么要这么看重天道呢？"孔子说："是因为看重天道运行永不停息。比如日月从东向西相继运行而不停止，这就是天道；运行无阻而能长久，这就是天道；什么也不做，但是各种事物都能自然生成，这就是天道；自己有所成就而且推己及人使功业得到显扬，这也是天道。"鲁哀公说："我非常愚钝不明事理，有劳先生费心了。"孔子恭敬地离开坐席回答说："仁人做事不逾越常规，孝子也不能逾越亲情的秩序。因此仁人侍奉父母就像侍奉天一样，侍奉天就像侍奉父母一样，这样，孝子能够成就自己。"鲁哀公说："我已经听了这样的道理，恐怕以后还有过错，怎么办？"孔子回答说："您能够说到这个话题，就是臣下的福分了。"

❧儒行解第五❧

孔子在卫，冉求^①言于季孙^②曰："国有圣人而不能用，欲以求治，是犹却步而欲求及前人，不可得已。今孔子在卫，卫将用之。己有才而以资邻国，难以言智也，请以重币求之。"季孙以告哀公，公从之。孔子既至，舍哀公馆焉。公自阼阶，孔子宾阶，升堂立侍。公曰："夫子之服，其儒服与?"孔子对曰："丘少居鲁，衣逢掖^③之衣。长居宋，冠章甫之冠^④。丘闻之，君子之学也博，其服以乡，丘未知其为儒服也。"公曰："敢问儒行?"孔子曰："略言之，则不能终其物;悉数之，则留更仆^⑤未可以对。"

①冉求：孔子的学生，名求，字子有。②季孙：名肥，鲁国的大夫，在鲁国专权。③逢掖：宽袖的衣服，古代儒者穿的衣服。④章甫之冠：殷时流行的一种黑布帽。⑤仆：太仆，国君身边的侍御者。

译 文

孔子在卫国，冉求对季孙氏说："现在国
家有圣人却不重用，这样的话想要把国家治
理好，就像倒着走路却想要赶上前面的人一
样，是做不到的。现在孔子在卫国，卫国将
要重用他。自己国家的人才却要让给邻国，
不能说是明智之举，我请求您用丰厚的聘礼
迎接孔子回来。"季孙把这话告诉了鲁哀公，
鲁哀公听从了冉求的建议。孔子回来之后，
居住在鲁哀公招待客人的馆舍中。鲁哀公在
大堂东面的台阶上迎接孔子，孔子在西侧台
阶上晋见哀公，到大堂里面，孔子侍立一边。
鲁哀公问道："先生穿的衣服是儒服吗？"孔
子回答说："我年少的时候住在鲁国，穿着宽
袖的衣服。长大后居住在宋国，就戴着殷朝

曾流行的章甫帽。我听说，君子学问要广博，服装是入乡随俗的，我不
知道什么是儒服。"鲁哀公说："请问什么是儒者的行为？"孔子说：
"简单地说就不能说完整；详细地说，需要很多时间，讲到侍御的人换
班，也难以说完。"

原 文

哀公命席，孔子侍坐，曰："儒有席上之珍①以待
聘②，夙夜强学以待问，怀忠信以待举，力行以待取。其
自立有如此者。儒有衣冠中，动作顺，其大让如慢，小让

如伪。大则如威，小则如愧。难进而易退，粥粥③若无能也。其容貌有如此者。儒有居处齐难，其起坐恭敬，言必诚信，行必忠正。道涂不争险易之利，冬夏不争阴阳之和。爱其死以有待也，养其身以有为也。其备预有如此者。儒有不宝金玉而忠信以为宝，不祈土地而仁义以为土地，不求多积而多文以为富。难得而易禄也，易禄而难畜也。非时不见，不亦难得乎？非义不合，不亦难畜乎？先劳而后禄，不亦易禄乎？其近人情有如此者。儒有委之以财货而不贪，淹之以乐好而不淫，劫之以众而不惧，阻之以兵而不慑。见利不亏其义，见死不更其守。往者不悔，来者不豫，过言不再，流言不极。不断其威，不习其谋。其特立有如此者。儒有可亲而不可劫，可近而不可迫，可杀而不可辱。其居处不过，其饮食不溽④。其过失可微辩而不可面数也。其刚毅有如此者。儒有忠信以为甲胄⑤，礼义以为干橹⑥。戴仁而行，抱德而处，虽有暴政，不更其所。其自立有如此者。儒有一亩之宫，环堵之室，荜门⑦圭窬⑧，蓬户瓮牖。易衣而出，并日而食。上答之，不敢以疑；上不答之，不敢以谄。其仕有如此者。儒有今人以居，古人以稽；今世行之，后世以为楷。若不逢世，上所不受，下所不推，谗谄之民有比党而危之，身可危也，其志不可夺也；虽危犹起居，竟身其志，乃不忘百姓之病也。其忧思有如此者。儒有博学而不穷，笃行而不倦，幽居而不淫，上通而不困。礼必以和，优游以法，慕贤而容众，毁方而瓦合。其宽裕有如此者。儒有内称不避亲，外举不避怨。程功积事，不求厚禄。推贤达能，不望其报。

君得其志，民赖其德。苟利国家，不求富贵。其举贤援能有如此者。儒有澡身浴德，陈言而伏。静言而正之，而上下不知也。默而翘⑨之，又不急为也。不临深而为高，不加少而为多。世治不轻，世乱不沮。同己不与，异己不非。其特立独行有如此者。儒有上不臣天子，下不事诸

侯，慎静尚宽，砥厉⑩廉隅。强毅以与人，博学以知服。虽以分国，视之如锱铢⑪，弗肯臣仕。其规为有如此者。儒有合志同方，营道同术，并立则乐，相下不厌。久别则闻流言不信，义同而进，不同而退。其交有如此者。夫温良者，仁之本也；慎敬者，仁之地也；宽裕者，仁之作也；逊接者，仁之能也；礼节者，仁之貌也；言谈者，仁之文也；歌乐者，仁之和也；分散者，仁之施也。儒皆兼此而有之，犹且不敢言仁也。其尊让有如此者。儒有不陨获⑫于贫贱，不充诎⑬于富贵，不溷君王，不累长上，不闵有司，故曰儒。今人之名儒也妄，常以儒相诟疾。"

哀公既得闻此言也，言加信，行加敬，曰："终没吾世，弗敢复以儒为戏矣！"

注释

①席上之珍：比喻人具有美好的德行和才能，就像席上珍贵的菜肴一样。②聘：任用。③粥粥：谦卑的样子。④滫：饮食肥甘浓厚。⑤甲胄：铠甲和头盔。⑥干橹：盾牌。干和橹都是盾牌，橹略大。⑦荜门：荆条编织的门。荜，同"筚"，竹条或荆条编织的器具。⑧圭窬：窄小的偏门。圭，同"闺"，小。⑨翘：期待，盼望。⑩砥厉：砥砺，磨炼。⑪锱铢：锱、铢，都是古代很小的重量单位。六铢为一锱，四锱为一两。这里比喻微不足道的东西。⑫陨获：处境困苦而灰心丧气。⑬充诎：扬扬自得。

译文

鲁哀公命人摆设坐席，孔子在旁侍坐，说："儒者就像宴席上的珍品一样等待君王聘用，早晚勤奋学习等待别人来问，内怀忠信等待别人举荐，努力做事等待别人录用。他们是这样立身行事的。儒者穿着适宜，行动顺从礼仪规范。做大事推让，让人觉得很傲慢；做小事也推让，让人觉得虚伪。做大事谨慎小心，好像心里十分害怕；做小事也从不轻慢，好像不敢做似的。让他们前进很难，退步却很容易，柔弱谦卑让人觉得他们特别无能。他们的外表就是这样的。儒者的日常生活也让一般人难以企及。他们坐立总是毕恭毕敬，说话讲究诚信，做事一定不偏不倚。走路时不和别人争着走省力易行的小路，冬天不和人抢暖和的地方，夏天不和人抢阴凉的地方。珍惜生命等待成就大事，保养身体以待有所作为。儒者就是这样准备的。儒者不以金玉为宝，而把忠信当作最好的宝贝；不抢占土地，却把仁义当作土地；不追求多多积蓄财富，而把积累知识当作财富。这种人十分难得却很容易供养，容易供养却难以据为己有。不到一定的时候不轻易出仕，这不是很难得吗？不符合义

的行为就不做，这难道不是很难以据为己有吗？先效力然后获得报酬，这不是很容易供养吗？他们就是这样近人情的。儒者不贪图别人委托的财物，身处玩乐之境却不会沉迷，被众人威逼却不害怕，用武器来恐吓他，他也不畏惧。见利却不会使道义受到损害，面临死亡也不改变操守。已经过去的事情就不再后悔，对于将来的事情也不疑虑，说过的错话不再重复，也不追究流言。时刻保持自身的威严，不研究计谋。他们就是这样傲然独立于世上的。对于儒者，可以跟他亲昵却不可胁迫，可以亲近却不可以威逼，可以杀头却不可侮辱。他们的居住不奢侈，他们的饮食不肥甘浓厚，对于他们的过错，可以含蓄地提醒却不可以当面指

责。他们就是这样的刚毅。儒者把忠信诚实当作自己的盔甲，把礼义作为自己的盾牌，信守仁义去行事，心怀美德与人相处，即使赶上暴虐的统治，也不改变操守。他们就是这样自立的。儒者的居所只有长宽各十步大，房屋只有四面墙壁，正门是荆竹编成的，旁边是窄小的侧门，用蓬草塞着门，用破瓮做的窗户。出门一定换上干净的衣服，两天吃一天的粮食。上级采纳他的建议，他不敢产生怀疑；上级不采纳他的建议，他也不敢献谄媚上。儒者就是这样做官的。儒者按

照同时代人的生活方式来生活，而考究古人的行为；当世的行为，就是后世的楷模。如果生不逢时，国君不能任用，大臣也不举荐，卑鄙小人结党营私设计陷害他，虽然身处险境，但是他仍然不改变志向；虽然处于危难之中，仍然始终坚定信念，不忘百姓的苦难。儒者就是这样忧国忧民的。儒者十分博学但是仍不放弃学习，做事情能够始终坚持不懈，独居却不放纵自己，通达不固执。礼以和谐为贵，以宽容为法则，尊慕

贤人而包容众人，像陶瓦一样方圆都可。儒者就是这样的宽容。儒者举荐别人，对内不因是亲人而有所避讳，对外举荐贤人也不因有怨仇而不举。考核功业，积累政绩而不贪求高官厚禄。推举贤能不图回报。君王得到他的辅助，百姓仰赖他的德行。为国家做了有利的事情却不贪求富贵。儒者就是这样推举帮助贤能的人的。儒者清洁身体，沐浴德行，提出自己的建议而静静地等待采纳。心平气和，严守正道，但是君王和百姓却不知道。安静地等待着、观望着，又不急于有所作为。得志后不在地位卑下的人面前显示自己，不过分炫耀夸饰自己。世道清明的时候不会看不起自己，世道混乱的时候也不沮丧。不与志向相同的人结党，也不谈论与自己意见不同的人的是非。儒者就是这样傲然屹立在世上的。儒者一类人不会让自己成为君王的臣子，也不侍奉诸侯，谨慎安静，崇尚宽容，时刻严格要求自己、磨炼自己，品行廉洁。待人接物刚强坚毅，广泛学习各种知识以了解自己应做什么。即使君王分封土地给他，他也觉得不值一提，不肯做别人的臣下和官吏。儒者就是这样要求自己的。儒者结交和自己志趣相同、道路一致的人，他们共同钻研道德学术，彼此有建树就会很开心，彼此不得志也不会相互厌弃。即使分别很久了，听到有关对方的流言也不会相信，志向相同就保持友谊，不同就分道扬镳。他们就是这样结交朋友的。温和善良是仁的根本；谨慎恭敬是仁的基础；宽容是实行仁义的开始；谦逊是仁义的作用；礼节是仁义的表现；言语谈话是仁义的修饰；歌舞是仁义和睦的表现；分散财物给众人是仁义实施的表现。这些方面儒者都具备，但是他们仍不敢称自己为仁。儒者就是这样的谦让。儒者不因为贫贱而自暴自弃，也不因为富贵而扬扬自得，不辱没君王，也不拖累长上，不让相关的官员感到苦恼，所以被称作儒。现在的人们已忘记了儒者的本原，有名无实，经常被人以儒者相讽刺。"

鲁哀公听了孔子的这番话，对孔子的言语更加信任，对孔子的行为更加敬重，并说："一直到我死去的那天，都不敢再戏弄儒者了。"

问礼第六

哀公问于孔子曰："大礼①何如？子之言礼，何其尊也？"孔子对曰："丘也鄙人，不足以知大礼也。"公曰："吾子②言焉！"孔子曰："丘闻之，民之所以生者，礼为大。非礼则无以节事天地之神焉，非礼则无以辨君臣上下长幼之位焉，非礼则无以别男女父子兄弟婚姻亲族疏数③之交焉。是故君子此为之尊敬，然后以其所能教顺百姓所能，不废其会节。既有成事，而后治其文章黼黻④，以别尊卑上下之等。其顺之也，而后言其丧祭之纪，宗庙之序，品其牺牲，设其豕腊，修其岁时，以敬祭祀。别其亲疏，序其昭穆⑤，而后宗族会宴，即安其居，以缀恩义。卑其宫室，节其服御，车不雕玑，器不雕镂，食不二味，心不淫志，以与民同利。古之明王行礼也如此。"

公曰："今之君子胡⑥莫⑦之行也?"孔子对曰："今之君子，好利无厌⑧，淫行⑨不倦，荒怠慢游⑩，固民是尽。以遂其心，以怨其政，以忤⑪其众，以伐⑫有道。求得当欲，不以其所；虐杀刑诛，不以其治。夫昔之用民者由前，今之用民者由后，是⑬即今之君子莫能为礼也。"

注释

①大礼：隆重的礼仪。②吾子：对人的敬称，相当于"我的先生"。③疏数：疏远和亲密。数，亲密。④黼黻：古代礼服上所绣的花纹，这里指代礼服。⑤昭穆：古代宗法制度，宗庙中排列次序的时候，始祖居于正中，然后父子兄弟按照顺序排列，左昭右穆。⑥胡：为什么。⑦莫：没有人。⑧厌：满足。⑨淫行：行为放纵。⑩荒怠慢游：放荡懒散并且态度傲慢。⑪忤：违背。⑫伐：侵犯。⑬是：此，这。

译文

鲁哀公问孔子说："大礼是什么样子的呢？先生为何把礼说得那么重要呢？"孔子回答说："我是一个鄙陋的人，还没有能力了解大礼。"鲁哀公说："您说一下吧。"孔子说："我听说，在人类生活中，礼是最重要的。没有礼就不能有节制地侍奉天地之神，没有礼就不能区分君臣、上下、长幼的次序，没有礼就没法区别男女、父子、兄弟、夫妻、亲戚的亲疏远近。因此君子十分重视礼，用他所了解的礼教化百姓，使礼节不至于混乱，使人们做事都合乎礼节规范。收到效果后，就用文饰器物和礼服来区别尊卑上下等级。百姓顺应礼的教化后，就开始制定丧葬祭祀的制度、宗庙的礼节、祭品的等级，布置好祭祀的干肉，按照一定的时节，严肃地举行祭祀。区别亲疏关系，排列昭穆的顺序，然后宴请亲友，这样百姓才能安居乐业，才会使恩义连绵不断。房屋宫室不要

建得奢侈豪华，衣服车马也要有一定的节制，车子不雕饰，用具不雕镂，饮食要节俭，不过分放纵玩乐以致迷失了意志，以便和民众共同分享利益。古代贤明的君主就是这样履行礼仪规范的。"

鲁哀公说："如今在位的人，为什么没有人这样做呢？"孔子回答说："如今的君王，贪得无厌，行为放纵而不感到厌倦，放荡懒散并且态度傲慢，一味勒索民财，以满足自己一人的欲望，使他的政治招致怨恨，违背民众的意志，侵犯政治清明的国家。只求满足个人欲望，而不择手段；残酷地虐待、杀戮人民，不设法使国家得到治理。以前的君王用前面提到的方法来治理人民，而如今的君王用后面说的方法治理人民，这就是现在的君王不能修明礼教的原因。"

原文

言偃①问曰："夫子之极言礼也，可得而闻乎？"孔子言："我欲观夏道，是故之杞②，而不足征也，吾得《夏时》焉。我欲观殷道，是故之宋③，而不足征也，吾得《坤乾》焉。《坤乾》之义，《夏时》之等，吾以此观之，夫礼，初也始于饮食。太古之时，燔④黍擘⑤豚，汙樽抔饮，蒉桴⑥土鼓，犹可以致敬鬼神。及其死也，升屋而号告曰：'高！某复！'⑦然后饮腥苴熟，形体则降，魂气则上，是谓天望而地藏也。故生者南向，死者北首，皆从其初也。昔之王者，未有宫室，冬则居营窟，夏则居橧巢。未有火化，食草木之实，鸟兽之肉，饮其血，茹其毛。未有丝麻，衣其羽皮。后圣有作，然后修火之利，冶金合土，以为宫室户牖。以炮以燔，以烹以炙，以为醴⑧酪。治其丝麻，以为布帛，以养生送死，以事鬼神。故玄酒在室，醴酤⑨在户，粢醍⑩在堂，澄酒在下。陈其牺牲⑪，备其鼎俎，列其琴、瑟、管、磬、钟、鼓，以降上神，与其先祖。以正君臣，以笃父子，以睦兄弟，以齐上下，夫妇有所，是谓承天之佑。作其祝号⑫，玄酒以祭，荐其血毛，腥其俎，熟其殽。越席以坐，疏布以幕，衣其浣帛，醴酤以献，荐其燔炙。君与夫人交献，以嘉魂魄。然后退而合烹，体其犬豕牛羊，实其簠簋⑬笾豆铏羹⑭，祝⑮以孝告，嘏⑯以慈告，是为大祥。此礼之大成也。"

注释

①言偃：孔子的学生，字子游。②杞：春秋时的国名，夏禹的后代。③宋：国名，商汤的后代。④燔：烧烤。⑤擘：用手把东西掰开。⑥蒉桴：用蒉做的击鼓棒。⑦高！某复：某某你回来呀！高，通"皋"，大声召唤。这里指古人招魂的习俗。⑧醴：甜酒。⑨酤：音"盏"，稍微清澈的浊酒。⑩粢醍：古代供祭祀用的较清的浅红色的酒。⑪牺牲：祭祀用的物品，一般为猪、牛、羊。⑫祝号：祝词。⑬簠簋：簠方形，簋圆形，盛食物的器物，古时把它们作为祭祀所用的礼器。⑭笾豆铏羹：都是祭祀所用的礼器。笾、豆为盛放食物的器皿，铏、羹则是盛放汤的器皿。⑮祝：帮助主人祭祀的人，负责把祭祀之人的祈求

告诉鬼神。这里指祝辞。⑯嘏：音"鼓"，帮助主人祭祀的人，负责把鬼神的祝福告诉祭祀之人。

译文

　　言偃问道："夫子这样称道礼仪，可以讲给我听听吗？"孔子说："我要观看夏代的礼制，所以到杞国去，但是年代久远无法验证，我得到了他们的历书《夏时》。我想要观看殷代的礼制，所以到宋国去，但是同样无法验证，我得到了他们的易书《坤乾》。《坤乾》讲阴阳的功用，《夏时》讲礼的等次区分，这是我从中看出的，礼，是从饮食开始的。太古的时候，烧烤黍米，分割猪肉，在地上凿坑当酒樽，用手捧着当酒杯喝酒，用黄做的击鼓棒和土制的鼓，就可以祭祀鬼神了。人死后，活人登上屋顶大声召唤：'哎——某某你回来呀！'这样做之后，就用生肉举行饭含之礼并在下葬时给死者包裹熟食，防止他挨饿，尸体埋在地下，灵魂升到天上，这就是所说的招魂时望着天而把尸体葬在地下。南方属阳，所以活人面向南方；北方属阴，所以死人下葬头朝北。这都是很久以前传下来的规矩。以前的君王是没有宫室的，冬天的时候就居住在泥土垒成的土窟里，夏天居住在用草木堆成的巢穴里。当时没有火来烧熟食物，他们就生吃草木的果实、飞鸟走兽的肉，喝它们的血，连肉带毛一起吃。没有丝麻，就穿鸟兽的羽毛、皮毛。后世有圣人出现，然后利用火种烧煮食物，用模子浇铸金属，调泥制瓦，用它们来建造宫室的门窗。用火煨、烤、煮、炙食物，酿制甜酒和果浆。抽取丝麻做成布帛，用以日常生活和死亡安葬，用以祭祀鬼神。祭祀时，清酒放在屋内，甜酒和较清的酒放在门里，较清的浅红色酒放在堂上，淡酒放在堂下。陈列祭品，备齐鼎俎等礼器，摆好琴、瑟、管、磬、钟、鼓，迎接上神和祖先神灵降临。祭祀中，要摆正君臣身分，使父子的慈孝之情笃诚专一，兄弟和睦，上下同心一致，夫妇各有自己应处的地位，这就是所说的得到了上天的保佑。主祭之人吟诵祝辞，用玄酒祭神，进献牲血和牲毛，生肉放在祭器上，鱼肉要煮熟。祭祀的人要亲自

踩着蒲草编的席子入坐，端着用布覆盖的酒樽，穿着新织的帛衣，献上甜酒和白酒，进献烤肉。主人主妇交替进献，以使祖先灵魂欢悦。祭祀后退下，把牺牲合在一起烹煮，再区分狗猪牛羊，盛入篮、簋、笾、豆、铏、羹之中，祝辞把主人孝顺的心情告诉祖先，嘏辞把神的慈爱转达给主人，这就叫大祥。这是礼的最大成功。"

五仪解第七

原文

哀公问于孔子曰："寡人欲论鲁国之士，与之为治，敢问如何取之?"孔子对曰："生今之世，志古之道；居今之俗，服古之服。舍此而为非者，不亦鲜乎?"曰："然则①章甫绚履、绅带缙②笏者，皆贤人也?"孔子曰："不必然③也。丘之所言，非此之谓也。夫端衣玄裳，冕而乘轩者，则志不在于食荤；斩衰④菅菲，杖而绚⑤粥者，则志不在于酒肉。生今之世，志古之道；居今之俗，服古之服，谓此类也。"

公曰："善哉⑥！尽此而已乎?"孔子曰："人有五仪⑦，有庸人，有士人，有君子，有贤人，有圣人。审⑧此五者，则治道毕⑨矣。"

公曰："敢问何如斯⑩可谓之庸人?"孔子曰："所谓

庸人者，心不存慎终之规^⑪，口不吐训格之言，不择贤以托其身，不力行以自定。见小暗大，而不知所务；从物如流，不知其所执。此则庸人也。"

注释

①然则：既然这样，那么。②缙：通"搢"，插。③然：这样。④斩衰：亦作"斩缞"。旧时五种丧服中最重的一种。用粗麻布制成，不缝边。服制三年。子及未嫁女为父母，媳为公婆，重孙为祖父母，妻妾为夫，均服斩衰。先秦诸侯为天子，臣为君亦服斩衰。⑤歠：喝。⑥善哉：太好了。⑦五仪：五个等级。⑧审：弄明白。⑨毕：网罗无遗。⑩何如斯：什么样。⑪规：原则。

译文

鲁哀公问孔子说："我想要讨论一下鲁国的有识之士，想要跟他们一起治理国家，请问怎样选拔人才呢？"孔子回答说："生活在现在，倾慕古代的道德礼仪；依现今的习俗而生活，却要穿着古代的服饰。有这样的行为而为非作歹的人，不是很少见吗？"鲁哀公说："既然这样，那么戴着殷代的帽子，穿着有装饰的鞋子，腰上系着大带子并把笏板插在带子里的人，都是贤人了吗？"孔子说："不一定是这样的。我所说的，不是这个意思。那些穿着礼服，带着礼帽乘着大车的人，他们的志向不在于食荤；身穿着斩衰丧服，脚穿着草鞋，手拄着丧棒，口喝着粥的人，他们的志向不在于酒肉。生在当今之世，却有志于古代的道德礼仪；生活于现在的风俗之中，却要穿着古代的儒服，都是这一类人。"

鲁哀公说："太好了！就这些吗？"孔子说："人分五个等级，有庸人、士人、君子、贤人、圣人。仔细分清这五种人，治世的方法就都具备了。"

　　鲁哀公说："请问什么样的人被称为庸人呢?"孔子说："庸人就是那些心里缺乏谨慎行事、善始善终的原则，说出的话没有道理，不选择贤人作为自己的依靠，不努力行事使自己有安定的生活的人。他们往往只看见小事，却不能谋虑深远，不知道自己该做些什么；随波逐流，不知道追求什么。这种人就叫作庸人。"

原文

　　公曰："何谓士人?"孔子曰："所谓士人者，心有所定，计有所守，虽不能尽道术之本，必有率①也；虽不能备②百善之美，必有处也。是故知不务多，必审其所知；言不务多，必审其所谓；行不务多，必审其所由。智既知之，言既道之，行既由之，则若性命之形骸之不可易也。富贵不足以益，贫贱不足以损。此则士人也。"

　　公曰："何谓君子?"孔子曰："所谓君子者，言必忠信而心不怨，仁义在身而色无伐③，思虑通明而辞不专④；笃行信道，自强不息，油然⑤若将可越而终不可及者。此则君子也。"

　　公曰："何谓贤人?"孔子曰："所谓贤人者，德不逾⑥闲，行中⑦规绳，言足以法于天下而不伤于身，道足以化于百姓而不伤于本；富则天下无宛⑧财，施则天下不病贫。此则贤者也。"

　　公曰："何谓圣人?"孔子曰："所谓圣者，德合于天地，变通无方，穷⑨万事之终始，协⑩庶品⑪之自然，敷其

大道而遂成情性；明并日月，化行若神，下民不知其德，睹者不识其邻。此谓圣人也。"

注释

①率：遵循。②备：具备。③伐：矜，自大，自夸。④专：专横。⑤油然：从容安闲的样子。⑥逾：超越。⑦中：符合。⑧宛：同"怨"，怨恨。⑨穷：推究，探源。⑩协：调和。⑪庶品：万物。

译文

鲁哀公说："什么叫作士人呢？"孔子说："所谓士人，是指心中有确定的原则，有明确的计划，即便不能尽到行道义治国家的本分，但是一定有所遵循；即使不能具备所有的美德，但是必定有自己的处世方法。因此他们的知识不求多，但是一定要仔细审视自己所学的东西是否有道理；言论不求多，但是一定要弄清所说是否在理；走的路不求多，但必定要弄清楚所走的道路是否正确。能在自己的智慧范围内明白事理，并能用语言表达出来，行事能遵循事理，就像有生命的形体不可改变一样。身处富贵之中不认为会有什么增益，身处贫贱之中也不认为会减损自己的操守。这就是士人。"

鲁哀公说："什么叫作君子呢？"孔子说："所谓的君子，言语忠诚可信，而心中无所怨悔，虽然自己具备仁义的德行却不夸耀，考虑问题明智通达而言语不专横。忠诚地履行道义，自强不息。从容安闲的样子

让人以为可以超越却终究不能赶上。这就是君子。"

鲁哀公说:"什么叫作贤人呢?"孔子说:"所谓的贤人,他们的品行不逾越常规,行为符合规范。他们的言论足以让天下人效仿而不会招来灾祸,思想可以教化百姓而不会损害百姓的本性。即使富甲天下也没有人嫉妒、怨恨他,只要他施舍恩惠,天下就没有贫穷困苦的人。这就是贤人。"

鲁哀公说:"什么叫作圣人呢?"孔子说:"所谓的圣人,他们的品行符合天地大道,变通自如,圆融和谐。探究万物的来龙去脉,调和世间万物的自然品性,推广他的大道,使百姓情志畅达。和日月同辉,像神明一样教化万民。民众不知道他的德行,看到他的人也不知道他就在自己身边。这就是圣人。"

原文

公曰:"善哉!非子之贤,则寡人不得闻此言也。虽然,寡人生于深宫之内,长于妇人之手,未尝知哀,未尝知忧,未尝知劳,未尝知惧,未尝知危,恐不足以行五仪之教,若何?"孔子对曰:"如君之言,已知之矣,则丘亦无所闻焉。"公曰:"非吾子①,寡人无以启其心,吾子言也。"孔子曰:"君子入庙,如右,登自阼阶②,仰视榱桷③,俯察几筵④,其器皆存,而不睹其人。君以此思哀,则哀可知矣。昧爽⑤夙兴,正其衣冠;平旦视朝,虑其危难。一物失理,乱亡之端。君以此思忧,则忧可知矣。日出听政,至于中冥。诸侯子孙,往来为宾。行礼揖让,慎其威仪。君以此思劳,则劳亦可知矣。缅然长思,出于四门,周章远望,睹亡国之墟,必将有数焉。君以此思惧,

则惧可知矣。夫君者，舟也。庶人者，水也。水所以载舟，亦所以覆舟。君以此思危，则危可知矣。君既明此五者，又少留意于五仪之事，则于政治何有失矣！"

注释

①吾子：对人的敬称，您。②阼阶：东阶。主人迎接宾客的地方。③榱桷：房屋的椽子。④几筵：案几和坐席。⑤昧爽：黎明，天将亮未亮时。

译文

鲁哀公说："太好了！没有先生您这样的高明，我就不能听到这些言论了。即使这样，我生长在深宫之中，由妇女们一手带大，并不知道什么是哀思、忧愁、劳苦、畏惧、危险，因此恐怕不知道怎样对百姓进行五种等级的教化，那怎么办呢？"孔子回答说："我从您的话听出，您已经明白其中的道理了，我对此也没什么好说的了。"鲁哀公说："不是您的话，我的心智就不会得到启发，请您讲一下吧。"孔子说："君王到庙中祭祀，劝祖先神灵享用祭品，从东阶进入堂内，仰望房椽，俯视案几和坐席，祖先用过的器具还都在，但是人已经不在了。您通过这些体验哀思，就可以知道什么叫作哀思了。天刚亮就起来，穿戴好衣帽；天亮的时候上朝听政，思考忧虑国家的危难。一件事情处理不好，就有可能成为国家混乱甚至灭亡的导火索。您通过这种方式体验忧愁，就知道什么叫作忧愁了。从日出的时候开始处理朝政，直到午后。各国诸侯及其子孙作为宾客到来的时候，行礼揖让，谨慎按照礼法规范表现出自己的威严。您通过这种方式体验劳苦，就可以知道什么是劳苦了。冥思苦想，想得很久远，走出都城，四处游览，察看已经灭亡的国家的废墟，由此想到国家的命运是已经注定了的。您通过这种方式体验畏

惧，就可以知道什么是畏惧了。把君王比作船的话，百姓就是水。水是用来承载船的，但是也可以使船沉没。您通过这种方式体验危险，就知道什么是危险了。您能明白这五点，并且稍微留意国家中的五种人，您治理国家还会有什么失误呢？"

原文

哀公问于孔子曰："请问取人之法？"孔子对曰："事任于官，无取捷捷①，无取钳钳②，无取啍啍③。捷捷，贪也；钳钳，乱也；啍啍，诞也。故弓调而后求劲。马服而后求良焉，士必悫④而后求智能者。不悫而多能，譬之豺狼不可迩⑤。"哀公问于孔子曰："寡人欲吾国小而能守，大则无攻，其道如何？"孔子对曰："使君朝廷有礼，上下相亲，天下百姓皆君之民，将谁攻之？苟违此道，民畔如归⑥，皆君之仇也，将与谁守？"公曰："善哉！"于是废泽梁之禁，弛关市之税，以惠百姓。

哀公问于孔子曰："吾闻君子不博，有之乎？"孔子曰："有之。"公曰："何为？"对曰："为其二乘⑦。"公曰："有二乘，则何为不博？"子曰："为其兼行恶道也。"哀公惧⑧焉。有间，复问曰："若是乎，君子之恶恶道至甚也？"孔子曰："君子之恶恶道不甚，则好善道亦不甚；好善道不甚，则百姓之亲上亦不甚。《诗》云：'未见君子，忧心惙惙。亦既见止，亦既觏止，我心则悦。'《诗》之好善道甚也如此。"公曰："美哉！夫君子成人之善，不成人之恶。微⑨吾子言焉，吾弗之闻也。"

注释

①捷捷：贪婪的样子。②钳钳：胡乱应对，待人不真诚，言语不谨慎。③嘡嘡：多言的样子。④悫：诚实，谨慎。⑤迩：亲近。⑥归：回家。⑦二乘：正反两个方面。⑧惧：吃惊。⑨微：假如没有，如果没有。

译文

鲁哀公问孔子说："请问怎样用人呢？"孔子回答说："任用官员分管事务，不要选择那些捷捷的人，也不要选择那些钳钳的人，更不要选择那些嘡嘡的人。捷捷就是贪婪；钳钳就是胡乱应对；嘡嘡就是阴险欺诈。因此，只有把弓调制好了才能使弓箭射出更强劲的力量。选择马匹必须先让它拉上车才能要求它脚力好；选择官员，首先必须要求他们诚恳忠实，然后再看他们是否足智多谋。如果仅仅有聪明才智，不忠厚诚恳，就像豺狼一样，不可以亲近。"鲁哀公问孔子说："我想要我的国家小的话能够守住本国，大的话也不攻打其他国家，怎样才能做到呢？"孔子回答说："这就需要您在朝廷之上讲究礼制，君臣上下相亲相敬，天下的百姓都是您的子民，谁还会攻打您的国家呢？如果违背了这种做法，百姓背叛您就像盼望回家那样急切，他们都会成为您的敌人，您还指望和谁一起守卫国家呢？"鲁哀公说："很好！"于是他废除了山林、湖泊这些地方的禁令，减轻了关卡和市场的税收，以便让百姓得到好处。

鲁哀公问孔子说："我听说君子并不是知识很渊博，有这回事吗？"孔子回答说："有。"鲁哀公说："为什么呢？"孔子回答说："因为知识也分为两个方面。"鲁哀公说："知识有两个方面，为什么就不需要渊博了呢？"孔子说："因为知识也可以用来做坏事。"鲁哀公很吃惊。过

了一会儿，他又问道："如果这样的话，君子是非常厌恶恶行的吧？"孔子说："君子如果不是非常厌恶恶行的话，他也不会非常喜好善行；不是非常喜好善行，百姓们也不会特别亲近君子。《诗经》说：'没有看到君子，心里非常担忧。看到了君子，和君子会合之后，我心里非常高兴。'《诗经》中是这样描写善行的。"鲁哀公说："太好了！君子促成别人的善行，不帮助别人做坏事。假如不是您的讲解，我听不到这些道理。"

原文

哀公问于孔子曰："夫国家之存亡祸福，信①有天命，非唯人也？"孔子对曰："存亡祸福，皆己而已，天灾地妖，不能加也。"公曰："善！吾子之言，岂有其事乎？"孔子曰："昔者殷王帝辛②之世，有雀生大鸟于城隅焉，占之者曰：'凡以小生大，则国家必王，而名必昌。'于是帝辛介③雀之德，不修国政，亢暴无极，朝臣莫救，外寇乃至，殷国以亡。此即以己逆天时，诡福反为祸者也。又其先世殷王太戊之时，道缺法圮④，以致夭蘗⑤，桑穀于朝，七日大拱，占之者曰：'桑穀野木而不合生朝，意者国亡乎？'太戊恐骇，侧身修行，思先王之政，明养民之道，三年之后，远方慕义，重译⑥至者，十有六国。此即以己逆天时，得祸为福者也。故天灾地妖，所以儆人主者也。寤梦征怪⑦，所以儆人臣者也。灾妖不胜善政，寤梦不胜善行。能知此者，至治之极也，唯明王达此。"公曰："寡人不鄙固此，亦不得闻君子之教也。"

哀公问于孔子曰："智者寿乎？仁者寿乎？"孔子对

曰:"然⑧。人有三死,而非其命也,行己自取也。夫寝处不时,饮食不节,逸劳过度者,疾共杀之。居下位而上干⑨其君,嗜欲无厌而求不止者,刑共杀之。以少犯众,以弱侮强,忿怒不类,动不量力者,兵共杀之。此三者,死非命也,人自取之。若夫智士仁人,将身有节,动静以义,喜怒以时,无⑩害其性⑪,虽得寿焉,不亦可乎?"

注释

①信:确实。②帝辛:商代最后一个君王,纣。③介:因,依赖。④圮:毁坏。⑤蘖:从砍断的树木上重新长出的新芽。⑥重译:经过几重翻译。指非常远的地方。⑦寤梦征怪:有寄托的梦和应验的怪异现象。寤,通"悟",指令人醒悟。征,应验。⑧然:是这样的,对的。⑨干:干涉,冒犯。⑩无:通"毋",不要。⑪性:本性。

译文

鲁哀公问孔子说:"国家的存亡祸福,的确是由天命决定的,不是人力所能左右的吗?"孔子回答说:"国家的存亡祸福,都是由人自己决定的,天灾地祸是不能改变国家的命运的。"鲁哀公说:"很好!您说的话有事实可以证明吗?"孔子说:"以前商王帝辛的时代,有一只小鸟在都城的一角生出了一只大鸟,占卜者说:'凡是小的东西生出大的东西,国家必将称霸天下,名声必将大振。'所以商纣依赖着小鸟的好兆头,不再理会朝政,残暴至极,臣下们没有人能阻止他,所以当敌人入侵的时候,商朝灭亡了。这就是因为自己违背了上天的意志,让上天的福佑反而变成了灾祸的事例。另外商纣的祖先太戊的时期,道德缺失,法律败坏,以至于有反常的树木出现,朝堂上生出桑穀,七天的时

间就长得需要两手合抱才能抱住。占卜的人说：'桑穀这些野生的树木不应该长在朝堂上，难道不是亡国的征兆吗？'太戊非常害怕，就谨慎地修养自己的德行，追思先王的贤明政治，探究治理百姓的方法，三年之后，非常远的地方的使者因思慕殷王的仁义而来朝见的有十六个国家。这就是用自己的谨身修治改变天时，把灾祸变成福佑的例子。因此天灾地祸，是用来警戒那些君王的；有寄托的梦和应验的怪异现象，是用来警戒臣子的。怪异的现象是抵挡不住好的国政的，梦里坏的征兆是抵挡不住好的行为的。能明白这点，就能达到治国的最高境界了，只有贤明的君王才能做到这点。"鲁哀公说："我如果不是这样鄙俗浅陋，就不能听到您这样的教诲了。"

鲁哀公问孔子说："有智慧的人长寿吗？有仁德的人长寿吗？"孔子回答说："是这样的！人有三种死法，不是命中注定的，而是他们自取死路。生活起居没有规律，饮食没有节制，过度安逸和过度劳累的人，会遭受疾病而死亡。身处下等的地位却要冒犯君王，贪得无厌、不知满足的人，会触犯刑罚而死亡。自己势力小而去冒犯人多势众的人，自己弱小却去招惹强大的人，不合常理地发怒怨恨，行动不考虑实际力量的人，会在战乱中丢掉性命。这三种人的死，不是命中注定的，是自己造成的。像有智慧和有仁义的人，他们保养身体有一定的准则，行动按照一定的规范，该高兴的时候高兴，该愤怒时愤怒，不伤害自己的本性，这样的话，他们长寿，不也是应该的吗？"

卷二

致思第八

原文

　　孔子北游于农山，子路、子贡、颜渊侍侧。孔子四望，喟然①而叹曰："于斯致思，无所不至矣。二三子各言尔志，吾将择焉。"子路进曰："由②愿得白羽③若月，赤羽若日，钟鼓之音上震于天，旌旗缤纷下蟠于地。由当一队而敌之，必也攘地千里，搴旗执馘④。唯由能之，使二子者从我焉。"

夫子曰："勇哉！"子贡复进曰："赐⑤愿使齐、楚合战于漭漭之野，两垒相望，尘埃相接，挺刃交兵。赐着缟衣白冠，陈说其间，推论利害，释二国之患。唯赐能之，使夫二子者从我焉。"夫子曰："辩哉！"颜回退而不对。孔子曰："回，来，汝奚独无愿乎？"颜回对曰："文武之事，则二子者既言之矣，回何云焉？"孔子曰："虽然，各言尔志也，小子言之。"对曰："回闻熏莸⑥不同器而藏，尧⑦桀⑧不共国而治，以其类异也。回愿得明王圣主辅相之，

敷其五教，导之以礼乐，使民城郭不修，沟池不越，铸剑戟以为农器，放牛马于原薮⑨，室家无离旷之思，千岁无战斗之患。则由无所施其勇，而赐无所用其辩矣。"夫子凛然曰："美哉！德也。"子路抗手⑩而对曰："夫子何选焉？"孔子曰："不伤财，不害民，不繁词，则颜氏之子有矣。"

注释

①喟然：感叹、叹息的样子。②由：子路名由。③羽：旗帜。④馘：割下的敌人的左耳。古代以所获敌人耳朵数目计功。⑤赐：子贡名赐。⑥熏莸：熏，一种香草。莸，一种臭草。⑦尧：古代的贤君。⑧桀：夏代最后一个君王，是个暴君。⑨原薮：平原和湖泽。薮，水少而草木茂盛的湖泽。⑩抗手：举手。

译文

孔子向北游览到了农山，子路、子贡、颜渊在旁边陪着他。孔子四处张望，然后深深地感叹说："在这儿凝神思虑，思绪万千。你们都谈一下你们的志向吧，我好做出选择。"子路走上前说："我想要得到像月亮一样洁白的将帅令旗、像太阳一样的红色战旗，钟鼓的声音响彻云霄，战旗飘飞，

像地上盘旋的飞龙一样。在这种情况下，我带领一队人马来抵抗敌人，一定可以夺取上千里的土地，夺取敌人的战旗，手执割下的敌人的左耳。这些只有我能做到，让他们两个人跟着我吧。"孔子说："多么勇敢啊！"子贡也上前说："我希望当齐楚两国在广阔的野外交战，两军营垒遥遥相对，战场扬起的灰尘连成一片，士兵们拿着兵器交战，这时候，我穿着白色的衣服，戴着白色的帽子，在两军之间进行劝说，陈述各种利害，然后排除两国的忧患。这种事只有我可以做到，让他们两个人跟着我吧。"孔子说："多有辩才啊。"颜回后退不说话。孔子说："颜回，你过来，只有你没有什么志愿吗？"颜回回答说："文武二事，他们两个人都已经说说过了，我还能说什么呢？"孔子说："即使这样，也是各自说各自的志愿，你说吧。"颜渊回答说："我听说薰草和莸草不能放在一个容器中，尧和桀不能共同治理一个国家，因为他们不是同类。我希望辅佐贤明的君主圣王，向他的人民宣传五教，用礼乐来教导人民，使百姓不加固城墙、不越过护城河，把剑、戟这些兵器熔铸成农具使用，在平原湖泽上放养成群的牛马，家家都没有离别相思之苦，千年没有战争的忧患。那么子路就没办法施展他的勇猛，子贡也没法施展他的辩才了。"孔子神情肃穆地说："多么美好的德行啊！"子路举手说："老师会选择哪种呢？"孔子说："不破费财物，不伤害百姓，不费太多的口舌，只有颜回的想法具备了。"

原文

鲁有俭啬者，瓦鬲①煮食食之，自谓其美，盛之土型之器，以进孔子。孔子受之，欢然而悦，如受大牢②之馈。子路曰："瓦甄③，陋器也。煮食，薄膳也。夫子何喜之如此乎？"子曰："夫好谏者思其君，食美者念其亲，吾非以馈具之为厚，以其食厚而我思焉。"

译文

鲁国有一个非常节俭吝啬的人，他吃用瓦鬲煮成的饭，自认为很好
吃，于是他把食物装进小瓦盆，进献给孔子。孔子接受了，非常高兴，
就像接受了太牢这样的馈赠一样。子路说："小瓦盆是很简陋的容器。
它煮出来的食物没有什么味道。您为什么这样喜欢呢？"孔子说："喜
爱劝谏的人处处为君主着想，得到美食的人总会想到亲人，我没有考虑
盛食物的容器的好坏，我只是考虑到他吃好东西的时候想到了我。"

原文

孔子之楚，而有渔者而献鱼焉，孔子不受。渔者曰：
"天暑市远，无所鬻也，思虑弃之粪壤，不如献之君子，
故敢以进焉。"于是夫子再拜受之，使弟子扫地，将以享
祭。门人曰："彼将弃之，而夫子以祭之，何也？"孔子
曰："吾闻诸：惜其腐馂①，而欲以务施者，仁人之偶也，
恶有受仁人之馈而无祭者乎？"

注释

①腐馂：变质的食物。馂，熟食。

译文

孔子到楚国去,有渔人给孔子送来了鱼,孔子不接受。打鱼的人说:"天热,市场又远,没有地方卖,我想着与其扔到粪土里,还不如送给您这样的君子呢,所以我才冒昧地送来了。"于是孔子拜了又拜之后接受了,并且让弟子把地打扫干净,准备用鱼祭祀。弟子们说:"渔人将要把鱼丢掉,而您却要用鱼祭祀,为什么呢?"孔子说:"我听说,因为害怕食物变质而想要把它们赠给别人的人,是和仁人一样的人,哪有接受了仁人的馈赠而不祭祀的呢?"

原文

季羔①为卫之士师②,刖③人之足。俄而④,卫有蒯聩之乱,季羔逃之,走郭门,刖者守门焉。谓季羔曰:"彼有缺。"季羔曰:"君子不逾。"又曰:"彼有窦⑤。"季羔曰:"君子不隧。"又曰:"于此有室。"季羔乃入焉。既而⑥追者罢,季羔将去,谓刖者:"吾不能亏主之法而亲刖子之足,今吾在难,此正子之报怨之时,而逃我者三,何故哉?"刖者曰:"断足,固我之罪,无可奈何。曩者君治臣以法令,先人后臣,欲臣之免也,

臣知。狱决罪定，临当论刑，君愀然不乐。见君颜色，臣又知之。君岂私臣哉？天生君子，其道固然。此臣之所以悦君也。"孔子闻之，曰："善哉为吏！其用法一也。思仁恕则树德，加严暴则树怨。公以行之，其子羔乎！"

注释

①季羔：孔子的弟子，名高柴，也称子羔。②士师：官名，专管断狱判刑。③刖：砍脚的刑罚。④俄而：不久。⑤窦：洞。⑥既而：一会儿。

译文

季羔在卫国做士师，执行刑罚砍掉了一个人的脚。不久，卫国就发生了蒯聩引起的动乱，季羔逃走了，逃到外城门口的时候，正好遇到被他砍脚的人守门。这个人对季羔说："那边有一个缺口。"季羔说："君子是不会跳墙的。"这个人又说："那边有一个洞。"季羔说："君子是不钻地道的。"这个人又说："这儿有一间房子。"季羔于是进去了。一会儿追捕的人停止了追捕，季羔要离开，对被砍掉脚的守门人说："我因为不能损害国家的法令而亲自砍了你的脚，现在我处在危难中，这是你报仇的时候，但是你却给了我三次逃跑的机会，为什么呢？"被砍脚的人说："被砍脚本来就是罪有应得，我是没有办法的。以前您按照国家的法令惩罚我，先处罚别人然后才轮到我，是想要我免于刑罚，这我是知道的。等到我的判决已经确定的时候，判定我即将行刑的时候，您的脸上露出不高兴的神色。看见了您的神色，我知道了您心里的想法。您哪里是偏爱我？您是天生的君子，这是君子本来就有的德行。这就是我喜欢您的原因。"孔子听说之后说："季羔做官做得真好！他坚持法

令的一贯原则。心怀仁义宽恕之心就会树立恩德，用刑严酷就会与人结怨。公正执法，大概只有季羔吧。"

原文

孔子曰："季孙之赐我粟①千钟②也，而交益亲。自南宫敬叔之乘我车也，而道加行。故道虽贵，必有时而后重，有势而后行。微夫二子之贶③财，则丘之道殆将废矣。"

注释

①粟：小米。②钟：古代的容量单位，六石四斗为一钟。③贶：赠送。

译文

孔子说："季孙赠给我一千钟粟之后，与我交往的人就更加亲近了。自从南宫敬叔坐了我的车子之后，我的主张就更容易施行了。所以我的主张虽然是很好的，必定要等到一定的时候才会被人看重，借助一定的势力然后才能施行。如果没有他们两个人赠送的财物，我的学说就会被废弃了。"

原文

孔子曰："王者有似乎春秋，文王以王季为父，以太任为母，以太姒为妃，以武王、周公为子，以太颠、闳夭为臣，其本①美矣。武王正其身以正其国，正其国以正天下；伐②无道，刑有罪，一动而天下正，其事成矣。春秋致其时而万物皆及，王者致其道而万民皆治。周公载己行化，而天下顺之，其诚至矣。"

注释

①本：根本。这里指出身。②伐：讨伐。

译文

孔子说："当君王的人就像是植物春长秋收一样，文王的父亲是王季，母亲是太任，妻子是太姒，又有儿子武王、周公，太颠、闳夭是他的大臣，他的出身是很好的。武王以身作则，用正道治理国家，从而使天下都走上正道；讨伐无道国家，处罚有罪的人，他行动起来天下就得到了治理，他的王业也就完成了。万物随着季节的变换而生长，君王致力于治国之法，人民就可以得到很好的治理。周公以身作则教化天下，而天下的百姓归顺他，他的诚心可以说达到了极点。"

原文

曾子曰："入是国也，言信于群臣，而留可也；行忠于卿大夫，则仕可也；泽施于百姓，则富可也。"孔子曰："参之言此，可谓善安身矣。"子路为蒲宰，为水备，与其民修沟渎。以①民之劳烦苦也，人与之一箪食，一壶浆。孔子闻之，使子贡止之。子路忿然不悦，往见孔子，曰："由也以暴雨将至，恐有水灾，故与民修沟洫以备之。而民多匮饿者，是以②箪食壶浆而与之。夫子使赐止之，是夫子止由之行仁也。夫子以仁教而禁其行，由不受也。"孔子曰："汝以民为饿也，何不白③于君，发④仓廪以赈之？而私以尔食馈⑤之，是汝明⑥君之无惠，而见己之德美矣。汝速已则可，不已，则汝之见罪必矣。"

注释

①以：因为。②是以：因此。③白：报告，禀报。④发：打开。⑤馈：馈赠。⑥明：显示，表明。

译文

曾子说："到一个国家，如果自己的言论被群臣接受的话，就可以留下来了；如果行为被卿大夫这样的高官认为是忠诚的，就可以做官了；如果施恩于百姓，就可以在那里发家致富了。"孔子说："曾参能说出这样的话，可以说是善于立身了。"子路在蒲地做县令，为防御水灾做准备，和百姓一起修筑沟渠。因为百姓劳动杂乱而又辛苦，就一人发给他们一箪食物一壶水。孔子听说了，让子贡去阻止子路。子路非常不高兴，来见孔子，说："我因为暴雨将要来临，恐怕发生水灾，因此和百姓一起修筑沟渠以做防备。百姓很多人因为缺粮挨饿，因此我给他们一人一箪食物一壶水。老师让子贡制止我，是老师阻止了我施行仁政啊。您教给我仁政却阻止我实行仁政，我不接受。"孔子说："你认为百姓饿了，为什么不报告国君，让他打开粮仓救济百姓呢？你私下把你的粮食赠给百姓，是在表明国君没有德行恩惠而彰显自己的德行美好啊。你快快停下来还可以，不然就一定会招致罪责的。"

原文

子路问于孔子曰："管仲之为人何如？"子曰："仁也。"子路曰："昔管仲说襄公，公不受，是不辩也；欲立公子纠而不能，是不智也；家残于齐而无忧色，是不慈也；桎梏①而居槛车，无惭心，是无愧也；事所射之君，是不贞也；召忽②死之，管仲不死，是不忠也。仁人之道，固若是乎？"孔子曰："管仲说襄公，襄公不受，公之暗也；欲立子纠而不能，不遇时也；家残于齐而无忧色，是知权命③也；桎梏而无惭心，自裁审也；事所射之君，通

于变也；不死子纠，量轻重也。夫子纠未成君，管仲未成臣，管仲才度义，管仲不死束缚而立功名，未可非也。召忽虽死，过与取仁，未足多④也。"

注释

①桎梏：枷锁。②召忽：曾经辅佐公子纠，公子纠被杀，召忽殉职。③权命：审度时命。④多：称赞。

译文

子路问孔子说："管仲的为人怎样？"孔子说："他是个仁人。"子路说："以前管仲劝说齐襄公，襄公没有接纳他的劝说，这是他没有口才；他想要立公子纠为国君，但是没有成功，这是他缺少智慧；在齐国的家庭遭到摧残，他没有流露出哀伤，证明他不是慈爱的人；戴着枷锁坐在囚车里，毫无羞惭，说明他没有耻辱之心；侍奉自己用箭射过的君主，是不忠贞的表现；公子纠失败了，召忽为公子纠而死，管仲却不死，这是不忠诚。仁人做事，难道就是这样吗？"孔子说："管仲劝说襄公，襄公没有采纳，是因为襄公很愚昧昏庸；管仲要立公子纠为国君，没有成功，是没有合适的机遇；在齐国的家庭遭到摧残，没有流露出忧伤，是知道审时度命；身披枷锁没有羞愧之心，是懂

得裁断审查；侍奉自己用箭射过的君主，是知道变通；不为公子纠献身，是知道判断轻重。公子纠不能成为君主，管仲也不能成为他的大臣而有所作为，管仲的才能超出他的德行，他不因囚禁而死，却想要建立功名，这是无可厚非的。召忽虽然为公子纠献身了，是为了取得仁的名声，但是做得有点过分了，他是不值得称赞的。"

原文

孔子适齐，中路闻哭音之声，其音甚哀。孔子谓其仆①曰："此哭哀则哀矣，然非丧者之哀矣。"驱而前，少进，见有异人焉，拥镰带素，哭者不哀。孔子下车，追而问曰："子何人也？"对曰："吾丘吾子也。"曰："子今非丧之所，奚哭之悲也？"丘吾子曰："吾有三失，晚而自觉，悔之何及？"曰："三失可得闻乎？愿子告吾，无隐也。"丘吾子曰："吾少时好学，周遍天下，后还，丧吾亲，是一失也；长事齐君，君骄奢失士，臣节不遂，是二失也；吾平生厚交，而今皆离绝，是三失也。夫树欲静而风不停，子欲养而亲不待，往而不来者年也，不可再见者亲也，请从此辞。"遂投水而死。孔子曰："小子识②之，斯足为戒矣！"自是弟子辞归养亲者十有三。

注释

①仆：驾车的人，这里指孔子的弟子。②识：记住。

译 文

孔子到齐国去，半路上听到哭声，哭声特别哀痛。孔子对为他驾车的弟子说："这哭声虽然很哀痛，但不是因为遭遇丧事而哭。"他们驾车前行，没走多远，就看到一个很特别的人：手里拿着镰刀，带着绳索，不停地哭泣。孔子下车，追上此人问道："您是谁啊？"他回答道："我是丘吾子。"孔子说："现在您不是在举办丧事的地方，为什么哭得这么悲伤呢？"丘吾子说："我有三个过失，晚年的时候才发现，但是后悔已经来不及了。"孔子说："能说一下是哪三个过失吗？希望您毫无保留地告诉我。"丘吾子说："我年轻的时候，非常爱好学习，周游天下，后来回家了，父母都已经去世了，这是第一个过失；年长侍奉齐国君主，君主骄傲奢侈，失去人心，我不能保全节操，这是第二个过失；我生平喜好交朋友，但是现在都离我而去，断绝了往来，这是第三个过失。树想要停下来但是风却不停止，做子女的想要孝顺父母但是父母都已经不在了，逝去就不再回来的，是岁月，不能再见到的，是亲人，请让我们从此分别吧。"接着他投水死去了。孔子说："你们要记住了，这是足以为戒的！"从此以后，孔子回家奉养父母的弟子有十三个。

原 文

孔子谓伯鱼①曰："鲤乎，吾闻可以与人终日不倦者，其唯学乎？其容体不足观也，其勇力不足惮也，其先祖不足称也，其族姓不足道也，终而有大名，以显闻四方，流声后裔者，岂非学之效也？故君子不可以不学，其容不可以不饬，不饬无类②，无类失亲，失亲不忠，不忠失礼，

失礼不立。夫远而有光者，饬也；近而愈明者，学也。譬之污池，水潦③注焉，藿苇生焉，虽或以观之，孰知其源乎？"

注释

①伯鱼：孔子的儿子孔鲤，字伯鱼。②无类：不礼貌。③水潦：雨水。

译文

孔子对伯鱼说："鲤啊！我听说可以跟人谈论一整天而不知道疲倦的，大概只有学问吧。一个人的容貌体形是不足以观赏的；一个人的勇猛是不足以让人害怕的；祖先不值得称赞；姓氏是不值得谈论的；最终可以使自己成名，扬名于四方，名垂后世的，难道不是学问的功效吗？因此君子不能不学习，一个人不可以不修饰容貌。不修饰容貌就是不礼貌，不礼貌就失去了别人的亲近，失去别人的亲近就没有人对他忠诚，没有忠诚就会丧失礼，丧失礼就不能立身。远远看起来就有光彩的，是修饰的结果；近处看而更加耀眼的，是学习的成果。譬如污水池，雨水注入其中，里面长满了芦苇，即使偶尔有人观看，又有谁知道它的源头在哪儿呢？"

原文

子路见于孔子曰："负重涉远，不择地而休；家贫亲老，不择禄而仕。昔者由也事二亲之时，常食藜藿之实，为亲负米百里之外。亲殁之后，南游于楚，从车百乘，积

粟万钟，累茵①而坐，列鼎而食，愿欲食藜藿，为亲负米，不可复得也。枯鱼衔索，几何不蠹②？二亲之寿，忽若过隙。"孔子曰："由也事亲，可谓生事尽力，死事尽思者也。"

注释

①累茵：多层的坐垫。②蠹：被蠹虫吃掉。

译文

子路见孔子说："背着很重的东西走很远的路，累的时候不挑剔地方的好坏；家庭贫穷父母年老的话，就会不计较利禄的多少而做官。以前我在家侍奉父母的时候，经常吃粗劣的食物，为了父母，到百里之外把米背回家。父母去世之后，我到南方的楚国，跟随的车子有一百辆之多，存储了一万钟之多的粮食，坐在多层坐垫之上，排列鼎来吃饭，现在想要再吃粗劣的食物，为父母到很远的地方背米，已是不可能了。绳索上穿着的干鱼，很少有不被蠹虫吃掉的。父母的寿命，就像白驹过隙一样短暂。"孔子说："仲由奉养父母，可以说是父母在时尽心尽力，父母死后极尽哀思了。"

原文

孔子之①郯，遭程子于涂②，倾盖③而语终日，甚相亲。顾④谓子路曰："取束帛以赠先生。"子路屑然对曰："由闻之，士不中间见，女嫁无媒，君子不以交，礼也。"

有间，又顾谓子路。子路又对如初。孔子曰："由，《诗》不云乎：'有美一人，清扬宛兮。邂逅相遇，适我愿兮。'今程子，天下贤士也，于斯不赠，则终身弗能见也。小子行之！"

注释

①之：动词，到……去。②涂：通"途"，路途。③倾盖：车上的伞盖靠在一起。形容路上相遇，弄车而谈的情景。④顾：回头。

译文

孔子到郯国去，在路上遇见了程子，孔子的车和程子的车子并在一起谈话，谈了整整一天，非常亲密。孔子回头对子路说："取一束帛给先生。"子路很不情愿地回答道："我听说读书人如果不通过人介绍就见面，女子不经过媒妁之言就嫁人，君子是不和这样的人交往的。这是礼所规定的。"过了一会儿，孔子又回头对子路说一样的话。子路又用刚才的话回复孔子。孔子说："仲由，《诗经》不是说：'有一个美人，眉清目秀。偶然遇到，正是我所向往的人吗？'如今程子，正是天下的贤良之人，不赠送东西给这样的人，那么终生都不能再见面了。你把东西送给他吧！"

孔子自卫反鲁，息驾于河梁①而观焉。有悬水②三十仞，圜流九十里，鱼鳖不能导，鼋鼍不能居。有一丈夫，方将厉③之。孔子使人并涯止之，曰："此悬水三十仞，圜流九十里，鱼鳖鼋鼍不能居也，意者④难可济也。"丈夫不以措意，遂渡而出。孔子问之曰："巧乎？有道术乎？所以能入而出者，何也？"

丈夫对曰："始吾之入也，先以忠信；及吾之出也，又从以忠信。忠信措吾躯于波流，而吾不敢以用私，所以能入而复出也。"孔子谓弟子曰："二三子识之，水且犹可以忠信成身亲之，而况于人乎！"

①梁：桥。②悬水：瀑布。③厉：渡过。④意者：想来大概是。

译文

孔子从卫国返回鲁国，在桥边停下车子，观看风景。有一座瀑布有三十仞高，下面回旋的水流有九十里长，鱼鳖不能通过，鼋鼍不能在此居住。有一个男子正准备渡过去。孔子让人到岸边劝阻说："这瀑布有三十仞高，下面回旋的水流有九十里长，鱼鳖、鼋鼍不能在此居住，想来大概是难以渡过的。"男子不把这话放在心上，渡水到了对岸。孔子问他说："你有绝技呢？还是有道术？你能在急流中出入，原因是什么？"男子回答说："开始我进入的时候，怀着忠信之心；等到我出来的时候，还是怀着忠信之心。忠信之心让我的身躯置于波涛汹涌的河水中，我不敢有一丝私心，因此我可以进去并且重新出来。"孔子对弟子说："你们要记住，水尚且可以让人凭忠信之心亲近，何况人呢！"

原文

孔子将行，雨而无盖。门人曰："商[①]也有之。"孔子曰："商之为人也，甚吝于财。吾闻与人交，推其长者，违其短者，故能久也。"楚昭王渡江，江中有物大如斗，圆而赤，直触王舟，舟人取之。王大怪之，遍问群臣，莫之能识。王使[②]使聘于鲁，问于孔子。子曰："此所谓萍实者也，可剖而食也。吉祥也，唯霸者为能获焉。"使者反，王遂食之，大美。久之，使来，以告鲁大夫。大夫因子游问曰："夫子何以知其然？"曰："吾昔之[③]郑，过乎陈之野，闻童谣曰：'楚王渡江得萍实，大如斗赤如日，剖而食之甜如蜜。'此是楚王之应也。吾是以知之。"

注释

①商：孔子的弟子子夏，姓卜名商，字子夏。②使：动词，派出使者。③之：到……去。

译文

　　孔子将要外出，天下着雨，但是却没有伞盖。弟子说："卜商有伞盖。"孔子说："卜商这个人，太吝啬财物。我听说和人交往，要善于欣赏他的长处，避开他的短处，这样才能长久地交往下去。"楚昭王渡江时，江中有个东西像斗一样大，圆圆的，红色的，一头撞在了楚王的船上，船夫把它取过来。楚王看了非常吃惊，问遍了群臣，也没有认识的。楚王派人出使鲁国，问孔子认不认识这个东西。孔子说："这是所谓的萍草的果实，可以剖开吃。这是一种吉祥物，只有诸侯中的盟主才能得到。"使者返回，将孔子的话告诉楚王，楚王就吃了它，它的味道非常鲜美。很久之后，楚国的使者把这件事告诉鲁国的大夫。大夫通过子游问孔子说："您怎么知道这个东西呢？"孔子说："我以前到郑国去，路过陈国的郊野，听到童谣：'楚王渡江的时候得到萍的果实，像斗一样大，像太阳一样红，剖开食用像蜜一样甘甜。'这正好应验在楚王身上，所以我知道。"

原文

子贡问于孔子曰："死者有知乎？将无知乎？"子曰："吾欲言死之有知，将恐孝子顺孙妨生以送死；吾欲言死之无知，将恐不孝之子弃其亲而不葬。赐①不欲知死者有知与无知，非今之急，后自知之。"

注释

①赐：孔子的弟子，名端木赐，字子贡。

译文

子贡问孔子说："死去的人有知觉吗？还是没有知觉呢？"孔子说："我如果说死者有知觉的话，担心世上孝子贤孙因为葬送死者而妨害了自己的生活；我如果说死者没有知觉的话，就担心世上不孝的子孙抛弃自己的亲人而不入葬。赐啊，你还是不要知道死者有没有知觉了，这不是当务之急，以后你自然会明白的。"

原文

子贡问治民于孔子。子曰："懔懔①焉若持腐索之扞马②。"子贡曰："何其畏也?"孔子曰："夫通达③御之，皆人也。以道导之，则吾畜也；不以道导之，则吾仇也。如之何其无畏也?"

注 释

①懔懔：紧张恐惧的样子。②扞马：驾驭马。③通达：交通畅达的地方。

译 文

子贡向孔子请教治理人民的方法。孔子说："像用腐朽的绳索驾驭马一样恐惧紧张就行了。"子贡说："有那么可怕呀？"孔子说："在交通发达的地方驾驭奔马，到处都是人。用正确的方法引导马匹，那就像我养育的马一样听话；不用正确的方法引导它，它就像我的仇人。怎么能不恐惧呢？"

原 文

鲁国之法，赎人臣妾于诸侯者，皆取金于府。子贡赎之，辞而不取金。孔子闻之曰："赐失之矣。夫圣人之举事①也，可以移风易俗，而教导可以施②之于百姓，非独适身之行也。今鲁国富者寡而贫者众，赎人受金则为不廉，则何以相赎乎？自今以后，鲁人不复赎人于诸侯。"

注释

①举事：做事情。②施：施行、推广。

译文

　　鲁国的法律规定，向诸侯赎回臣妾的人，赎金都从国库中拿。子贡赎回了臣妾却拒绝从国库拿钱。孔子听说了就说："赐做错了。圣人的为人行事，是会移风易俗的，他的教导可以推广到百姓之中，不只是适用于他一人而已。如今鲁国富人少而穷人多，如果说赎回臣妾接受国家的钱就是不廉洁，那么人们又拿什么去赎人呢？从今以后，鲁国人就不会向诸侯赎回臣妾了。"

原文

　　子路治蒲，请见于孔子曰："由愿受教于夫子。"子曰："蒲其如何？"对曰："邑多壮士，又难治也。"子曰："然。吾语尔，恭而敬，可以摄①勇；宽而正，可以怀②强；爱而恕，可以容困；温而断，可以抑奸。如此而加之，则正不难矣。"

注释

①摄：通"慑"，震慑，使人害怕。②怀：安抚。

译文

　　子路治理蒲地，请求拜见孔子说："我希望得到老师的指教。"孔子说："蒲地怎样呢？"子路回答说："蒲邑有很多勇猛的人士，治理又很困难。"孔子说："这样的话，我告诉你：态度谦恭，尊敬他人，就可以震慑住勇猛的人了；政治宽松公正，就可以安抚强人；爱护宽恕别人，就可以容纳困窘的人；政治温和而果断就可以抑制坏人。这样各种方法并用，那么就不难治理好蒲地了。"

三恕第九

孔子曰："君子有三恕，有君不能事，有臣而求其使①，非恕也；有亲不能孝，有子而求其报，非恕也；有兄不能敬，有弟而求其顺，非恕也。士能明乎三恕之本，则可谓端身矣。"孔子曰："君子有三思，不可不察也。少而不学，长无能也；老而不教，死莫之思也；有而不施，穷莫之救也。故君子少思其长则务学，老思其死则务教，有思其穷则务施。"

①求其使：让他做事情。

译文

　　孔子说："君子有三种恕，有国君但不能侍奉，豢养家臣是要求他为你做事，这不是恕；有父母而不能奉养，养育孩子是为了让他们报答，这不是恕；有兄长却不能尊敬，要求弟弟对自己顺从，这不是恕。读书人能明白这三恕的本质，就可以说行为端正了。"孔子说："君子有三思，不可以不审察。少年的时候不学习，长大了没有养活自身的能力；年纪大了，不教导子孙，死了之后没有人思念；富有却不施舍穷人，贫穷的时候没有人救济。因此君子小的时候考虑到长大以后的事情就热爱学习，年老的时候想到死后的事情就会教导子孙，富有的时候想到有朝一日也许会贫穷就知道施舍穷人了。"

原文

　　伯常骞问于孔子曰："骞固周国之贱吏也，不自以不肖，将北面以事君子。敢问正道宜行，不容于世；隐道宜行，然亦不忍。今欲身亦不穷，道亦不隐，为之有道乎？"孔子曰："善哉！子之问也。自丘之闻，未有若吾子所问辩且说也。丘尝闻君子之言道矣，听者无察，则道不入；奇伟不稽①，则道不信。又尝闻君子之言事矣，制无度量，则事不成；其政晓察，则民不保。又尝闻君子之言志矣，刚折者不终，径易者则数②伤，浩倨③者则不亲，就利者则无不弊。又尝闻养世之君子矣，从轻勿为先，从重勿为后，见像④而勿强，陈道而勿怫⑤。此四者，丘之所闻也。"

注释

①稽：考核，核查。②数：屡次，多次。③浩倨：傲慢无礼。④像：法令。⑤怫：违背。

译文

伯常骞问孔子说："我本来是周国的一名低贱的小吏，但我不认为自己没有能力，我将要去侍奉君王。想要按照'道'来处世，但是不被世人容纳；想要违背'道'来处世，自己又于心不忍。我现在想要做到既要自己不穷困，又不违反'道'，敢问有办法可以做到吗？"孔子说："您问得很好。我听到的言论中，还没有像您的问题这样论证巧妙又有说服力的。我曾经听过君子谈论'道'时说，听众如果不知道'道'，'道'就不能被接受；如果把'道'解释得奇特怪异无法查核，人们就不会相信'道'。又听君子谈论'事'的时候说，制度没有一定的规范，事情是做不成的；政治太清楚明白，百姓就不能安定。又听到君子谈论志向的时候说，刚强的人不会得到好下场，平易近人的人就容易被伤害，傲慢无礼的人没有人亲近，贪求利益的人没有不失败的。又听说那些善于处世的君子，他们做容易的事的时候不和人争抢，做繁重的事情的时候不会躲在后面，碰到法令的时候不会用强力违背，自己宣扬'道'并且不会违背。这四个方面，是我所听说的。"

原文

孔子观于鲁桓公之庙，有欹器①焉。夫子问于守庙者曰："此谓何器?"对曰："此盖为宥②坐之器。"孔子曰："吾闻宥坐之器，虚则欹，中则正，满则覆。明君以为至诚，故常置之于坐侧。"顾谓弟子曰："试注水焉!"乃注之。水中则正，满则覆。夫子喟然叹曰："呜呼! 夫物恶有满而不覆哉?"子路进曰："敢问持满有道乎?"子曰："聪明睿智，守之以愚;功被天下，守之以让;勇力振世，守之以怯;富有四海，守之以谦。此所谓损之又损之之道也。"

注释

①欹器: 容易倾斜倒下的器物。②宥: 通"右"，右边。

译文

孔子参观鲁桓公的庙，看到了一件容易倾斜倒下的器物。孔子问守庙的人："这是什么器物呢?"守庙的人回答说："这大概是国君放在座位右边的欹器。"孔子说："我曾经听说国君放在座位右边的欹器，里面什么也没有的话就会倾斜，里面盛放的水正好的话就会端正，太满的话就会倾倒。贤明的君主把这个当作最高警戒，因此常常放在座位的旁边。"孔子回头对弟子说："试着往里面倒些水。"于是弟子倒水。水正好的时候，容器立起来了，再满的时候就倒下了。孔子深深地感慨说:

"唉！哪有什么东西太满的话不倾倒的呢?"子路上前说："请问怎样才能保持最满呢?"孔子说："有聪明睿智的才能，就表现得愚钝来保卫自己；功盖天下，就表现得很谦让来保卫自己；勇猛无比，就表现得很怯懦来保卫自己；非常富有，就表现得很谦卑来保卫自己。这就是后退一步再后退一步的谦虚退让的方法。"

原文

孔子观于东流之水。子贡问曰："君子所见大水必观焉，何也?"孔子对曰："以其不息，且遍与诸生而不为也，夫水似乎德；其流也，则卑下倨①邑必循其理，此似义；浩浩乎无屈尽之期，此似道；流行赴百仞之嵚而不惧，此似勇；至量必平之，此似法；盛而不求概②，此似正；绰约③微达，此似察；发源必东，此似志；以出以入，万物就以化絜，此似善化也。水之德有若此，是故君子见必观焉。"

注释

①倨：高。②概：古代用容器量东西的时候，用来刮平里面所盛东西的木片。③绰约：柔软的样子。

译文

孔子看着向东流去的河水。子贡问道："君子每逢遇到大水，就会驻足观看，这是为什么呢?"孔子回答说："因为它永不停息，并且滋养万物却不居功，水就像道德一样；在高低曲直的地上流动，遵从一定

的道理，这就像义一样；浩浩荡荡没有尽头，这就像道一样；流下百仞之高的山谷也无所畏惧，这就像人的勇敢；用水衡量别的东西必定公平，这就像法令一样；在容器中装满水却不必用概来抹平，这就像公正的人一样；虽然柔软但是无处不到，这像明察的人一样；一旦从发源地出发必定流向东方，这就像人的意志必有所准一样；把东西放入水中，万物就得到了净化，这就像善于教化的人一样。水有这样的德行，所以君子见了水，总要观看的。"

原文

　　子贡观于鲁庙之北堂，出而问孔子曰："向①也赐观于太庙之堂，未既辍，还②瞻北盖③，皆断焉。彼将有说耶？匠过之也？"孔子曰："太庙之堂，官致良工之匠，匠致良材，尽其功巧，盖贵久矣。尚有说也。"

　　孔子曰："吾有所耻，有所鄙，有所殆。夫幼而不能强学，老而无以教，吾耻之；去④其乡，事君而达，卒⑤遇故人，曾无旧言，吾鄙之；与小人处而不能亲贤，吾殆之。"

　　子路见于⑥孔子。孔子曰："智者若何⑦？仁者若何？"子路对曰："智者使人知己，仁者使人爱己。"子曰："可谓士矣。"子路出，子贡入，问亦如之。子贡对曰："智者知人，仁者爱人。"子曰："可谓士矣。"子贡出，颜回入，问亦如之。对曰："智者自知，仁者自爱。"子曰："可谓士君子矣。"

注释

①向：以前。这里指刚才。②还：回头，回来。③盖：门。④去：离开。⑤卒：通"猝"，突然。⑥见于：被召见。⑦若何：怎么样。

译文

子贡参观鲁国太庙的北堂，出来之后问孔子说："我刚才观看太庙的殿堂，还没有看完，回头看见北门，发现是用一块块断的木板拼接起来的。这有什么说法吗？还是因为工匠的过失呢？"孔子说："建造太庙殿堂的时候，官吏选择的都是最好的工匠，工匠选择的是最好的材料，极尽巧力，大概长期以来都很重视这件事。因此，这扇门这么做恐怕是有特定原因的。"

孔子说："我有所羞耻，有所鄙视，有所担忧。年轻的时候不努力学习，老的时候无法教导子孙，我为这种人感到羞耻；离开家乡侍奉君主从而发达了，突然遇到故人，没有忆旧的话，这种人我鄙视他；有些人和小人混在一起而不愿亲近贤能的人，我为这些人担忧。"

子路被孔子召见。孔子说："有智慧的人怎么样啊？仁德的人又怎

么样啊?"子路回答说:"有智慧的人使别人了解自己,仁德的人使别人爱自己。"孔子说:"可以称为士了。"子路出去以后,子贡进来,孔子也问他这个问题。子贡回答说:"有智慧的人了解别人,仁德的人爱护别人。"孔子说:"可以称为士了。"子贡出去以后,颜回进来了,孔子又问他这个问题。颜回回答说:"有智慧的人有自知之明,仁德的人爱惜自己。"孔子说:"可以称为士中的君子了。"

原文

子贡问于孔子曰:"子从父命,孝乎?臣从君命,贞乎?奚疑焉?"孔子曰:"鄙哉!赐,汝不识也。昔者明王万乘之国,有争臣①七人,则主无过举②;千乘之国,有争臣五人,则社稷不危也;百乘之家,有争臣三人,则禄位不替③。父有争子,不陷无礼;士有争友,不行不义。故子从父命,奚讵为孝?臣从君命,奚讵为贞?夫能审其所从,之谓孝,之谓贞矣。"

注释

①争臣:即诤臣,敢于进谏的臣子。②举:行为。③替:废除。

译文

子贡问孔子说:"儿子听从父亲的话叫作孝吗?臣子听从君主的话叫忠贞吗?这句话有什么疑问吗?"孔子说:"你也太浅陋了!赐,你不知道,以前贤明的君主拥有万辆战车的国家,有七个敢于进谏的臣

子，国君就没有错误的行为；拥有一千辆战车的国家，有五个敢于进谏的臣子，国家就不会有败亡的危险了；有一百辆战车的私家，有三个敢于进谏的臣子，俸禄和官位就不会被废弃；做父亲的如果有敢于进谏的儿子，就不会陷入无礼的行为中；士有敢于进谏的朋友，就不会做违背道义的事情了。因此，儿子听从父亲的话，怎么能叫作孝呢？臣子听从君主的话，怎么能叫作忠贞呢？如果能够认真审察哪些可以听从，就可以称为孝，称为忠贞了。"

原文

子路盛服见于孔子。子曰："由，是倨倨①者何也？夫江②始出于岷山，其源可以滥觞③，及其至于江津，不舫舟，不避风，则不可以涉，非唯下流水多耶？今尔衣服既盛，颜色充盈，天下且孰肯以非④告汝乎？"子路趋⑤而出，改服而入，盖自若也。子曰："由志之，吾告汝，奋于言者华，奋于行者伐，夫色智而有能者，小人也。故君子知之曰知，言之要⑥也，不能曰不能，行之至也。言要则智，行至则仁，既仁且智，恶不足哉？"

注释

①倨倨：同"裾裾"，衣服华丽的样子。②江：长江。③滥觞：形容江水很少，只能浮起酒杯。觞，酒杯。④非：过错。⑤趋：疾步走。⑥要：关键。

译文

　　子路穿着华丽的衣服拜见孔子。孔子说："仲由，你为什么穿这么华丽的衣服呢？长江刚流出岷山的时候，只有很小的水流，只能浮起酒杯，等到它到了江津的时候，人们不乘船、不避开风浪就不能渡过，不是因为下流的江水太多的原因吗？如今你穿着华丽的衣服，颜色这样鲜艳，天下的人谁还会把你的过错告诉你呢？"子路快步走了出去，换了一套衣服再次拜见孔子，很自在的样子。孔子说："仲由，你记住，我告诉你：夸夸其谈的人华而不实，喜欢表现的人喜欢向人夸耀。有能力和小聪明就表现在脸上，这是小人的作风。因此君子知道就是知道，这是说话的关键；做不到就是做不到，这是行动的最高准则。掌握了说话的关键就是有智慧的人，掌握了行动的准则就是仁人。既有仁德又有智慧，还有什么不满足的呢！"

原文

　　子路问于孔子曰："有人于此，披褐①而怀玉，何如？"子曰："国无道，隐之可也；国有道，则衮冕而执玉。"

注 释

①褐：粗布衣服。

译 文

　　子路问孔子说："现在有一个人，地位低下却很有才德，该怎么办？"孔子说："国家如果动荡不安的话，隐居起来是可以的；国家政治清明的话，就可以穿上官服，拿着玉笏上朝了。"

好生第十

原文

鲁哀公问于孔子曰："昔者舜冠何冠乎？"孔子不对。公曰："寡人有问于子，而子无言，何也？"对曰："以①君之问不先其大者，故方思所以为对。"公曰："其大何乎？"孔子曰："舜之为君也，其政好生而恶杀，其任授贤而替②不肖。德若天地而静虚，化若四时而变物。是以四海承风，畅于异类③，凤翔麟至，鸟兽驯德。无他也，好生故也。君舍此道而冠冕是问，是以缓对。"

注释

①以：因为。②替：废弃。③异类：四方的少数民族。

译文

鲁哀公问孔子说："以前舜戴什么样的帽子呢？"孔子没有回答。鲁哀公说："我问你话你却不回答，是因为什么呢？"孔子回答说："因为您没有先问重要的问题，所以刚才我在思考怎么回答呢。"鲁哀公说："什么是重要的问题呢？"孔子说："舜当君王的时候，他实行的政治是爱惜生灵而厌恶残杀的，任用贤能的人而废弃不称职的人。他的德行像

天地一样虚静无为，教化百姓像四季生养万物一样无声无息。因此，四海之内都接受了他的教化，甚至扩大到了其他的民族，凤凰盘旋麒麟来到，鸟兽都被他的仁德感化。没有其他，都是因为他爱惜生灵。您不问这些，却问他戴的帽子，因此我才迟迟不回答。"

原文

孔子读史，至楚复陈，喟然叹曰："贤哉楚王！轻千乘之国，而重一言之信。匪①申叔②之信，不能达其义；匪庄王之贤，不能受其训。"

注释

①匪：通"非"。②申叔：申叔时。

译文

孔子读史书，读到楚庄王恢复陈国的时候，深深地感叹说："楚王真是贤明啊！不看重拥有一千辆战车的陈国，却重视一句话的诚信。如果不是申叔时的忠信，就不能把道理讲明白；如果不是楚庄王这样贤明的人，也不会接受这样的劝告。"

原文

孔子尝自筮其卦，得《贲》焉，愀然①有不平之状。子张②进曰："师闻，卜者得《贲》卦，吉也，而夫子之色有不平，何也?"孔子对曰："以其离耶! 在《周易》，山下有火谓之《贲》，非正色之卦也。夫质也，白宜正白，黑宜正黑，今得《贲》，非吾吉也。吾闻丹漆不文，白玉不雕，何也? 质有余不受饰故也。"

孔子曰："吾于《甘棠》，见宗庙之敬也甚矣。思其人必爱其树，尊其人必敬其位，道也。"

注释

①愀然：脸色变动的样子。②子张：孔子的弟子颛孙师，字子张。

译文

孔子曾经有一次自己卜卦，得到了《贲》卦，脸上露出不高兴的表情。子张上前说："我听说占卜的人如果得到《贲》卦的话，就是吉祥的征兆，但是老师您的脸色不高兴，为什么?"孔子说："因为卦象中有一半是离象!《周易》中记载，山下有火就是《贲》卦，这不是颜色纯正的好卦象。从本质上来说黑就是正黑，白就是正白，这才叫颜色纯正。如今得到《贲》卦，不是我理想的吉兆。我听说红色的漆器就不用纹饰了，白玉用不着雕饰，为什么呢? 因为它们的本质就非常好了，不用再修饰了。"

孔子说："我从《甘棠》这首诗，看到宗庙中的人对召伯非常恭敬。人们思念召伯，必定爱惜这棵树，尊重召伯，必定对他的神位很恭敬，这是'道'的表现。"

原文

子路戎服见于孔子，拔剑而舞之，曰："古之君子以剑自卫乎?"孔子曰："古之君子，忠以为质，仁以为卫，不出环堵之室而知千里之外。有不善则以忠化之，侵暴则以仁固之，何持剑乎?"子路曰："由乃今闻此言，请摄齐①以受教。"

注释

①摄齐：提起衣服的下摆。齐，音"资"。

译文

子路穿着军服拜见孔子，拔出佩剑舞动起来，他说："古代的君子，是用剑来自卫的吗?"孔子说："古代的君子把忠诚当作自己的本质，用仁德来保卫自己，不出家门，就知道千里之外发生的事情。有不善良的人就用自己的忠诚感化他，有暴力来侵犯的时候就用仁德来抵御，用剑做什么呢?"子路说："我现在听到您这样的言论，请让我提起衣服的下摆到您的府上接受您的教导吧。"

原文

楚恭王出游，亡①乌噪之弓，左右请求之。王曰："止。楚王失弓，楚人得之，又何求之!"孔子闻之，惜乎其不大也。不曰"人遗②弓人得之而已"，何必楚也!

注释

①亡：丢失。②遗：遗失。

译文

楚恭王出游，丢失了弓箭，手下的人要去寻找。楚恭王说："算了吧。我丢了弓箭，也将会是楚国人拾到，何必去找呢!"孔子听说了，惋惜楚恭王的胸襟不够宽广。楚恭王不说"有人丢了弓箭，别人捡到"，为什么一定要说捡到的是楚国的人呢!

原文

孔子为鲁司寇，断狱讼，皆进①众议者而问之，曰："子以为奚若②？某以为何若?"皆曰云云，如是，然后夫子曰："当从某子，几是。"

①进：召见。②奚若：怎样。

译文

孔子做鲁国的司寇，断决案件的时候，一定把有不同意见的人召进来，问道："你以为怎样？某某你又认为怎样？"他们都说了自己的看法，然后孔子说："应该听从某某的话，他的意见基本正确。"

原文

孔子问漆雕凭曰："子事臧文仲、武仲及孺子容，此三大夫孰贤？"对曰："臧氏家有守龟①焉，名曰蔡。文仲三年而为一兆，武仲三年而为二兆，孺子容三年而为三兆。凭从此之见。若问三人之贤与不贤，所未敢识也。"孔子曰："君子哉，漆雕氏之子！其言人之美也，隐而显；言人之过也，微而著。智而不能及，明而不能见，孰克②如此？"

注释

①守龟：古代天子诸侯占卜时用的龟甲。因为龟甲有专人掌守，故称。②克：能够。

译文

孔子问漆雕凭说："你曾经侍奉过臧文仲、武仲、孺子容三个人，你认为这三位大夫谁最贤能呢？"漆雕凭说："臧文仲家里有占卜的龟甲，名字叫作蔡。臧文仲三年占卜一次，武仲三年占卜两次，孺子容三年占卜三次。我从这个角度来看他们。至于他们是贤能还是不贤能，这不是我所知道的。"孔子说："漆雕凭是个君子啊！他称赞别人的优点，观点隐蔽而又明白；谈论别人的过失，含蓄但是说得很中肯。别人的智慧是赶不上他的，说话明白却不让人直接看出他的观点，谁能这样呢？"

原文

鲁公索氏将祭而亡其牲。孔子闻之，曰："公索氏不及二年将亡。"后一年而亡。门人问曰："昔公索氏亡其祭牲，而夫子知其将亡，何也？"孔子曰："夫祭者，孝子所以自尽于其亲。将祭而亡其牲，则其余所亡者多矣。若此而不亡者，未之有也。"

译文

鲁国的公索氏即将举行祭祀时，丢失了祭祀用的牲畜。孔子听说了，说："公索氏不到两年的时间就会灭亡。"后来公索氏不到一年就灭亡了。弟子问孔子说："以前公索氏丢了牲畜，老师就知道他将要灭亡，这是为什么呢？"孔子说："祭祀，是孝子向父母及祖先尽孝心的方式。即将祭祀却丢失了牲畜，那么其他的东西丢失得更多。这样还不灭亡的，是没有的事情。"

原文

虞、芮二国争田而讼①，连年不决，乃相谓曰："西伯，仁人也，盍往质②之?"入其境，则耕者让畔③，行者让路。入其邑，男女异路，斑白不提挈。入其朝，士让为大夫，大夫让为卿。虞、芮之君曰："嘻！吾侪小人也，不可以履君子之庭。"遂自相与而退，咸以所争之田为闲田矣。孔子曰："以此观之，文王之道，其不可加焉。不令而从，不教而听，至矣哉！"

注释

①讼：诉讼，打官司。②质：评判。③畔：田地的边界。

译文

虞、芮两国因为争夺田地而打官司，几年了也没有结果，于是他们商量说："西伯是非常仁德的人，我们为什么不去他那儿让他做出评判呢?"进入西伯的国境，那里种地的人互相谦让田地的边界，走路的人在路上互相让道。到了城里，看见男人和女人分道而行，头发斑白的老人都没有提着重物。进入朝廷，看到士谦让做大夫的机会，大夫谦让做卿的机会。虞、芮两国的国君说："唉，我们都是小人，是不能进入君子的朝堂的。"于是远远地走开回去了，都把所争的田地当作闲田了。孔子说："从这件事来看，文王的治国之道太好了。不用命令，百姓就能顺从，不用教化，百姓就能听从他，这是治国的最高境界！"

原文

曾子曰："狎①甚则相简②，庄甚则不亲。是故君子之狎足以交欢，其庄足以成礼。"孔子闻斯言也，曰："二三子志之，孰谓参也不知礼也！"

注释

①狎：亲近而不庄重。②简：怠慢，倨傲。

译文

曾子说："太亲近的话就会互相怠慢，太庄重的话就不亲近。因此君子的亲近程度足以让别人乐于和他交往，他们的庄重又足以让人保持对他的礼貌。"孔子听说了之后说道："弟子们记住吧，谁说曾参不懂得礼呢！"

原文

哀公问曰："绅委①章甫②，有益于仁乎？"孔子作色而对曰："君胡然焉？衰麻苴杖者，志不存乎乐。非耳弗闻，服使然也。黼黻衮冕者，容不亵慢，非性矜庄，服使然也。介胄执戈者，无退懦之气，非体纯猛，服使然也。且臣闻之，好肆③不守折，而长者不为市。窃夫其有益与无益，君

子所以知。"孔子谓子路曰:"见长者而不尽其辞,虽有风雨,吾不能入其门矣。故君子以其所能敬人,小人反是。"

注释

①委: 周代的一种黑色帽子。②章甫: 一种礼帽。③肆: 店铺。

译文

鲁哀公问道:"腰上系着大带子,戴着礼帽,这对于一个人的仁德有好处吗?"孔子脸色大变回答道:"您怎么能这样说呢?穿着麻布丧服、拿着丧棒的人,对音乐不感兴趣。不是耳朵听不到,而是他穿的服装使他这样。穿着礼服、戴着礼帽的人,脸上没有轻慢的神情,不是他们本性矜持庄重,是他们的服饰让他们这样的。穿着盔甲拿着兵器的人,没有怯懦退缩之气,不是他们本身勇敢,是他们穿的服饰让他们这样的。并且我听说,喜欢做生意的人不能保持廉洁,因此德高望重的人不做生意。思量什么是有益的什么是无益的,这就是君子有智慧的原因。"孔子对子路说:"看到德高望重的人而不尽力称颂,即使遇到风雨,我也不能到他家里避雨去了。因此君子用自己所能做到的去尊敬人,小人则与此相反。"

原文

孔子谓子路曰:"君子以心导耳目,立义以为勇;小人以耳目导心,不逊①以为勇。故曰:退之而不怨,先之斯可从已。"

注释

①逊：驯顺。

译文

孔子对子路说："君子用心来引导耳朵和眼睛，把树立道义作为勇敢；小人则用耳朵和眼睛引导内心，把不顺从当作勇敢。所以说：别人轻视自己不要怨恨他，别人重视自己，就可以跟着他学习了。"

原文

孔子曰："君子有三患①：未之闻，患不得闻；既闻之，患弗②得学；既得学之，患弗能行。有其德而无其言，君子耻之；有其言而以无其行，君子耻之；既得之而又失之，君子耻之；地有余而民不足，君子耻之；众寡均③而人功倍己焉，君子耻之。"

注释

①患：担忧，忧虑。②弗：不能。③众寡均：指兴办事情与别人一样多。

译文

孔子说："君子有三种担忧：没有听说的道理担心不能听到；听到之后，担心自己没有机会学习；有了机会学习，担心自己不能付诸行动。有仁德但是不说仁德的话语，君子是以此为耻的；有了仁德的言论但是没有仁德的行为，君子以此为耻；得到仁德之后，又失去了，君子以此为耻；土地宽广，但是百姓却缺吃少穿，君子以此为耻；兴办的事情与别人一样多，但是别人的功效却比自己多一倍，君子以此为耻。"

原文

鲁人有独处室者，邻之嫠妇①亦独处一室。夜，暴风雨至，嫠妇室坏，趋而托焉。鲁人闭户而不纳。嫠妇自牖与之言："子何不仁而不纳我乎？"鲁人曰："吾闻男女不六十不同居。今子幼，吾亦幼，是以不敢纳尔也。"妇人曰："子何不如柳下惠然？妪②不逮门③之女，国人不称其乱。"鲁人曰："柳下惠则可，吾固不可。吾将以吾之不可，学柳下惠之可。"孔子闻之曰："善哉！欲学柳下惠者。未有似于此者。期于至善而不袭其为，可谓智乎！"

注释

①嫠妇：寡妇。②妪：老妇人。③不逮门：无家可归。

译文

鲁国有个人独自在家，邻居家里有一个寡妇，也是一人独自在家。有一天夜里，暴风雨突然降临了，寡妇的房子坏了，急忙跑到邻居家里寄身。这个鲁人关着大门不让她进去。寡妇透过窗户对他说："你怎么这么不仁爱，不让我进去？"鲁人说："我听说男人和女人不到六十就不能在一间屋子里居住。现在你还年轻，我也年轻，因此不敢让你进门。"寡妇说："你为什么不像柳下惠那样呢？他把无家可归的女子看作老妇人收留了，国人没有说他淫乱。"鲁人说："柳下惠可以这样做，但是我却不能。如果那样，就是我用我不能做到的，学习柳下惠可以做到的。"孔子听说之后说："太好了！学柳下惠的人还没有像鲁人这样的。希望达到最高的境界而不沿袭柳下惠的行为，可以说是非常有智慧的。"

原文

孔子曰："小辩①害义，小言破道。《关雎》兴②于鸟而君子美之，取其雄雌之有别。《鹿鸣》兴于兽而君子大之，取其得食而相呼。若以鸟兽之名嫌之，固不可行也。"

注释

①小辩：花言巧语。②兴：起兴。

孔子说:"花言巧语妨害道义,不合大道的言论损害道。《关雎》由鸟起兴而君子称赞不已,赞赏的就是其中雄雌关雎有所分别。《鹿鸣》由兽起兴,而君子夸奖它,是称赞鹿得到美食而呼唤朋友一起来吃。如果因为有鸟兽存在而起嫌弃之心,这是不可行的。"

原文

孔子谓子路曰:"君子而强气①,而不得其死;小人而强气,则刑戮荐臻②。"

《豳》诗曰:"迨天之未阴雨,彻彼桑土,绸缪牖户。今汝下民,或敢侮余?"孔子曰:"能治国家之如此,虽欲侮之,岂可得乎?周自后稷,积行累功,以有爵土。公刘重之以仁。及至大王亶甫,敦③以德让,其树根置本,备豫远矣。初,大王都豳,狄人侵之,事之以皮币,不得免焉;事之以珠玉,不得免焉。于是属④耆老而告之:'所欲吾土地。吾闻之:君子不以所养而害人。二三子何患乎无君?'遂独与大姜去之。逾梁山,邑于岐山之下。豳人曰:'仁人之君,不可失也。'从之如归市焉。天之与周,民之去殷,久矣。若此而不能天下,未之有也。武庚恶能侮?"

《鄁诗》曰:"执辔如组","两骖如儛"。孔子曰:"为此诗者,其知政乎!夫为组⑤者,总纰于此,成文于彼。言其动于近,行于远也。执此法以御民,岂不化乎?竿旄⑥之忠告,至矣哉!"

注释

①强气：桀骜不驯，意气用事。②臻：到来。③敦：厚。④属：同"嘱"，嘱咐。⑤组：用丝织的宽带。⑥竿旄：揭旄于竿，以招贤者。引申为礼贤。

译文

孔子对子路说："君子桀骜不驯，意气用事，就不得好死；小人桀骜不驯，意气用事，杀身之祸就会接连而来。"

《豳》诗说："趁着天没有下雨的时候拾取桑树皮拌上泥土，来修葺窗洞门户。现在下面的人们，你们还敢欺负我们吗？"孔子说："能像这首诗写的一样治理国家，即使别的国家想要侵犯，那怎么可能呢？周代自从后稷积累德行，有了土地和爵位。他们的先祖公刘更加着力推行仁政。到了太王宣甫的时候，仁德谦让之风已经很浓厚了，他树立了治国的根本之道，为后世做准备。起初太王居住在豳地，狄人入侵，太王给他们皮毛和货币，不能免于侵犯；给他们珍珠玉石，仍然不能免于侵犯。于是太王就嘱咐老人们说：'狄人是想要我们的土地。我听说：君子不因为养人的土地而害人。你们不用担心没有君主。'于是他和夫人太姜离开了。越过梁山，在岐山下面建立都邑。豳地的人说：'这是仁义的君主，我们不能失去他。'于是跟随太王的人像赶往市场的人一样多。上天要把天下让给周，人民内心叛离殷商已经很久了。像周这样还不能得到天下的，是没有的事情。武庚怎么能危害周朝呢？"

《鄁诗》说："手握缰绳如丝带"，"车旁两马像跳舞。"孔子说："作这首诗的人，大概是知道政治的。编制大丝带的人，在这里编织，却在别的方面形成了花纹。这说的是他在本地编织，编织好了之后流传到远方。用这种方法治理人民，人民难道不被教化吗？树立竿旄招揽贤才的忠告，是最好的了。"

卷三

观周第十一

原文

孔子谓南宫敬叔曰："吾闻老聃博古知今，通礼乐之原，明道德之归，则吾师也。今将往矣。"对曰："谨受命。"遂言于鲁君曰："臣受先臣之命云：'孔子，圣人之后也，灭于宋。其祖弗父何，始有国而授厉公。及正考父佐戴、武、宣，三命兹益恭。故其鼎铭曰："一命而偻①，再②命而伛，三命而俯。循墙而走，亦莫余敢侮。饘③于是，粥于是，以餬其口。"其恭俭也若此。'臧孙纥有言：'圣人之后，若不当世，则必有明德而达者焉。孔子少而好礼，其将在矣。'"属臣："'汝必师之。'今孔子将适周，观先王之遗制，考礼乐之所极，斯大业也。君盍以乘资之，臣请与往。"

公曰："诺。"与孔子车一乘，马二匹，竖子侍御。敬叔与俱。至周，问礼于老聃，访乐于苌弘，历郊社之所，考明堂之则，察庙朝之度。于是喟然曰："吾乃今知周公之圣，与周之所以王也。"

及去周，老子送之，曰："吾闻富贵者送人以财，仁者送人以言。吾虽不能富贵，而窃仁者之号，请送子以言乎：凡当今之士，聪明深察而近于死者，好讥议人者也；

博辩闳达而危其身，好发人之恶者也。无以有己为人子者，无以恶己为人臣者。"

孔子曰："敬奉教。"自周反鲁，道弥尊矣。远方弟子之进，盖三千焉。

①偻：弯着背，表示恭敬。②再：第二次。③饘：稠粥。这里用作动词，煮粥。

孔子对南宫敬叔说："我听说老聃博古通今，知道礼乐的由来，明白道德的归属，那么他就是我的老师啊。现在我就要去拜访他。"南宫敬叔回答说："我听从您的命令。"于是南宫敬叔对鲁国君主说，"我接受死去的父亲的嘱咐说：'孔子是圣人的后代，他的先祖在宋国消亡。他的祖上弗父何开始拥有宋国，但是把国家让给了弟弟厉公。等到正考父辅佐戴公、武公、宣公的时候，受到国君三次的任命，他一次比一次谦恭。所以正考父的家庙的鼎上刻着这样的铭文："第一次受命的时候，弯着背；第二次受命的时候，弯着身子；第三次受命的时候俯下身躯。沿着墙壁而走，也没有人欺侮他。他在这个鼎里煮粥吃饭。"他就是这样恭敬节俭。'臧孙纥说：'圣人的后代，如果当世不能成为君王的话，必然遇到贤明的君主从而扬名显身。孔子少年的时候就喜好礼，他大概就是这种人吧。'"死去的父亲又嘱咐我说："'你一定要拜他为师。'现在孔子要到周室去观看先王遗留的制度，考察礼乐所达到的程度，这是大事业。您为什么不给他车马资助他呢？我请求您允许我跟他一起前往。"

　　鲁君说："好吧。"鲁君给了孔子一辆车，两匹马，并且增强了保护他的力量。南宫敬叔和孔子一起去。到了周室，他们向老聃问礼，向苌弘请教音乐，游遍举行郊祀和社祭的地方，考察明堂的法则，考察宗庙朝廷的制度。之后孔子感叹地说："我现在才知道周公的圣明以及周朝所以称王的原因。"

　　离开周室的时候，老子送行，他说："我听说富有的人送人财物，有仁德的人送给人至理名言。我虽然不算富裕，但是私下被人冠以仁人的称号，我送给你几句话吧：现在的士人，他们聪明而善于观察，以至于危及生命，都是因为他们喜欢讥讽议论别人；知识广博、喜欢辩论的人危害自身，因为他们喜欢揭发别人的缺点。为人子女，不要光考虑自己，为人臣子，不要感到厌倦。"

　　孔子说："我恭敬地接受您的教导。"从周室回到鲁国之后，孔子的道更加让人敬重了。远方来投奔的弟子，大约有三千人。

原文

　　孔子观乎明堂，睹四门墉①，有尧舜与桀纣之象，而各有善恶之状，兴废之诫焉。又有周公相成王，抱之负②斧扆③南面以朝诸侯之图焉。孔子徘徊而望之，谓从者曰："此周公所以盛也。夫明镜所以察形，往古者所以知今。人主不务袭迹于其所以安存，而忽怠所以危亡，是犹未有以异于却走，而欲求及前人也，岂不惑哉！"

注释

　　①墉：墙壁。②负：背对着。③斧扆：古代帝王朝堂所用的像屏风一样的器具，上面画着斧头。

译文

孔子参观明堂，看到四面的墙壁上有尧舜和桀纣的画像，并且都有好与坏的评语，作为国家兴盛和衰败的借鉴。又看到周公辅佐成王，周公抱着成王背对着斧扆面向南方接受诸侯朝拜的画像。孔子来回观看，对跟从的人说："这是周朝兴盛的原因啊。明亮的镜子是用来观察形貌的，参照以前的事情可以知道现在的事情。国君如果不专心使国家沿着安定生存的道路走，反而忽视了危险及灭亡的原因，这就和退步跑却想赶上前面的人一样，难道不糊涂吗？"

原文

孔子观周，遂入太祖后稷之庙。庙堂右阶之前，有金人焉，三缄其口，而铭其背曰："古之慎言人也。戒之哉！无多言，多言多败；无多事，多事多患。安乐必戒，无所行悔。勿谓何伤，其祸将长；勿谓何害，其祸将大；勿谓不闻，神将伺人。焰焰①不灭，炎炎若何？涓涓②不壅，终为江河。绵绵③不绝，或成网罗。毫末不札，将寻④斧柯。诚⑤能慎之，福之根也。口是何伤？祸之门也。强梁者不得其死，好胜者必遇其敌。盗憎主人，民怨其上。君子知天下之不可上也，故下之；知众人之不可先也，故后之。温恭慎德，使人慕之；执雌持下，人莫逾之。人皆趋彼，我独守此；人皆或之，我独不徙。内藏我智，不示人技。我虽尊高，人弗我害。谁能于此？江海虽左⑥，长于百川，以其卑也。天道无亲，而能下人。戒之哉！"

孔子既读斯文也，顾谓弟子曰："小人识之，此言实而中，情而信。《诗》曰：'战战兢兢，如临深渊，如履薄冰。'行身如此，岂以口过患哉？"

注释

①焰焰：火苗初起的样子。②涓涓：水流很小的样子。③绵绵：绵长不绝。④寻：不久。⑤诚：如果。⑥左：卑下。

译文

孔子在周室观览，进入太祖后稷的宗庙。庙堂右边的台阶前有铜铸的人像，嘴巴被封了三层，铜人的背上刻着："这是古代言语谨慎的人。警戒啊！不要多说话，多说话就多招致失败；不要多生事，多事就会招致更多的祸患。处于安乐的生活之中一定要警戒，不要做让人后悔的事情。不要认为说话没有什么妨害，因为灾祸会由此产生；不要认为说话没有什么害处，祸患会扩大；不要认为别人听不到，神灵在看着每一个人。火焰小的时候不扑灭的话，等到火势大的时候该怎么办呢？水流小的时候如果不堵住的话，它终究会成为江河。细长的丝线如果不斩断的话，它终究会成为罗网。树苗微小的时候如果不拔掉的话，不久就可以用作斧柄。如果能谨慎的话，那将会是幸福的根源。嘴巴能招致什么伤害呢？它是进入祸患的大门。强横霸道的人不得好死，喜欢争强好胜的人必定会遇到敌手。盗贼憎恶财物的主人，人民怨恨他们的统治者。君子知道自己不可处于一国之上，所以屈身在下；君子知道众人不能超越，于是甘愿落在后面。温和、恭敬、谨慎、有德行的人，让人敬慕；守住柔弱甘心居于下位，就没有人能够超越他了。人们都到别处去了，我独自守在这里；人们都变化无方，我独自守住自己的操守。把我的智慧掩藏起来，不把技能展示给别人。我即使尊贵，也没有人加害于我。

谁能做到这些呢？江海虽然卑下，却能居百川之首，正是因为它能谦卑处下。上天不亲近谁，却能让人处于它的下面。以此为戒啊！"

孔子读完这些话之后，回头对弟子说："你们记住这些话吧，这些话实在而中肯，真实可信。《诗经》说：'保持小心谨慎，就像面临着深水，就像走在薄冰上面一样。'像这样立身行事，难道还担心说错话招来祸患吗？"

原文

孔子见老聃而问焉，曰："甚矣，道之于今难行也。吾比执道，而今委质①以求当世之君，而弗受也。道于今难行也。"老子曰："夫说者流②于辩，听者乱于辞，知此二者，则道不可以忘也。"

注释

①委质：献上礼物。②流：沉溺。

译文

孔子见老子问道："现在实行大道真的是太难了。我实行道，把治理国家的好方法献给国君而没有人采纳。现在实行道真是太难了。"老子说："那些说话的人喜欢用华丽的语言，而听众容易被这些话语迷惑，知道这两点，你所传的道就不会被人忘记了。"

弟子行第十二

原文

卫将军文子问于子贡曰:"吾闻孔子之施教也,先之以《诗》《书》,导①之以孝悌,说之以仁义,观之以礼乐,然后成之以文德。盖入室升堂者,七十有余人,其孰为贤?"子贡对以不知。

注释

①导:引导。

译文

卫国将军文子问子贡说:"我听说孔子施行教化,首先教授《诗》和《书》,用孝悌来引导学生,用仁义来劝说学生,让学生观看礼乐,然后用文学和德行来教育,使他们成为品德高尚的人。学问进入高深境界的大概有七十几个人,谁是最贤能的呢?"子贡回答说不知道。

文子曰："以吾子①常与学贤者也，何为不知？"子贡对曰："贤人无妄，知贤即难。故君子之言曰：'智莫难于知人。'是以难对也。"

①吾子：对人的敬称，您。

文子说："就凭您经常和他们一起向贤人学习，您怎么会不知道呢？"子贡回答说："贤人是不轻举妄动的，知道谁是贤能的很难。所以君子说：'没有比了解别人更需要智慧的了。'因此您的问题很难回答。"

文子曰："若夫知贤，莫①不难。今吾子亲游②焉，是以敢问。"子贡曰："夫子之门人，盖有三千就焉。赐有逮及焉，未逮及焉，故不得遍知以告也。"

①莫：没有。②游：游学。

译文

文子说："了解贤人，没有不难的。现在您亲自在孔子门下游学，因此我才冒昧问您。"子贡说："先生的弟子，大概有三千人就学。其中有与我同时就学的，也有与我不同时就学的，因此不能完全清楚地告诉您。"

原文

文子曰："吾子所及者，请闻其行。"子贡对曰："夫能夙兴夜寐，讽诵崇礼，行不贰过，称言不苟①，是颜回之行也。孔子说之以《诗》曰：'媚兹一人，应侯慎德。''永言孝思，孝思惟则。'

注释

①苟：苟且、随便。

译文

文子说："就谈一下您所接触的人，我想听听他们的德行。"子贡回答说："能起早贪黑，背诵经书，崇尚礼义，同一个错误不犯两次，不随便说话的人是颜回。孔子用《诗经》中的话来称颂他说：'服事君王，应该谨慎地修养德行。''永远讲究孝道，遵守孝道的规定。'

原文

"若逢有德之君，世受显命，不失厥①名，以御②于天子，则王者之相也。在贫如客，使其臣如借。不迁怒，不深怨，不录旧罪，是冉雍之行也。孔子论其材曰：'有土之君子也，有众使也，有刑用也，然后称怒焉。匹夫之怒，唯以亡其身。'孔子告之以《诗》曰：'靡③不有初，鲜克④有终。'

注释

①厥：他的。②御：任用。③靡：没有。④克：能够。

译文

"如果颜回遇到有德行的君王，就会世代享有君王给予的美誉，不会失去他美好的名声，被君王任用，成为君王的辅佐者。处于贫困之中像客人一样拘谨庄重，役使他的下属像借用来的一样小心谨慎。不迁怒别人，不深深怨恨别人，不计较别人以前的过失，这是冉雍的品行。孔子评价他的才能说：'拥有土地的君子，有老百姓可以役使，有刑罚施用，然后才可以迁怒于人。一般人发怒，只会伤害身体。'孔子用《诗经》中的话告诉冉雍说：'万事都有开始，但很少能有好的结局。'

"不畏强御，不侮矜寡①；其言循性，其都②以富，材任治戎，是仲由之行也。孔子和之以文，说之以《诗》曰：'受小共大共，而为下国骏庞。荷天子之龙，不戁不悚，敷奏其勇。'强乎武哉，文不胜其质。

注 释

①矜寡：即鳏寡，老年无妻和无夫的人。②都：安闲。

译 文

"不畏惧强暴的人，不欺负鳏寡；说话遵从本性，态度安闲，容貌堂堂，才能足以治理一个国家的军队，这是子路的品行。孔子用文辞赞美他，用《诗经》中的话评论他就是：'接受上天大法和小法，保护下面的诸侯国。带领天子的军队，不畏惧惊怕，施展他的勇猛。'武力强勇，文采掩盖不住他的质朴。

原文

"恭老恤幼，不忘宾旅；好学博艺①，省物而勤也，是冉求之行也。孔子因而语之曰：'好学则智，恤孤则惠，恭则近礼，勤则有继。尧舜笃恭，以王天下。'其称之也，曰'宜为国老'。

注释

①博艺：多才多艺。

译文

"尊敬长辈同情幼小，心里惦记在旅途之中的人；热爱学习，多才多艺，体察万物且勤劳，这是冉求的品行。孔子因此告诉他说：'爱好学习就会有智慧，体恤孤寡的人就是仁爱，恭敬就接近礼仪的要求，勤奋刻苦就会不断有收获。尧、舜因为忠诚、恭敬而称王天下。'孔子称赞冉求，说：'你应当成为国家的卿大夫。'"

原文

"齐庄而能肃，志通而好礼，傧相①两君之事，笃雅有节，是公西赤之行也。子曰：'礼经三百，可勉能也；威仪三千，则难也。'公西赤问曰：'何谓也?'子曰：'貌以傧礼，礼以傧辞，是谓难焉。'众人闻之，以为成也。

孔子语人曰：'当宾客之事，则达矣。'谓门人曰：'二三子之欲学宾客之礼者，其于赤也。满而不盈，实而如虚，过之如不及，先王难之。'

①傧相：古代替主人接待宾客、主持赞礼的人，这里用作动词。

译文

"整齐庄重而肃穆，志向通达而且喜好礼仪，担当两个国君之间的傧相，忠诚典雅并且有所节制，这是公西赤的品行。孔子说：'礼经三百篇，可以通过努力学会；但是三千项威严的礼仪，要想学会就很困难了。'公西赤问道：'这是为什么呢？'孔子说：'做傧相要根据不同人的外表来行礼，根据不同的礼节来说话，因此说是很困难的。'众人听到之后，都认为公西赤可以做傧相了。孔子对人说：'对于当傧相来说，公西赤是可以做到了。'孔子对弟子说：'你们想要学习宾客礼仪的人，那就向公西赤学习吧。他知识充足但不骄傲，为人充实却像虚空的一样，赶上了却像没有赶上，以前的君王都认为这是很困难的。'

原文

"博无不学，其貌恭，其德敦；其言于人也，无所不信；其骄大人也，常以浩浩①，是以眉寿。是曾参之行也。孔子曰：'孝，德之始也；悌，德之序也；信，德之厚也；忠，德之正也。参中夫四德者也。'以此称之。

注释

①浩浩：胸襟坦荡的样子。

译文

"知识渊博无所不学，相貌恭敬，德行敦厚；他对别人说的话，没有不真实的；他品行超逸，胸襟坦荡，因此可以长寿。这是曾参的品行。孔子说：'孝顺长辈，是道德的开始；尊敬兄长，是道德的进一步发展；诚信，是道德的加深；忠诚，是道德的准则。曾参符合这四点。'所以用这些话称赞他。

原文

"美功不伐①，贵位不善，不侮不佚，不傲无告，是颛孙师之行也。孔子言之曰：'其不伐，则犹可能也；其不弊百姓，则仁也。'《诗》云：'恺悌君子，民之父母。'夫子以其仁为大学之深。

注释

①伐：夸耀。

译文

"有很大的功劳却不夸耀，地位高贵却不认为这是好的，不轻慢不放荡，不在贫苦无告的百姓面前骄傲，这是颛孙师的品行。孔子说：'不夸耀自己，这是一般人都可以做到的；不蒙蔽百姓，这就是仁德了。'《诗经》说：'温和平易近人的君子，可以当百姓的父母官。'夫子认为颛孙师的仁德是很深的。

原文

"送迎必敬，上交下接若截①焉，是卜商之行也。孔子说之以《诗》曰：'式夷式已，无小人殆。'若商也，其可谓不险矣。

注释

①截：界限分明。

译文

"对人的迎接和送别都持有恭敬的态度，和上下级交往界限分明，这是卜商的品行。孔子用《诗经》称赞他说：'平静处理事情，就不会被小人迫害。'像卜商这样的人，可以说没有危险了。

原文

"贵之不喜，贱之不怒；苟^①利于民矣，廉于行己；其事上也，以佑其下，是澹台灭明之行也。孔子曰：'独贵独富，君子耻之，夫也中之矣。'

注释

①苟：如果。

译文

"受重视的时候不欣喜，被轻视的时候不发怒；如果有利于百姓，就要求自己行事廉洁；他侍奉君主，是为了帮助百姓，这是澹台灭明的品行。孔子说：'独自尊贵和富有，这是君子感到耻辱的，这符合澹台灭明的品行。'

原文

"先成其虑，及事而用之，故动则不妄^①，是言偃之行也。孔子曰：'欲能则学，欲知则问，欲善则详，欲给则豫。当是而行，偃也得之矣。'

注释

①妄：过错。

译文

"事先考虑透彻，等到处理事情的时候就用想好的办法，因此行为不会有错，这是言偃的品行。孔子说：'想要有能力就学习，想要知道就多问，想要把事情做好就认真仔细，想要成功就预先准备。按照这样来行动的，言偃是做到了。'

原文

"独居思仁，公言言义，其于《诗》也，则一日三覆'白圭之玷①'，是宫绦之行也。孔子信其能仁，以为异士。

注释

①白圭之玷：出自《诗经·大雅·抑》："白圭之玷，尚可磨也；斯言之玷，不可为也。"意思是白玉上面的污点可以磨掉，但是说出的话却不能更改。

"一个人独处的时候仍然思考仁义，在众人面前公开宣讲仁义，把《诗经》上说的"白圭之玷，尚可磨也"这句话牢牢记在心里，所以谨言慎行，就像每天磨去三次白玉上的斑点，宫绍就是这样做的。孔子相信他能做到仁义，认为他是个不平常的人。

"自见孔子，出入于户，未尝越礼；往来过之，足不履影；启蛰^①不杀，方长不折；执亲之丧，未尝见齿，是高柴之行也。孔子曰：'柴于亲丧，则难能也；启蛰不杀，则顺人道；方长不折，则恕仁也。成汤恭而以恕，是以日隮。'凡此诸子，赐之所亲睹者也。吾子有命而讯赐，赐固不足以知贤。"

①启蛰：指动物冬眠之后，春天出来活动。

"自从见到孔子，出入孔子的家门，没有做过违背礼仪的事情；来来往往经过的人们，不会踩到他们的影子；春天不杀害经过冬眠的动物，不攀折刚刚长出的枝条；为父母守丧的时候，没有见他开口笑过，

这是高柴的品行。孔子说：'高柴为父母守丧，是一般人很难做到的；春天不杀生，是遵循人伦道德；不攀折刚长出的枝条，是推己及物讲仁爱的表现。成汤谦恭而且推己及人，所以他的德行一天比一天深厚。'以上的这些人，是我亲眼看到的。您要求我回答，我就简单说一下，我本来是不够资格谈论他们是否贤能的。"

原文

文子曰："吾闻之也，国有道，则贤人兴①焉，中人用焉，乃百姓归之。若吾子之论，既富茂矣，壹诸侯之相也。抑世未有明君，所以不遇也。"

注释

①兴：出现。

译文

文子说："我听说，国家如果太平的话，就会出现有贤能的人，信奉中庸的人就会被任用，老百姓也会归附他们。像您谈论的这些人，都是才能非常好的人，都可以辅助诸侯了。或许是因为没有明君，所以得不到任用。"

原文

子贡既与卫将军文子言，适①鲁见孔子曰："卫将军文子问二三子之于赐，不壹而三焉。赐也辞不获命，以所见者对矣。未知中否，请以告。"孔子曰："言之乎。"

注释

①适：到……去。

译文

子贡和卫将军文子谈论过贤人之后，到了鲁国拜见孔子说："卫国的将军文子问我关于老师的弟子的情况，再三请求。我推辞不掉，因此就把我看到的情况告诉了他。不知道是否符合他们的实际情况，请让我告诉您吧。"孔子说："说说吧。"

原文

子贡以其辞状告孔子。子闻而笑曰："赐，汝次①为人矣。"子贡对曰："赐也何敢知人，此以赐之所睹也。"孔子曰："然。吾亦语汝耳之所未闻，目之所未见者，岂思之所不至，智之所未及哉？"子贡曰："赐愿得闻之。"

注 释

①次：排列次序。

译 文

子贡把和文子的谈话告诉了孔子。孔子听后笑着说："赐，你为他们排列了次序。"子贡回答说："我哪里了解他们呢，我只是根据我所看到的说说而已。"孔子说："是这样的。我也告诉你一些你没有听到过、没有看到过的事情，这些难道是考虑不到、凭借智力也不能了解的吗？"子贡说："我愿意聆听教诲。"

原 文

孔子曰："不克①不忌，不念旧怨，盖伯夷叔齐之行也。思天而敬人，服义而行信，孝于父母，恭于兄弟，从善而教不道，盖赵文子之行也。其事君也，不敢爱其死，然亦不敢忘其身。谋其身不遗其友，君陈则进而用之，不陈则行而退。盖随武子之行也。

注 释

①克：苛刻。

孔子说："不苛刻不憎恨，不追究以前的恩怨，这大概是伯夷和叔齐的品行。思考天道且尊敬别人，服从道义而且做事讲信用，孝顺父母，尊敬兄弟，向好人学习，教育不道德的人，这大概是赵文子的品行。侍奉君主，不吝于献出自己的生命，但是同时不会忘记保护自己。为自己谋福利的同时不会忘记朋友，君王能够听从建议就出仕，君王如果不听从建议就隐居在家。这大概是随武子的品行。

"其为人之渊源也，多闻而难诞，内植足以没其世。国家有道，其言足以治；无道，其默足以生。盖铜鞮伯华之行也。外宽而内正，自极于隐括①之中，直己而不直人，汲汲于仁，以善自终。盖蘧伯玉之行也。孝恭慈仁，允德图义，约货去怨，轻财不匮。盖柳下惠之行也。

①隐括：矫正竹木弯曲的工具。

"和别人交往，见闻广博而不容易被人欺骗，内心理想可以永世不衰。国家清明的时候，他的言论可以治理好国家；国家混乱的时候，他

保持沉默可以保全性命。这大概是铜鞮伯华的品行。外表宽容，内心正直，随时矫正自己的错误行为，用正直要求自己但不苛求别人，努力追求仁德，终身行善。这大概是蘧伯玉的品行。孝顺长辈，对人恭敬，对晚辈慈爱，施行仁德，修养品德，遵循仁义，节约财物，摒除怨恨，不重财也不缺乏必要的物资。这大概是柳下惠的品行吧。

原文

"其言曰：'君虽不量于其身，臣不可以不忠于其君。'是故君既择臣而任之，臣亦择君而事之。有道顺命，无道衡命。盖晏平仲之行也。蹈忠而行信，终日言不在尤①之内。国无道，处贱不闷，贫而能乐。盖老莱子之行也。易②行以俟③天命，居下不援其上。其亲观于四方也，不忘其亲，不尽其乐。以④不能则学，不为己终身之忧。盖介子山之行也。"

注释

①尤：错误。②易：改变。③俟：等待。④以：认为。

译文

"他说：'君主虽然不能衡量臣子的气度，但是臣子不可以对君主不忠诚。'因此君主选择臣子给他职位，臣子也可以选择侍奉哪个君主。君主有德行就听从他的命令，君主错误的话就不听他的命令。这大概是晏平仲的品行吧。行为忠实诚信，整天说话也不会出错。国家混乱的

话，他即使身处低贱的地位也不会闷闷不乐，贫穷却能快乐。这大概是老莱子的品行吧。改变行为等待合适的时机，身处低贱的地位却不巴结高官。到四方游玩，不会忘记他的父母，想到父母，就不会玩得特别尽兴。认为自己不会的就要学习，把不学习当成终生的忧患。这大概是介子推的品行吧。"

原文

子贡曰："敢问夫子之所知者，盖尽于此而已乎？"孔子曰："何谓其然？亦略举耳目之所及而已。昔晋平公问祁奚曰：'羊舌大夫，晋之良大夫也，其行如何？'祁奚辞以不知。公曰：'吾闻子少长乎其所，今子掩之，何也？'祁奚对曰：'其少也恭而顺，心有耻而不使其过宿；其为大夫，悉善而谦其端；其为舆尉①也，信而好直其功。至于其为容也，温良而好礼，博闻而时出其志。'公曰：'曩者②问子，子奚曰不知也？'祁奚曰：'每位改变，未知所止，是以不敢得知也。'此又羊舌大夫之行也。"子贡跪曰："请退而记之。"

注释

①舆尉：春秋时期晋国主持征役的官员。②曩者：刚才。

译文

　　子贡说："冒昧请问，老师知道的就只有这些人吗？"孔子说："怎么能这样说呢？我只是大概举出耳闻目睹的这些人罢了。以前晋平公问祁奚说：'羊舌大夫是晋国的好大夫，他的品行怎样呢？'祁奚回答说不知道。晋平公说：'我听说你小时候在他家长大，现在你不评价他，为什么呢？'祁奚回答说：'他年少的时候对人恭敬顺从，不让心里装着的耻辱到第二天才解决；他做大夫时，尽其善心而始终谦恭；做舆尉的时候，诚信并且喜欢直接说出他的功绩。至于他的外表，温和而有礼，广泛听取别人的意见同时说出自己的见解。'晋平公说：'刚才问你的时候，你为什么说不知道呢？'祁奚说：'羊舌每更换一次职位自己的行为就有所改变，我不知道他现在的行为究竟是怎样的，因此不敢说了解他。'这是羊舌大夫的品行。"子贡跪下来说："请让我回去记下您的话。"

贤君第十三

哀公问于孔子曰："当今之君，孰为最贤？"孔子对曰："丘未之见也，抑有卫灵公乎？"公曰："吾闻其闺门之内无别，而子次①之贤，何也？"孔子曰："臣语其朝廷行事，不论其私家之际也。"公曰："其事何如？"孔子对曰："灵公之弟曰公子渠牟，其智足以治千乘，其信足以守之，灵公爱而任之。又有士曰林国者，见贤必进之，而退与分其禄，是以灵公无游放之士，灵公贤而尊之。又有士曰庆足者，卫国有大事，则必起而治之；国无事，则退而容贤，灵公悦而敬之。又有大夫史鰌，以道去卫，而灵公郊舍三日，琴瑟不御，必待史鰌之入，而后敢入。臣以此取之，虽次之贤，不亦可乎。"

①次：排次序。

译文

鲁哀公问孔子说："如今的君主，谁最贤明呢？"孔子回答说："我没见过，如果有的话，大概是卫灵公吧？"鲁哀公说："我听说他的家庭中姑嫂姐妹没有区别，但是你却把他排在贤明的位置上，这是为什么呢？"孔子说："我是说他在朝廷上的行事方式，而不是说他在家里怎样处理事情。"鲁哀公说："他处理事情怎样呢？"孔子回答说，"卫灵公的弟弟叫公子渠牟，他的智慧足以治理一个拥有一千辆战车的国家，他的诚信足够保住国家，卫灵公喜欢他就任用了他。还有一个叫林国的士人，见到贤能的人就一定推荐，如果那人被罢官，林国还要和他分享自己的俸禄，因此卫灵公的国家没有游荡被流放的士人，卫灵公认为他贤能，所以尊敬他。还有一个叫庆足的士人，卫国有大事的话他就一定会挺身而出平息祸乱；国家太平的时候就辞官让贤人被朝廷容纳。卫灵公很高兴，很尊敬他。还有一个叫史鳅的大夫，因为道不能实行离开卫国，而卫灵公在郊外住了三天，不弹奏琴瑟，一定要等待史鳅回来，然后才回到自己的宫中。我是赞赏他的这些方面，这样的话，把他放在贤明的位置上，不也是可以的吗？"

原文

子贡问于孔子曰："今之人臣，孰为贤？"子曰："吾未识也。往者①齐有鲍叔，郑有子皮，则贤者矣。"子贡曰："齐无管仲，郑无子产？"子曰："赐，汝徒知其一，未知其二也。汝闻用力为贤乎？进贤为贤乎？"子贡曰："进贤贤哉。"子曰："然，吾闻鲍叔达②管仲，子皮达子产，未闻二子之达贤己之才者也。"

注释

①往者：以前的人。②达：使……显达。

译文

　　子贡问孔子说："当今的臣子，谁是贤能的呢？"孔子说："我不知道。以前的人，齐国有鲍叔，郑国有子皮，都是贤能的人。"子贡说："齐国不是有管仲，郑国不是有子产吗？"孔子说："端木赐，你只知道一个方面，不知道其他方面。你认为自己努力成为贤能的人贤能呢？还是推荐贤能的人贤能呢？"子贡说："推荐贤能的人贤能。"孔子说："是这样的，我听说鲍叔的推荐使管仲显达，子皮的推荐使子产显达，没有听说管仲和子产推荐比自己贤能的人从而让他们显达。"

原文

　　哀公问于孔子曰："寡人闻忘之甚①者，徙而忘其妻，有诸？"孔子对曰："此犹未甚者也，甚者乃忘其身。"公曰："可得而闻乎？"孔子曰："昔者夏桀贵为天子，富有四海，忘其圣祖之道。坏其典法，废其世祀，荒于淫乐，耽湎于酒。佞臣谄谀，窥导其心；忠士折口，逃罪不言。天下诛桀而有其国。此谓忘其身之甚矣。"

注释

①甚：厉害、严重。

译文

鲁哀公问孔子说："我听说忘性厉害的人，搬了家就忘了自己的妻子，这样的事情有吗？"孔子回答说："这还不算是忘性厉害的，更厉害的是忘了自己。"鲁哀公说："可以讲给我听听吗？"孔子说："以前夏桀处于天子这样尊贵的地位，拥有天下的财富，但是却忘了他圣明的祖上的治国之道。败坏他们的典章制度，废弃了世代的祭祀，整日荒淫取乐，沉湎于美酒之中。奸臣阿谀奉承，窥测迎合君主的心思；忠诚的臣子不再进谏，逃避罪责不敢说话。以至于天下的人们共同讨伐诛灭了夏桀，占领了他的国家。这才是忘记自身很厉害的事啊。"

原文

颜渊将西游于宋，问于孔子曰："何以为身？"子曰："恭敬忠信而已矣。恭则远于患，敬则人爱之，忠则和于众，信则人任之。勤斯四者，可以政国，岂特一身者哉？故夫不比①于数②而比于疏，不亦远乎？不修其中而修外者，不亦反乎？虑不先定，临事而谋，不亦晚乎？"

注释

①比：亲近，靠近。②数：密集，此处有亲密之义。

译文

　　颜渊即将要向西到宋国游历，他问孔子说："用什么来立身呢?"孔子说："谦恭、慎重、忠心、诚实就可以了。谦恭就能远离祸患，慎重别人就会喜欢你，忠心就会和众人和睦相处，诚实别人就会任用你。努力做到这四点，就可以处理一个国家的政治事务了，何况是立身呢?因此不亲近亲密的人却亲近疏远的人，不是走得更远了吗?不修养内心而修饰外表，不是违背了常理了吗?不事先考虑清楚，事到临头再做主张，不是太晚了吗?"

原文

　　孔子读《诗》，于《正月》六章，惕①焉如惧，曰："彼不达之君子，岂不殆哉?从上依世，则道废;违上离俗，则身危。时不兴善，已独由之，则曰非妖即妄也。故贤也既不遇天，恐不终其命焉。桀杀龙逢，纣杀比干，皆是类也。《诗》曰:'谓天盖高，不敢不局。谓地盖厚，不敢不蹐。'此言上下畏罪，无所自容也。"

注释

　　①惕:担心、提心吊胆。

译文

孔子读《诗经》，读到《正月》六章的时候，一副担心、恐惧的样子，他说："那些不得志的君子，不是很危险吗？顺从君主附和世俗，自己尊奉的'道'就废弃了；违背君主远离世俗，自身就危险了。当时的时代不倡导善行，自己独自行善，世人就说你不是反常就是不合法。因此自己贤能却遇不到好的时机，恐怕不得善终。夏桀杀害了关龙逢，商纣杀害了比干，都是这一类事情啊。《诗经》说：'谁说天很高，却不得不弯腰行走。谁说地厚，却不敢不蹑脚。'这话是说上下都害怕得罪，没有自己的容身之处。"

原文

子路问于孔子曰："贤君治国，所先者何？"孔子曰："在于尊贤而贱不肖。"子路曰："由闻晋中行氏①尊贤而贱不肖矣，其亡何也？"孔子曰："中行氏尊贤而不能用，贱不肖而不能去。贤者知其不用而怨之，不肖者知其必己贱而仇之。怨仇并存于国，邻敌构兵于郊，中行氏虽欲无亡，岂可得乎？"

注释

①中行氏：即范宣子，春秋时晋国六卿之一。

子路问孔子说："贤明的君主治理国家，首先要做什么呢？"孔子说："他们尊敬贤能的人而看不起没有才能的人。"子路说："我听说晋国的中行氏尊重有贤能的人而看不起没有贤能的人，他为什么灭亡了呢？"孔子说："中行氏尊重有贤能的人但是却没有任用他们，看不起没有贤能的人却没有撤他们的职。有贤能的人知道他不能用自己而怨恨他，没有才能的人知道他一定看不起自己而仇视他。埋怨和仇恨同时存在于国家之中，邻国就会在郊外组织军队准备进攻，中行氏即使不想灭亡，怎么做得到呢？"

孔子闲处，喟然而叹曰："向使①铜鞮伯华无死，则天下其有定矣。"子路曰："由愿闻其人也。"子曰："其幼也，敏而好学；其壮也，有勇而不屈；其老也，有道而能下人。有此三者，以定天下也，何难乎哉！"子路曰："幼而好学，壮而有勇，则可也。若夫有道下人，又谁下哉？"子曰："由不知！吾闻以众攻寡，无不克也；以贵下贱，无不得也。昔者周公居冢宰之尊，制天下之政，而犹下白屋之士②，日见百七十人，斯岂以无道也？欲得士之用也。恶有有道而无下天下君子哉？"

①向使：假如，假使。②白屋之士：指寒士。白屋，草屋。

译文

孔子闲居，深深感叹说："假使铜鞮伯华不死的话，那么天下大概可以安定了。"子路说："我希望听听他的为人。"孔子说："他幼小的时候聪敏并且爱好学习；长大了勇敢不屈；年老的时候非常明白事理，已经得道了却仍然态度谦和亲近别人。有这三种品质，安定天下又有什么难的呢！"子路说："幼小的时候聪敏并且爱好学习，长大了勇敢不屈，是可以做到的。但是得道后甘居人下，又有谁受得起呢？"孔子说："仲由，你不知道！我听说凭借人数众多攻打人数少的，没有不成功的；身处尊贵的地位却能卑下待人，没有做不成的事情。以前周公身处冢宰这样的高位，控制着国家的政权，仍然能自处于贫穷的读书人之下，每天接见一百七十个人，这样做难道没有道吗？想要任用士人，哪里能有道却不自处于天下君子之下呢？"

原文

齐景公来适鲁，舍于公馆，使晏婴迎孔子。孔子至，景公问政焉。孔子答曰："政在节财。"公悦。又问曰："秦穆公国小处僻而霸，何也？"孔子曰："其国虽小，其志大；处虽僻，而其政中。其举也果，其谋也和，法无私而令不偷。首拔五羖①，爵之大夫，与语三日而授之以政。此取之，虽王可，其霸少矣。"景公曰："善哉！"

注释

①五羖：指百里奚。秦穆公用五张黑公羊皮赎回了他，所以称为五羖大夫。

译文

　　齐景公来到鲁国，住在公馆里，让晏婴迎接孔子。孔子到了，齐景公向孔子询问政事。孔子回答说："治理国家在于节约财物。"齐景公很高兴。又问道："秦穆公的国家很小并且地方偏僻，却可以称霸，为什么呢？"孔子说："他的国家虽然小，但是他的志向却很大；国家虽然地处偏僻，但是政治切中关键。他做事一定要成功，考虑问题恰到好处，执法无私而政令不苟且。首先选拔百里奚，让他做大夫，和他谈论了三天就把政事交给他处理。这样做的话，即使称王天下也是可以的，称霸算不了什么。"齐景公说："说得很好！"

原文

　　哀公问政于孔子。孔子对曰："政之急者，莫大乎使民富且寿也。"公曰："为之奈何？"孔子曰："省力役，薄赋敛，则民富矣；敦礼教，远罪疾，则民寿矣。"公曰："寡人欲行夫子之言，恐吾国贫矣。"孔子曰："诗云：'恺悌①君子，民之父母。'未有子富而父母贫者也。"

注释

①恺悌：平易近人的样子。

译文

鲁哀公向孔子请教治理国家的事。孔子回答说："国家的政事没有比使百姓富裕并且长寿重要的。"鲁哀公说："怎样才能做到呢？"孔子说："减少劳役，减少赋税，那么百姓就富裕了；推行礼义教化，远离罪恶疾病，百姓就长寿了。"鲁哀公说："我想要按照您的话执行，但是我恐怕我的国家会贫穷。"孔子说："诗经说：'平易近人的君子，是百姓的父母。'没有子女富裕了而父母却贫穷的道理。"

原文

卫灵公问于孔子曰："有语①寡人：'有国家者，计之于庙堂之上，则政治矣。'何如？"孔子曰："其可也。爱人者则人爱之，恶人者则人恶之。知得之己者则知得之人。所谓不出环堵之室而知天下者，知反己②之谓也。"

注释

①语：告诉。②反己：反省自己得到启发。

译文

卫灵公问孔子说："有人告诉我：'拥有国家的人，在朝廷中讨论国家的大事，那么国家就可以治理好了。'是这样吗？"孔子说："可以。喜爱别人的人别人也喜爱他，厌恶别人的人别人也厌恶他。知道从自己身上得到启发的也就知道从别人身上得到启发。这就是人们所说的不出家门就知道天下的大事，说的就是能自我反省。"

原文

孔子见宋君，君问孔子曰："吾欲使长有国，而列都得之。吾欲使民无惑，吾欲使士竭力，吾欲使日月当时，吾欲使圣人自来，吾欲使官府治理，为之奈何？"孔子对曰："千乘之君，问丘者多矣，而未有若主君之问问之悉也。然主君所欲者，尽可得也。丘闻之，邻国相亲，则长有国；君惠臣忠，则列都得之；不杀无辜，无释罪人，则民不惑；士益之禄，则皆竭力；尊天敬鬼，则日月当时；崇道贵德，则圣人自来；任能黜否，则官府治理。"宋君曰："善哉！岂不然乎！寡人不佞①，不足以致之也。"孔子曰："此事非难，唯欲行之云耳。"

注释

①不佞：即不才，没有才能。

译文

孔子拜见宋国君主，宋君问孔子说："我想长期拥有国土，并且得到很多城市。我想要百姓不困惑，我想使士人竭力为国效力，我想要使日月运行得当，我想使圣贤的人自己到来，我想使官府得到治理，怎样才能做到呢?"孔子回答说："有一千辆战车的国家的君主，向我请教的人很多，但是没有人像您一样问得这样详细。但是您想要得到的都可以得到。我听说，和邻国和睦，就可以长久地拥有国家；国君实行恩惠，臣子忠诚，就可以得到很多城市；不滥杀无辜，不释放有罪的人，百姓就不会困惑了；给士人增加俸禄，他们就会竭力为国了；尊敬天地敬畏鬼神，日月就会按时运行；尊崇道德，圣人就会自己到来；任用有才能的人，废黜无能的人，官府就可以得到治理了。"宋君说："太好了！难道不是这样吗！我没有才能，不能达到这样的目标。"孔子说："这些不难，只要您想要做的话就可以做到。"

辩政第十四

原文

子贡问于孔子曰:"昔者齐君问政①于夫子,夫子曰政在节财②。鲁君问政于夫子,夫子曰政在谕③臣。叶公问政于夫子,夫子曰政在悦近而来远。三者之问一也,而夫子应之不同,然政在异端乎?"

注释

①政:治理国家。②节财:节省财力。③谕:知道,理解。

译文

子贡问孔子说:"曾经齐君向您询问治国的道理,您说治国之道在于节省财力。鲁国国君问您怎样治国,您说治国重在了解大臣。叶公问您治国之道,您说治国重在使近处的人高兴,使远方的人来归顺。这三个人问的是同一个问题,然而您的回答却不相同,那么治理国家有不同的方法吗?"

原文

孔子曰："各因①其事也。齐君为国，奢乎台榭，淫于苑囿，五官伎乐，不解于时，一旦②而赐人以千乘之家者三，故曰政在节财。鲁君有臣三人，内比周以愚其君，外距③诸侯之宾以蔽其明，故曰政在谕臣。夫荆之地广而都狭，民有离心，莫④安其居，故曰政在悦近而来远。此三者所以为政殊矣。

注释

①因：依据。②一旦：一个早晨。③距：通"拒"，拒绝。④莫：不，没有。

译文

孔子说："是依据各国的现实情况来处理的。齐国国君治理国家，大量修建亭台楼榭，过多地修建宫殿园林，宫女、歌舞艺人不分时间地作乐，一个早上就赐给他人拥有千辆马车的封邑三次，因此，说治理国家重在节约财物。鲁国国君有三位大臣在朝内结党营私，愚弄国君，对外拒绝接纳诸侯的宾客，蒙蔽君主，因此说治理国家重在了解大臣。楚国的土地非常广阔，国都却很狭小，

百姓有背叛的想法，不安分地生活在那里，因此说，治国的重点在于使近处的百姓高兴，使远方的人来归顺。这就是三个国君治理国家的方法不同的原因。

原文

"《诗》云：'丧乱蔑①资，曾不惠我师。'此伤奢侈不节以为乱者也。又曰：'匪②其止共，惟王之邛。'此伤奸臣蔽③主以为乱也。又曰：'乱离瘼矣，奚④其适归？'此伤离散以为乱者也。察此三者，政之所欲，岂同乎哉！"

注释

①蔑：没有，失去。②匪：非。③蔽：蒙蔽，欺骗。④奚：何，哪里。

译文

"《诗经》上说：'百姓遭遇动荡不安时没有了财物，但君主却不给百姓恩惠。'这就是指责奢侈浪费不节制造成混乱的。《诗经》上又说：'臣子不忠于职守，是君主的担忧。'这是指责奸邪的大臣蒙蔽君主造成混乱的。《诗经》上还说：'离乱病患，却不知道能到哪里去？'这是指责离散造成的混乱的。考察这三者，如何治理国家，怎么会相同呢！"

原文

孔子曰："忠臣之谏①君，有五义②焉：一曰谲③谏，二曰戆④谏，三曰降⑤谏，四曰直谏，五曰讽谏。唯度⑥主而行之，吾从其讽谏乎。"

注释

①谏：劝谏。②义：方法。③谲：委婉间接。④戆：憨厚刚直。⑤降：卑躬屈膝。⑥度：揣度，思量。

译文

孔子说："忠心的大臣劝谏君王，有五种方法：第一是委婉间接地劝谏，第二是憨厚刚直地劝谏，第三是卑躬屈膝地规劝，第四是直截了当地劝谏，第五是用教化的方式规劝。这些方法要揣度国君的心思之后再实行，我应该采用的是教化的方法劝谏吧。"

原文

子曰："夫①道不可不贵②也。中行文子倍③道失义，以亡其国；而能礼贤，以活④其身。圣人转祸为福，此谓是与?"

注释

①夫：语气助词，没有实意。②贵：重视。③倍：通"背"，违背，背弃。④活：使动用法，使……活。

译文

孔子说："道义是不能不被重视的。中行文子是因为违背道义、丧失仁义才会亡国的；然而他能礼贤下士，所以才使自己活下来。圣明的人能够把祸变为福，说的就是这种情况吧？"

原文

楚王将游荆台，司马子祺谏①。王怒之。令尹子西贺于殿下，谏曰："今荆台之乐不可失也。"王喜，拊②子西之背曰："与子共乐之矣。"子西步③马十里，引辔而止，曰："臣愿言有道，王肯听之乎？"王曰："子其言之。"子西曰："臣闻为人臣而忠其君者，爵禄不足以赏也；谏其君者，刑罚不足以诛也。夫子祺者，忠臣也；而臣者，谀臣也。愿王赏忠而诛谀焉。"王曰："我今听司马之谏，是独能禁

我耳，若后世游之，何也?"子西曰:"禁后世易耳。大王万岁之后，起山陵于荆台之上，则子孙必不忍游于父祖之墓以为欢乐也。"王曰: "善。"乃还。孔子闻之，曰: "至哉! 子西之谏也。入之于十里之上，抑④之于百世之后者也。"

译文

　　楚王将要去荆台游玩，司马子祺对此事进谏。楚王听了很生气。令尹子西却在大殿之下恭贺楚王出游的这件事，劝谏说:"今天的这次荆台游玩观赏，是不可以错过的。"楚王非常高兴，抚摸着子西的后背说道:"和你一同去游乐吧。"子西骑着马走了十里，拉住马辔停住，说道:"我想要说一说治国的道理，大王您肯听一听吗?"楚王说道:"你说吧。"子西说:"我听说对那些作为臣子并且忠于君主的，对他的奖赏即便是封爵加禄也是不够的;而对那些阿谀逢迎的臣子，对他的刑罚即便是诛杀他也是不够的。子祺是忠臣，而我是谀臣。希望大王您封赏忠臣并诛杀谀臣。"楚王说:"如果今天我听从了司马的劝谏，只能阻止我这次游玩，如果后世的君王也要出去游玩，该怎么办呢?"子西说:"禁止后世之王游玩也很容易。大王您去世以后，就在荆台上修建陵墓，那样的话后世子孙必定不忍心在祖辈的坟墓上游玩作乐。"楚王说:"你说得很好。"于是就回来了。孔子听说了这件事以后，说道:"子西的进谏高明到了极点啊! 仅仅是走了数十里，却连后世的君王也一并抑制住了。"

【原文】

子贡问于孔子曰："夫子之于子产、晏子，可为至矣。敢问二大夫之所为，目夫子之所以与之者。"孔子曰："夫子产于民为惠①主，于学为博②物；晏子于君为忠臣，于行为恭敬③。故吾皆以兄事④之，而加爱敬。"

【注释】

①惠：仁慈，慈爱。②博：广博。③恭敬：谦恭聪敏。④事：侍奉。

【译文】

子贡问孔子说："您对于子产、晏子，可以说是最推崇的。我冒昧地问一下，他们两位大夫的行为，看哪一点得到您的推崇。"孔子说："子产对百姓来说是个慈爱的人，从学问来说是渊博的；晏子对君主而言是一个忠心的大臣，从行为来说，谦恭聪敏。因此，我把他们当成兄长侍奉，而且更加尊敬爱戴。"

【原文】

齐有一足之鸟，飞集于公朝，下止于殿前，舒翅而跳。齐侯大怪之，使使②聘鲁问孔子。孔子曰："此鸟名曰商羊，水祥②也。昔童儿有屈③其一脚，振讯两肩而跳，且谣曰：'天将大雨，商羊鼓舞。'今齐有之，其应至矣。急

告民趋治沟渠，修堤防，将有大水为灾。"顷之，大霖雨，水溢泛诸国，伤害民人。唯齐有备，不败。景公曰："圣人之言，信而有征④矣。"

译文

齐国有种一只脚的鸟，飞来落在宫殿朝廷上，然后飞落在大殿前面，舒展着翅膀蹦跳着。齐景公感到很奇怪，派遣使者到鲁国，向孔子咨询这件事。孔子说："这种鸟名字为商羊，是大水将要到来的征兆。以前有些孩子弯起一只脚，抖动两肩跳着，并且唱起歌谣：'天将下大雨，商羊来跳舞。'现在齐国出现这种鸟，大雨也将要到来了。应当赶快告诉民众，让他们快速修理沟渠，修筑防水的堤坝，大水将要到来造成灾害。"很快，天就下起了大雨，大水泛滥，淹没了很多国家，各国的百姓都深受其害。只有齐国提前做好了准备，没有受到破坏。齐景公说道："圣人说的话，真实可靠并且应验了。"

原文

孔子谓宓子贱曰："子治单父，众悦，子何施而得之也？子语丘①所以为之者。"对曰："不齐②之治也，父恤其子，其子恤诸孤，而哀丧纪。"孔子曰："善！小节也，小民附矣，犹未足也。"曰："不齐所父事者三人，所兄事

者五人，所友事者十一人。"孔子曰："父事三人，可以教孝矣；兄事五人，可以教悌③矣；友事十一人，可以举善矣。中节也，中人附矣，犹未足也。"

注释

①丘：孔子谦称。②不齐：子贱谦称自己。③悌：尊敬兄长。

译文

孔子对宓子贱说："你治理单父这个地方，老百姓都很满意，你是怎样做到这些的呢？告诉我你这样做的原因。"子贱回答说："我治理单父时，让父亲体恤儿子，儿子同情所有的孤儿，并且为父亲的丧事而悲痛。"孔子说："好！小小的礼节使老百姓归附，但还不够。"子贱说："我以父亲的礼节侍奉的有三个人，以兄长的礼节对待的有五个人，以朋友的礼节对待的有十一人。"孔子说："像对待父亲一样侍奉三人，能够教导百姓孝顺；像对待兄长一样侍奉五人，能够教百姓尊敬兄长；像对待朋友一样侍奉十一人，可以教人友善。这些都符合礼节，具有中等才能和品德的人也来依附你，这还不够吧。"

原文

曰："此地民有贤①于不齐者五人，不齐事之而禀度焉，皆教不齐之道。"孔子叹曰："其大者乃于此乎有矣。昔尧舜听②天下，务求贤以自辅。夫贤者，百福之宗③也，神明之主也。惜乎不齐之以所治者小也。"

注释

①贤：贤明。②听：治理国家。③宗：主旨，宗旨。

译文

子贱说："这个地方百姓中比我贤能的有五个人，我侍奉他们，并从他们那里受教，他们都教给我道义。"孔子叹息说："那些治理天下的大道理就在这了。过去尧舜治理国家，必定会寻求有才能的人来辅助自己。贤能的人是幸福的源泉，是神明的主宰。可惜你治理的地方太小了。"

原文

子贡为信阳宰，将行，辞于①孔子。孔子曰："勤之慎之，奉②天子之时，无夺无伐③，无暴无盗。"子贡曰："赐也少而事君子，岂以盗为累哉？"孔子曰："汝未之详也。夫以贤代贤，是谓之夺；以不肖④代贤，是谓之伐；缓令急诛，是谓之暴；取善自与⑤，是谓之盗。盗非窃财之谓也。吾闻之，知为吏者，奉法以利民，不知为吏者，枉法以侵民，此怨⑥之所由也。治官莫若平，临财莫如廉，廉平之守，不可改也。匿⑦人之善，斯谓蔽贤；扬人之恶，斯为小人。内不相训⑧，而外相谤，非亲睦也。言人之善，若己有之；言人之恶，若己受之。故君子无所不慎焉。"

①于：向。②奉：遵从，接受。③伐：陷害。④不肖：不贤能。⑤与：给。⑥怨：恨。⑦匿：隐匿。⑧相训：相互训诫。

译文

子贡做信阳的地方官，即将出行时，向孔子告别。孔子说："要勤奋，要谨慎，按照自然的季节指导农业生产，不要强取豪夺，不要陷害贤才，不要残暴，不要偷盗。"子贡说："我从小侍奉君子，难道还会去偷盗吗？"孔子说："你知道得不详细。那种用贤才代替贤才，就叫夺取；用不贤能的人代替贤才，就叫作陷害贤才；执行命令时迟缓，执行惩罚时行动快速，这就称为残暴；把利益归自己所有，就是偷盗。这里的盗不是偷盗财物的意思。我听说，知道怎样做官的人，遵从法令为民谋利，不知道怎样做官的人，违背法令侵害百姓，这是怨恨所以产生的原因。治理官员最好要公平，面对财物最好要廉洁，廉洁公平的操守不能更改。隐瞒别人的长处，这就是蒙蔽贤才；宣扬别人的短处，就是小人。在内部相互不训诫，在外相互诽谤，这不是团结和睦的做法。谈到别人的长处，就像自己拥有一样；说到别人的缺点，就像自己承受一样。因此君子没有什么不可以谨慎的。"

原文

子路治①蒲三年，孔子过之。入其境②，曰："善哉由也！恭敬以信矣。"入其邑③，曰："善哉由也！忠信而宽矣。"至廷④，曰："善哉由也！明察以断矣。"子贡执辔

而问曰："夫子未见由之政，而三称其善，其善可得闻乎？"孔子曰："吾见其政矣。入其境，田畴尽易⑤，草莱⑥甚辟⑦，沟洫⑧深治，此其恭敬以信，故其民尽力也；入其邑，墙屋完固，树木甚茂，此其忠信以宽，故其民不偷⑨也；至其庭，庭甚清闲，诸下用命⑩，此其言明察以断，故其政不扰也。以此观之，虽三称其善，庸尽其美矣！"

①治：治理。②境：边境。③邑：城镇。④廷：地方官理政的厅堂。⑤易：整治。⑥莱：杂草。⑦辟：清除，清理。⑧洫：田间的水渠。⑨偷：苟且。⑩用命：听从，执行命令。

译 文

子路在蒲地治理了三年，孔子经过蒲地。进入到境内以后，说道："仲由做得很好啊！恭敬并且讲信用。"进入到城邑以后，说道："仲由做得很好啊！忠信并且宽厚。"到了官厅以后，说道："仲由做得很好啊！明察并且果断。"子贡拉住马辔问道："您还没有见过仲由处理政事，却已经称赞了他三次，他的优点您能讲给我听一听吗？"孔子说道："我已经看到了他的为政了。进入到境内，看到田地都被整治，杂草被清理，田间的沟渠也都挖得很深，这就是因为他恭敬诚信，所以老百姓全力以赴；进入到城邑，看到城中墙坚屋固，树木茂盛，这是因为他忠信宽厚，所以老百姓不苟且营生；到了官厅以后，看到厅堂清净悠闲，手下人都听从他的命令，这是因为他英明果断，所以为政没有受到干扰。从这些来观察，即便是三次予以赞美，又哪里能说得尽他的优点呢！"

卷四

六本第十五

原文

孔子曰："行①己有六本焉，然后为君子也。立身有义②矣，而孝为本；丧纪有礼矣，而哀为本；战阵有列矣，而勇为本；治政有理矣，而农为本；居国有道矣，而嗣③为本；生财有时矣，而力为本。置本不固，无务农桑；亲戚不悦，无务外交；事不终始，无务多业；记闻而言，无务多说；比近不安，无务求远。是故反本修迩④，君子之道也。"

注释

①行：立身行事。②义：道义。③嗣：子嗣，这里指选定继位之君。④迩：近。

译文

孔子说："立身行事有六个根本，做好了这六点之后就能成为君子了。立身要讲究道义，孝顺是根本；料理丧事要讲究礼仪，哀痛是根本；作战要讲究阵列，勇敢是根本；治国要有条理，农业是根本；掌管

国家要有方法，继承人是根本；发财要遵循时机，努力是根本。放弃根本而不巩固它，就没有必要致力于农桑了；不能使亲戚高兴，就没有必要致力于外交了；行事做不到有始有终，就没有必要经营多种产业了；道听途说的言论，就不要多说；近邻都不能安生，就不要让远方的人来归附。所以，返回事理的根本，从近处做起，这才是成为君子的途径。"

原文

孔子曰："良药苦于口而利于病，忠言逆于耳而利于行。汤武以谔谔①而昌，桀纣以唯唯②而亡。君无争臣，父无争子，兄无争弟，士无争友，无其过者，未之有也。故曰：'君失之，臣得之；父失之，子得之；兄失之，弟得之；己失之，友得之。'是以国无危亡之兆③，家无悖乱④之恶，父子兄弟无失，而交友无绝也。"

注释

①谔谔：直言进谏的样子。②唯唯：随声应和的言语。③兆：预兆，兆头。④悖乱：犯上作乱。

译文

孔子说："好药吃起来虽然苦涩但是有利于疾病的治疗，忠言听起来虽然不好听但是有利于立身行事。商汤和周武王因为能够听进直言劝谏而使国家繁荣昌盛，夏桀和商纣王因为只听别人随声应和的言语而导致国家灭亡。君王没有直言劝他改过的大臣，父亲没有直言劝他改过的

儿子，兄长没有直言劝他改过的弟弟，读书人没有直言劝他改过的朋友，想要不犯错是不可能的。所以说：'君王有过失，大臣就会发现；父亲有过失，儿子就会发现；兄长有过失，弟弟就会发现；自己有过失，朋友就会发现。'所以，国家就没有危险灭亡的征兆，家庭就没有犯上作乱、违背道德的恶行，父子兄弟之间没有过失，而朋友也不会跟你绝交。"

原文

孔子见齐景公，公悦焉，请置廪丘之邑以为养①。孔子辞而不受。入谓弟子曰："吾闻君子当功受赏②，今吾言于齐君，君未之有行，而赐吾邑，其不知丘亦甚矣。"于是遂行。

孔子在齐，舍于外馆③，景公造④焉。宾主之辞既接，而左右白⑤曰："周使适至，言先王庙灾。"景公覆问⑥：

"灾何王之庙也？"孔子曰："此必釐王之庙。"公曰："何以知之？"孔子曰："《诗》云：'皇皇上天，其命不忒。'天之以善，必报其德。祸亦如之。夫釐王变⑦文武之制，而作玄黄华丽之饰，宫室崇峻，舆马奢侈，而弗可振⑧也。故天殃所宜加其庙焉，以是占之为然。"公曰："天何不殃其身，而加罚其庙也？"孔子曰："盖以文武故也。若殃其

身，则文武之嗣，无乃殄^⑨乎？故当殃其庙以彰其过。"俄顷^⑩，左右报曰："所灾者，釐王庙也。"景公惊起，再拜曰："善哉！圣人之智，过人远矣。"

注释

①养：奉养。②当功受赏：即功成受赏。③外馆：即旅馆。④造：到，前往。⑤白：报告。⑥覆问：又问，再问。覆，通"复"。⑦变：更改。⑧振：同"赈"，挽救。⑨殄：灭绝，尽。⑩俄顷：过了一小会儿。

译文

孔子去拜见齐景公，齐景公很高兴，便请求将廪丘城封给孔子作为供养之地。孔子推辞而没有接受。进到屋中对弟子们说："我听说君子是功成而受赏，现在我只是和齐君说了话，他并没有按照我的话去实施什么行动，就要将城邑赏赐给我，他这么做实在是太不了解我了。"于是就离开了齐国。

孔子在齐国，在旅馆中住宿，景公亲自前去拜访。宾主之间互相致辞问候以后，景公左右侍奉的人上报说："周朝的使者刚刚到来了，说先王的宗庙遭到了火灾。"景公听了以后问道："是哪位先王的宗庙遭了火灾？"孔子回答说："那必定是釐王的宗庙。"景公问道："您是凭什么知道的呢？"孔子说："《诗经》上说：'伟大的上天啊，它所给予的不会有差错。'上天对那些行善的人，必定会回报他的美德。而灾祸也是一样的。釐王更改了文王和武王所制定的制度，并且制作各种色彩艳丽华美的饰品，宫殿的房屋也都建造得高大耸峻，车马用度十分奢侈，并且不可挽救。所以上天便降灾难到他的宗庙中，我就是这样预测的。"景公说："为什么天灾没有直接降临到他身上，却降临到他的宗

庙中呢？"孔子说："这大概是文王和武王的缘故吧。如果天灾降临其身，那文王和武王的后嗣不就灭绝了吗？因此就降临到他的宗庙，以彰显他的过错。"过了一小会儿，左右侍奉的人就上报说："受到火灾的是釐王的宗庙。"景公惊讶地站了起来，拜了两拜说道："太好了，圣人的智慧就是远远地超出了常人啊。"

原文

　　子夏三年之丧毕，见于孔子。子曰："与之琴。"使之弦①，侃侃而乐。作而曰："先王制礼，不敢不及。"子曰："君子也。"闵子三年之丧毕，见于孔子。子曰："与之琴。"使之弦，切切而悲。作而曰："先王制礼，弗敢过也。"子曰："君子也。"子贡曰："闵子哀未尽，夫子曰君子也；子夏哀已尽，又曰君子也。二者殊情而俱曰君子，赐也惑，敢问之。"孔子曰："闵子哀未忘，能断②之以礼；子夏哀已尽，能引③之及礼。虽均④之君子，不亦可乎？"

注释

　　①弦：弹奏。②断：斩断。③引：牵引，这里有延长之义。④均：比较。

译文

子夏服丧三年期满，拜见孔子。孔子说："将琴给他。"让他弹奏，子夏操起琴从容地弹奏。然后站起来说："先王所制定的礼仪，我不敢不遵守。"孔子说："你是君子啊。"闵子骞服丧三年期满，拜见孔子，孔子说："将琴给他。"让他弹奏，闵子骞弹得乐声悲切。然后他站起来说："先王所制定的礼仪，我不敢超过。"孔子说："你是君子呀。"子贡问道："以前闵子的哀痛没有散尽的时候，您说他是君子；现在子夏的哀痛已经消失了，您也称他为君子。两个人感情不同，您都称他们为君子，我想问您一下这其中的缘故。"孔子回答说："闵子的哀痛没有散尽，但是他却能用礼来斩断它；子夏虽然已经不再悲伤了，却能够用礼来加以约束。即便是将他们都和君子相比，又有什么不可以的呢？"

原文

孔子曰："无体①之礼，敬也；无服②之丧，哀也；无声之乐，欢也。不言而信，不动而威，不施而仁。志，夫钟③之音，怒而击之则武，忧而击之则悲。其志④变者，声亦随之。故志诚感之，通于金石⑤，而况人乎！"

注释

①体：形式。②服：丧服。③钟：古时的一种乐器。④志：心志，心情。⑤金石：泛指乐器。

译文

孔子说："没有形式的礼仪，是恭敬的；不穿丧服的丧礼，是哀痛的；没有声音的音乐，是快乐的。不用言语表达却能让人信服，不用行动却能让人感受到威严，不用施舍却能让人感受到仁爱。记住，编钟的声音，当你愤怒时敲击它，它就会发出猛烈的声音；忧伤时敲击它，就会发出悲伤的声音。敲击它的人心情变了，它的声音也就会随之而变。因此，心里有所感触，能和乐器相通，何况是人呢！"

原文

孔子见罗雀者，所得皆黄口①小雀。夫子问之曰："大雀独不得，何也？"罗者曰："大雀善惊而难得，黄口贪食而易得。黄口从②大雀则不得，大雀从黄口亦不得。"孔子顾谓弟子曰："善惊以远③害，利食而忘患，自其心矣。而独以所从为祸福，故君子慎其所从。以长者之虑，则有全身之阶④；随小者之戆⑤，而有危亡之败也。"

注释

①黄口：指幼鸟。幼鸟的嘴角总是呈黄色，所以此处以黄口代替幼鸟。②从：跟从。③远：远离。④阶：凭借。⑤戆：痴傻。

译文

孔子看到捕雀的人所捕捉到的都是黄嘴的小雀，就问道："大雀独独捉不到，这是什么原因呢？"捉鸟的人回答说："大雀容易惊觉所以不容易捕捉到，小鸟贪吃食物所以就容易抓到。小雀跟从着大雀的不容易被抓到，大雀跟着小雀的也不容易被抓到。"孔子回过头对弟子们说道："容易惊觉就可以远离灾祸，贪吃食物就容易忘掉祸患，这是其不同的内心导致的。并且因为他跟从的对象而决定祸福，因此君子对待跟从的人一定要谨慎。跟从长者的意见，就有了保全自身的凭借；跟从痴傻无知的小儿，就有危险、败亡的祸患。"

原文

孔子读《易》①，至于《损》《益》，喟然②而叹。子夏避③席问曰："夫子何叹焉？"孔子曰："夫自损者必有益之，自益者必有决之，吾是以叹也。"子夏曰："然则学者不可以益④乎？"子曰："非道益之谓也。道弥⑤益而身弥损。夫学者损其自多，以虚受人，故能成其满博哉。天道成而必变，凡持满而能久者，未尝有也。"

注释

①《易》：《周易》。②喟然：叹息的样子。③避：离开。④益：增加，弥补。⑤弥：更加。

译文

孔子读《周易》，读到《损》《益》两卦时，长声叹息。子夏离开座位问孔子："先生为什么叹息呢？"孔子说："自己减少的一定会有增加，自己增加的一定会有减少，我是因此而叹息啊。"子夏说："难道通过学习不可以增长吗？"孔子说："并不是说天道的增长。学问越增加，自身就应该越谦虚。谦虚的学者有很多，能够虚心接受别人的教导，所以才能使自己知识丰富。天道形成后就必定会变化，凡是骄傲自满的人能够长久的，还从来没有过。

原文

"故曰：'自贤者，天下之善言不得闻于耳矣。'昔尧治天下之位，犹允恭以持之，克让①以接下，是以千岁而益盛，迄今而逾彰②。夏桀昆吾③，自满而无极，亢意而不节，斩刈④黎民如草芥焉。天下讨之如诛匹夫，是以千载而恶著，迄今而不灭。观此，如行则让长，不疾先；如在舆⑤，遇三人则下之，遇二人则式之。调其盈虚，不令自满，所以能久也。"子夏曰："商请志之，而终身奉行焉。"

注释

①克让：谦让克己。②彰：显露，彰显。③昆吾：夏商时部落名。④斩刈：砍伐，斩杀。⑤舆：车中装载东西的部分，后泛指车。

译文

"所以说：'认为自己有才能的人，天下的良言他一句也没听到。'过去尧治理天下时，能够公允谦恭待人，对待下人克己谦让，所以千年以来声名隆盛，到现在更加显著。夏桀和昆吾，自满到了极致，随心所欲，毫无节制，斩杀百姓就像割草芥一样。天下人讨伐他就像诛杀匹夫一样，所以千年以来罪恶显著，到现在还不能泯灭。由此看来，如果行事就要谦让长辈，不能抢先行事；比如，坐车时遇到三个人，就主动下车，遇到两个人，就扶着前边的横木致敬。调节好充实和虚空，不要让自己骄傲自满，这样才能长久立于世。"子夏说："我要记住这些话，并终身奉行。"

原文

子路问于孔子曰："请释①古之道而行由之意，可乎？"子曰："不可。昔东夷之子，慕诸夏②之礼，有女而寡，为内③私婿，终身不嫁。嫁则不嫁矣，亦非贞节之义也。苍梧娆娶妻而美，让与其兄。让则让矣，然非礼④之让也。不慎其初，而悔其后，何嗟及矣。今汝欲舍古之

道，行子之意，庸知子意不以是为非，以非为是乎？后虽欲悔，难哉！”

①释：放下，放弃。②诸夏：即华夏。③内：通"纳"，招纳。④非礼：不符合礼仪。

译文

子路向孔子问道："我请求放弃古代的道，而去实行我个人的主张，可以吗？"孔子说："不可以。以前东夷中有一个人，羡慕华夏礼仪，他的女儿成了寡妇以后，原本要为女儿招一个女婿，女儿却很坚决地终身不再嫁人。原本是可以嫁人却不改嫁，这并不符合贞节之义。苍梧有一个叫娆的人，他娶了一个貌美的妻子，就将妻子让给了自己的兄长。虽然这也是谦让，却不符合礼义。刚开始的时候不谨慎，事后又后悔，嗟叹能有什么用呢？现在你想要舍弃古代的大道，而去施行你自己的主张，哪里知道你的主张不是以对为错、以错为对的呢？以后即便是想后悔，也难了！"

原文

曾子耘瓜①，误斩其根。曾皙怒，建②大杖以击其背。曾子仆地而不知人久之。有顷，乃苏，欣然而起，进于曾皙曰："向也参得罪于大人，大人用力教参，得无③疾乎？"退而就房，援琴而歌，欲令曾皙而闻之，知其体康

也。孔子闻之而怒，告门弟子曰："参来勿内。"曾参自以为无罪，使人请于孔子。

注释

①耘瓜：在瓜地里锄草。②建：操起，拿起。③得无：大概没有。

译文

曾参在瓜地中锄草，不小心将瓜苗的根给铲断了。曾晳看到了以后大怒，操起大木棍就向他的后背打去。曾参倒地不知人事，过了好一会儿，才苏醒过来，很高兴地站立起来，走到曾晳面前说道："刚才我得罪了父亲大人，您用棍杖教育了我，您没有受伤吧？"回去以后就进入房间中，操起琴一边弹一边歌唱，想要曾晳听到，知道他的身体还好。孔子听到这件事以后很生气，告诉守门的弟子说："曾参来了的话不要让他进来。"曾参认为自己没有过错，就让人向孔子请求拜见。

原文

子曰："汝不闻乎？昔瞽瞍①有子曰舜，舜之事瞽瞍，欲使之，未尝不在于侧；索而杀之，未尝可得。小棰则待过②，大杖则逃走。故瞽瞍不犯不父之罪，而舜不失烝烝③之孝。今参事父，委身以待暴怒，殪④而不避，既身死而陷父于不义，其不孝孰大焉？汝非天子之民也，杀天子之民，其罪奚若？"曾参闻之曰："参罪大矣。"遂造孔子而谢过。

注释

①瞽瞍：原指瞎子，这里指舜的父亲。瞽瞍对舜很不好，曾多次想要将舜害死。②待过：待罪，指挨打。③烝烝：众多的样子。④殪：死。

译文

孔子说："你没有听说过吗？以前瞽瞍有个儿子名为舜，舜服侍父亲，只要父亲有事情要使唤他，他没有不在身边的时候；但瞽瞍找舜并且想杀死他的时候，从来都找不到。瞽瞍用小棍子打他的时候，他就老实地挨打，当瞽瞍用大木棍打他的时候他就逃跑。因此瞽瞍没有犯下违反父道的罪过，舜也没有丧失众多的孝道。如今曾参你在服侍父亲的时候，舍弃身体去等着父亲大怒，要被打死了还不知道躲避，自己死了以后就会让父亲陷于不义的境地，还有比这样更为不孝的吗？这样一来，你就不是君主的子民，而是杀害了君主的子民，这样的罪过有哪一种比得上呢？"曾参听到了以后说道："我的罪过很大啊。"于是就到孔子面前谢罪。

原文

荆公子行年十五而摄①荆相事，孔子闻之，使人往观其为政焉。使者反②，曰："视其朝清净而少事，其堂上有五老焉，其廊下有二十壮士焉。"孔子曰："合二十五人之智以治天下，其固③免矣，况荆乎？"

子夏④问于孔子曰："颜回⑤之为人奚若？"子曰："回

之信⑥贤于丘。"曰:"子贡⑦之为人奚若?"子曰:"赐之敏贤于丘。"曰:"子路⑧之为人奚若?"子曰:"由之勇贤于丘。"曰:"子张⑨之为人奚若?"子曰:"师之庄贤于丘。"子夏避席而问曰:"然则四子何为事先生?"子曰:"居,吾语汝。夫回能信而不能反,赐能敏而不能诎,由能勇而不能怯,师能庄而不能同。兼四子者之有以易吾,弗与也。此其所以事吾而弗贰也。"

注释

①摄:代理。②反:通"返",返回。③固:原本。④子夏:即卜商,卫国人,为人好论精微,以文学称名,孔门七十二贤之一。⑤颜回:字子渊,鲁国人,孔门七十二贤之一,以德行为孔子所褒奖。⑥信:诚实、诚信。⑦子贡:即端木赐,卫国人,以辩才称名,孔门七十二贤之一。⑧子路:即仲由,性情刚烈,长于政事。⑨子张:即颛孙师,陈国人,孔子弟子,为人宽容博洽。

译文

荆国的公子十五岁的时候就代理了荆国的宰相事务,孔子听说这件事以后,就派人到那里,察看他如何处理政事。使者回来以后,对孔子说:"看他的朝堂清净并且很少有事,堂上坐有五位长者,屋廊下站有二十位壮士。"孔子说道:"联合这二十五个人的智慧来治理天下,本来就可以免于危亡,何况只是治理荆国呢?"

子夏向孔子问道："颜回的为人怎么样?"孔子回答说："颜回的诚信要超过我。"子夏问到："子贡的为人怎么样?"孔子说："子贡的聪敏要超过我。"子夏又问："子路的为人怎么样?"孔子回答："子路的勇敢要超过我。"子夏又问："子张的为人怎么样?"孔子回答说："子张的庄重要超过我。"子夏离开席位向孔子问道："为什么这四个人都来服侍老师您呢?"孔子回答说："坐下,我告诉你。颜回很诚信却不善于变通,子贡生性聪敏却不会屈服折衷,子路很勇敢却不懂退让,子张很庄重却不合群。因此将这四个人的所有长处加在一起和我交换,我也不会同意。这就是他们之所以侍奉我并且没有二心的原因。"

原文

孔子游于泰山,见荣声期行乎郕之野,鹿裘带索,鼓琴①而歌。孔子问曰:"先生所以为乐者,何也?"期对曰:"吾乐甚多,而至者三:天生万物,唯人为贵,吾既得为人,是一乐也;男女之别,男尊女卑,故人以男为贵,吾既得为男,是二乐也;人生有不见日月②,不免襁褓③者,吾既以行年九十五矣,是三乐也。贫者,士之常;死者,人之终。处常得终,当何忧哉?"孔子曰:"善哉!能自宽者也。"

注释

①鼓琴:弹琴。②不见日月:指还没有生下来就死在母腹中。③襁褓:包裹婴儿的被子和带子,引申为年幼的婴儿。

译文

孔子在泰山上游览，看到了荣声期在郕国的郊外行走，只见他穿着鹿皮制的衣服，系着绳子做的腰带，弹着琴唱歌。孔子向他问道："您这么快乐的原因是什么呢？"荣声期回答说："我的快乐很多，最快乐的有三点：天地孕育万物，以人最为尊贵，我既然身为人，这是第一大快乐；男女有别，男子的身份尊贵，女子的身份卑贱，因此人们都以男子为贵，我既然身为男子，这是第二大快乐；人生中有胎死腹中以及幼年夭折的，我却已经活到了九十五岁，这是第三大快乐。贫困是士人常处的境地，死亡是人的最终归宿。身处常境并得以享尽天年，还有什么值得担忧的呢？"孔子说："好啊！荣声期是能够自我宽慰的人啊。"

原文

孔子曰："回有君子之道四焉：强①于行义，弱于受谏，怵②于待禄，慎于治身。史鰌有君子之道三焉：不仕而敬上，不祀而敬鬼，直己而曲于人。"曾子侍，曰："参昔常闻夫子之三言，而未之能行也。夫子见人之一善而忘其百非③，是夫子之易事也；见人之有善若己有之，是夫子之不争也；闻善必躬行④之，然后

导之，是夫子之能劳也。学夫子之三言而未能行，以自知终不及二子者也。"

注释

①强：尽力去做事情。②怵：害怕，担心。③百非：很多缺点。④躬行：亲自去做。

译文

孔子说："颜回身上有君子的四种美德：尽心尽力做仁义的事，虚心听从别人的进谏，害怕接受俸禄，慎重立身行事。史鰌具有君子的三种美德：不做官的时候也能尊敬君主，不祭祀的时候也能恭敬地对待鬼神，严于律己宽以待人。"曾参站在孔子的旁边说："我过去经常听您讲三句话，但是却没能够依照这三句话来做事情。先生您发现别人的一点长处就忘了他所有的短处，所以您能够与人友好相处；发现别人的长处，就像是您自己拥有的一样，因而您不争强好胜；听说了别人的长处必定要身体力行去做，然后把它教给别人，因而您能够不辞辛苦。我学习了您的三句话但是没有去做，因此我自知自己最终不如颜回和史鰌。"

原文

孔子曰："吾死之后，则商①也日益②，赐也日损③。"曾子曰："何谓也?"子曰："商也好与贤己者处，赐也好说不若己者。不知其子视其父，不知其人视其友，不知其君视其所使，不知其地视其草木。故曰：与善人居④，如入芝兰之室，久而不闻其香，即与之化矣。与不善人居，

如入鲍鱼之肆⑤，久而不闻其臭，亦与之化矣。丹之所藏
者赤，漆之所藏者黑，是以君子必慎其所与处者焉。"

注释

①商：卜商，字子夏。②益：增加，进步。③损：损失，减少，后
退。④居：居住，相处。⑤肆：店铺。

译文

孔子说："我死了以后，子夏能够逐渐进步，但是子贡会逐渐后退。"
曾子说："为什么这样说呢？"孔子说："子夏喜欢与强过自己的人相处，
子贡喜欢取悦不如自己的人。如果你不了解儿子，看他的父亲的表现；
不了解那个人可以观察他的朋友；不了解君王，可以看他任用的大臣；
不了解那块土地，可以看它上面生长的草木。所以说：同好人相处，就
像进入种满香草的房屋一样，时间长了就不能闻到兰花的香味了，那是
因为已经被同化了。同坏人相处，就像进入卖鲍鱼的市场一样，时间长
了就闻不到臭味了，也已经被同化了。装丹砂的容器会变成红色，装漆
的容器会变成黑色。因此君子一定要谨慎选择和自己相处的人。"

原文

曾子从孔子之齐，齐景公以下卿之礼聘曾子，曾子固
辞。将行，晏子送之曰："吾闻之，君子遗人以财，不若
善言。今夫兰本三年，湛之以鹿醢①，既成嗽②之，则易之
匹马。非兰之本性也，所以湛者美矣，愿子详其所湛者。

夫君子居必择处，游必择方，仕必择君。择君所以求仕，择方所以修道。迁风移俗，嗜欲移性，可不慎乎?"孔子闻之，曰:"晏子之言，君子哉! 依贤者固不困，依富者固不穷，马眩斩足而复行，何也? 以其辅之者众。"

注释

①鹿醢: 用鹿肉做成的酱。②啜: 吃。

译文

曾参跟着孔子到齐国，齐景公用对待下卿的礼遇聘请曾子，曾参态度很坚决地推辞掉了。曾参快要离开齐国的时候，晏婴给他送行，说:"我听说，君子赠送别人钱财，还不如赠送别人好的建议。现在有一根生长了三年的兰草根，用鹿肉酱浸泡它，泡好后吃它，味道十分鲜美，可以用来交换一匹马。这不是因为兰草本身就有鲜美的味道，而是用来浸泡它的鹿肉酱味道鲜美，所以希望你明白鹿肉酱的作用。君子居住的时候往往要挑选好的地方，出去游玩的时候也要选择对的方向，做官一定要选择君主。选择君主的原因是寻求官职，选择方向的原因是修养道行。改变风气和风俗习惯的人，喜好改变本性，能够不谨慎吗?"孔子听到晏子这番话，说:"晏子说的话，是君子的话啊。依从贤人，本来就不会困惑，依傍富人，当然不会贫困，马眩脚断了还能行走，为什么呢? 因为它辅助的脚多。"

原文

孔子曰："以富贵而下人，何人不尊；以富贵而爱人，何人不亲？发言不逆①，可谓知言矣；言而众向②之，可谓知时矣。是故以富而能富人③者，欲贫不可得也；以贵而能贵人者，欲贱不可得也；以达而能达人者，欲穷不可得也。"

注释

①逆：违抗。②向：同"响"，响应。③富人：使人富。

译文

孔子说："自己身份富贵却能谦恭地对待别人，谁会不尊敬他？自己富贵却爱护别人，谁会不亲近他？讲话的时候没人违抗，可以称得上讲的是聪明话；说出的话大家都认可，可以称得上懂得把握时机了。所以凭借自己富足也能让别人富足的人，想贫困都不可能；凭借自己尊贵也能让别人尊贵的人，想卑贱都不可能；凭借自己通达能使别人通达的人，想仕途不顺都不可能。"

原文

孔子曰："中人①之情②也，有余则侈，不足则俭，无禁则淫，无度则逸，从欲则败。是故鞭朴之子不从父之教，刑戮之民不从君之令。此言疾之难忍，急之难行也。

故君子不急断③，不急制④。使饮食有量，衣服有节，宫室有度，畜积有数，车器有限，所以防乱之原⑤也。夫度量不可不明，是中人所由⑥之令。"

①中人：普通人。②情：情形。③断：决断。④制：制定规则。⑤原：通"源"，根本，根源。⑥由：遵守。

译文

孔子说："普通人的情况是这样的，有多余的东西就奢侈浪费，不充足就会节俭，不禁止就行为过度，没有限度的时候就会放纵自己的行为，随心所欲就会失败。所以被鞭打的孩子不会听从父亲的教导，受到刑法处置的百姓不会听从君主的命令。这就是所谓动作太快就难以让人接受，命令下达太急就难以实行。所以君子不急于决断，不急于制定规则。使饮食适量，着装的时候有节制，居室有限度，积蓄要有一定的数额，车辆和器具有限量，这些就是防止灾难的根本方法。法规禁令不能不明确，这是普通人遵守的教令。"

原文

孔子曰："巧①而好度，必攻；勇而好问，必胜；智而好谋，必成。以愚者反之。是以非其人，告之弗②听；非其地，树之弗生。得其人，如聚砂而雨之；非其人，如会

聋而鼓之。夫处重③擅宠，专事妒贤，愚者之情也。位高则危，任重则崩，可立而待。"

注释

①巧：灵巧。②弗：不。③重：要位。

译文

孔子说："灵巧而且喜欢思考的人一定可以攻坚；勇敢而且喜欢询问的人必定胜利；聪明而且喜欢谋划的人必定成功。笨人刚好相反。因此，不是合适的人，忠告他也不听；不是合适的地，种上树也不长。得到合适的人，就像往沙堆上洒水一样；不是合适的人，就像对聋子敲鼓一样。身处要位而受专宠，专门干嫉贤妒能的事，这是笨人的本性。地位高贵就危险，责任重大就要崩溃，可以立刻见到这样的结果。"

原文

孔子曰："舟非水不行①，水入舟则没；君非民不治，民犯上则倾②。是故君子不可不严③也，小人不可不整一也。"

注释

①行：行驶。②倾：倾覆，指国家灭亡。③严：严谨。

译文

孔子说："船没有水就不能前行，水进入船舱，船就会沉没；君主远离了百姓就治理不好国家，百姓犯上作乱就会使国家灭亡。所以君子的思想不能不严谨，小人的思想不能不统一。"

原文

齐高庭问于孔子曰："庭不旷山，不直地，衣穰而提贽，精气以问事君子之道，愿夫子告之。"孔子曰："贞以干①之，敬以辅之，施仁无倦。见君子则举②之，见小人则退③之，去汝恶心而忠与之。效其行，修其礼，千里之外，亲如兄弟；行不效，礼不修，则对门不汝通矣。夫终日言，不遗己之忧；终日行，不遗己之患，唯智者能之。故自修者必恐惧以除患，恭敬以避难者也。终身为善，一言则败之，可不慎乎？"

注释

①干：帮助。②举：推举。③退：罢免。

齐国人高庭向孔子问道："我翻越过高山，不远千里而来，身穿草编织成的衣服，拿着礼物，真心诚意地前来于此，向您询问侍奉君子的方法，希望您能够告诉我。"孔子回答说："忠贞地帮助他，恭敬地辅助他，施行仁义的时候要不知疲倦。看到君子就要推举他，看到小人就要罢免他，去除不好的心思而将忠心贡献给他。效仿他的言行，学习他的礼仪，即便是相隔千里，也能够亲如兄弟；如果不效仿其言行，不学习其礼仪，即便是对门的人也不会和你有往来。整天都在说话，也不要遗忘自己的担忧；整天都在做事，也不要遗忘自己的忧虑，唯有聪慧的人才能够做到这些。因此修养自身的人必定会心怀恐惧以消除祸患，恭敬节俭以避开灾难。即使一辈子都是在做好事，一句话却能够将他毁掉，因此能够不谨慎吗？"

辩物第十六

原文

季桓子穿①井，获如土缶，其中有羊焉。使使②问于孔子曰："吾穿井于费，而于井中得一狗，何也?"孔子曰："丘之所闻者，羊也。丘闻之，木石之怪夔、魍魉③，水之怪龙、罔象④，土之怪羵羊⑤也。"

注释

①穿：打井、挖井。②使使：派遣使者。③夔、魍魉：夔，传说中的单足兽。魍魉，山中精怪。④罔象：水怪的一种。⑤羵羊：土怪。

译文

季桓子派人打井，得到了一个土制的器皿，里面有一只羊。他派遣使者前去向孔子询问，说："我在费地打井的时候，在井中得到了一只狗，这是什么呢?"孔子回答说："根据我所知道的，应该是羊吧。我听说山林中的精怪有夔和魍魉，水中的精怪有龙和罔象，土中的精怪则是羵羊。"

原文

吴伐越，隳①会稽，获巨骨一节，专车②焉。吴子使来聘于鲁，且问之孔子，命使者曰："无以吾命也。"宾既将事，乃发币于大夫，及孔子，孔子爵之③。既彻④俎⑤而燕⑥客，执骨而问曰："敢问骨何如为大？"孔子曰："丘闻之，昔禹致群臣于会稽之山，防风后至，禹杀而戮之，其骨专车焉，此为大矣。"客曰："敢问谁守为神？"孔子曰："山川之灵，足以纪纲天下者，其守为神。社稷之守为公侯，山川之祀者为诸侯，皆属于王。"客曰："防风何守？"孔子曰："汪芒氏之君守封嵎山者，为添姓，在虞夏商为汪芒氏，于周为长瞿氏，今曰大人。"客曰："人长之极几何？"孔子曰："僬侥氏长三尺，短之至也。长者不过十，数之极也。"

注释

①隳：毁坏。②专车：装了满满一车。③爵之：倒酒给他喝。④彻：同"撤"，撤走。⑤俎：祭祀时用来盛祭品的器具。⑥燕：同"宴"，宴饮。

译文

吴国攻伐越国的时候，毁坏了会稽城，得到了一节巨大的骨头，装了满满的一车。吴国的君主派人前往鲁国去问候鲁国的国君，并向孔子

询问这件事，对使者说："（关于询问骨头这件事）不要说是我的命令。"使者问候完鲁君以后，就将所带的礼物送给鲁国的各位大夫，到了孔子跟前时，孔子给他倒了一杯酒。礼仪完毕以后，那些盛祭品的器具被撤去，开始了宴饮，使者便拿着骨头问孔子道："敢问您，什么样的骨头才是大的呢？"孔子说："我听说，以前大禹在会稽山上召集群臣，防风氏最后到，大禹就杀了他，他的骨头装了一车，那就是最大的了。"使者问道："敢问守护的神灵是谁呢？"孔子说："山川的神灵是足够用来整治天下的，也就是守护神。只祭祀社稷的是公侯，祭祀山川的才是诸侯，他们都隶属于君王。"使者又问道："防风氏守护的是哪里呢？"孔子说："他是汪芒国的君王，守护的是封嵎山，姓氏为添，在虞、夏、商三朝时是汪芒氏，在周代是长翟氏，现在则称为大人。"使者又问道："人的身体最高的有多高呢？孔子说："僬侥氏的身体高三尺，是最矮的。最高的不超过十尺，这是极点了。"

孔子在陈，陈惠公宾之于上馆①。时有隼集于陈侯之庭而死，楛矢贯之石砮，其长尺有咫②。惠公使人持隼如孔子馆而问焉。孔子曰："隼之来远矣，此肃慎氏之矢。昔武王克商，通道于九夷百蛮，使各以其方贿③来贡，而无忘职业。于是肃慎氏贡楛矢石砮，其长尺有咫。先王欲昭其令④德之致远物也，以示后人，使永鉴焉，故铭其栝曰'肃慎氏贡楛矢栝'，以分大姬⑤。配胡公，而封诸陈。古者分同姓以珍玉，所以展⑥亲亲也；分异姓以远方之职贡，所以无忘服⑦也。故分陈以肃慎氏贡焉。君若使有司求诸故府，其可得也。"公使人求，得之金椟，如之。

注释

①上馆：上等旅馆。②咫：长度单位，八寸为一咫。③方贿：当地的特产。④令：美好的。⑤大姬：周武王的女儿。⑥展：展示，表示。⑦服：臣服，顺从。

译文

孔子在陈国的时候，陈惠公将他安置在上等旅馆中。当时有一只隼栖息在陈惠公的朝廷中，死了，射死它的箭，箭杆是用楛木制成的，箭头则是石头做的，长度有一尺八寸。陈惠公便派人拿着这只隼去孔子所住的旅馆中询问。孔子说："这只隼是从很远的地方来的啊，这是肃慎氏的箭。以前周武王讨伐商纣的时候，打通了九夷和百蛮之间往来的道路，让他们各自进贡当地的特产，并且告诫他们不要忘记自己所从事的职务。于是肃慎氏就进贡了这种箭，它是楛木制成的箭杆，石头制成的箭头，长度有一尺八寸。周武王想要以此来昭示后人美德可以使四方朝贡，并成为后人永远的借鉴，于是就在箭栝上刻上了'肃慎氏贡楛矢'，并将箭赏赐给了自己的女儿大姬。后来大姬被许配给封地在陈的胡公（箭也随之到了陈）。古时候将珍宝美玉分给同姓之国，以表示彼此关系的亲密；将远方进贡的物品分给异姓之国，是要他们不要忘记服从。因此就将肃慎氏进贡的箭分给了陈国。如果您派人到府库中去查找的话，是能够找到的。"陈惠公就派人去府库中查找，找到一份写有金字的木简，和孔子所说的相同。

原文

郯子朝鲁，鲁人问曰："少昊氏以鸟名官，何也？"对曰："吾祖也，我知之。昔黄帝以云纪官，故为云师①而云名。炎帝以火，共工以水，太昊以龙，其义一也。我高祖少昊挚之立也，凤鸟适至，是以纪之于鸟，故为鸟师而鸟名。自颛顼氏以来，不能纪远，乃纪于近，为民师而命以民事，则不能故也。"孔子闻之，遂见郯子而学焉。既而告人曰："吾闻之，天子失官②，学在四夷，犹信。"

注释

①师：长。②官：官学。

译文

郯国的国君去朝拜鲁国，鲁人问道："少昊氏用鸟的名字来封官，是什么原因呢？"郯子回答说："少昊氏是我的祖先，我知道其中的原因。以前黄帝用云来任命官职，因此百官之长都用云来命名。炎帝是用火来命名官职，共工是用水来命名官职，太昊是用龙来命名官职，意义都是一样的。我的祖先少昊挚建国时，正好有凤鸟飞过，所以用鸟纪事，因此便设立鸟的长官并以鸟来命名官职。自从颛顼氏以后，不能用远来的祥瑞来命名了，就用近处的事物来命名，因此就设立百姓的长官并用百姓的事物来命名，这是不能（用原来的方式命名）的缘故。"孔子听说了这件事以后，就马上去拜见郯子并向他学习。而后告诉别人说："我听说天子的官学丧失了以后，学问就只能存在于诸侯的小国中了，这些话是真实的。"

邾隐公朝于鲁，子贡观焉。邾子执玉高，其容仰。定公受玉卑，其容俯。子贡曰："以礼观之，二君者将有死亡焉。夫礼，生死存亡之体①，将左右周旋，进退俯仰，于是乎取之；朝祀丧戎，于是乎观之。今正月相朝，而皆不度②，心以亡矣。嘉事③不体，何以能久？高仰，骄也；卑俯，替④也。骄近乱，替近疾。若为主，其先亡乎？"夏五月，公薨，又邾子出奔⑤。孔子曰："赐不幸而言中，是赐多言。"

①体：根本，实质。②不度：不合礼法。③嘉事：指朝礼。④替：衰落，衰弱。⑤奔：逃。

邾隐公到鲁国朝拜，子贡在一旁观看。邾隐公高高地拿着进献的玉站立着，仰着头。定公低着身子接受玉，低着头。子贡说："从礼节上来看，这两个君主大概是要死了。礼是生死存亡的根本。率领手下的人和他人打交道，进退俯仰都要取之于法度；朝拜祭祀以及殡葬征战都要从中看到礼节。如今在正月互相朝拜，却都不符合法度，连礼节的根本

都丧失了。朝礼也不符合礼，如何能够长久呢？头高仰显示骄傲；头低俯，显示衰落。骄傲就近于作乱，衰落就近于疾病。如果是作为君主的话，大概就是死亡的先兆了吧。"夏季的五月，定公死了，邾隐公也从鲁国逃走了。孔子说："子贡说中了不幸的事，这是子贡多嘴。"

原文

孔子在陈，陈侯就之燕游①焉。行路之人云："鲁司铎灾及宗庙。"以告孔子。子曰："所及者其桓、僖之庙。"陈侯曰："何以知之？"子曰："礼，祖有功而宗有德，故不毁其庙焉。今桓、僖之亲尽矣，又功德不足以存其庙，而鲁不毁，是以天灾加②之。"三日，鲁使至，问焉③，则桓、僖也。陈侯谓子贡曰："吾乃今知圣人之可贵。"对曰："君之知之，可矣，未若专其道而行其化之善也。"

注释

①燕游：宴饮游玩。燕，同"宴"。②加：加于其上。③焉：代词，代指之前所说的事。

译文

孔子在陈国，陈侯和他一起宴饮游玩。路上的行人说道："鲁国司铎的火灾殃及了宗庙。"有人将这件事告诉了孔子。孔子说："火灾所殃及的大概是桓公和僖公的宗庙吧。"陈侯问道："凭什么知道的呢？"孔子说："按照礼仪来说，祖宗有功德的话，宗庙就不会被毁坏。而今

桓公和僖公历时久远，和后世的亲属关系已超过了五代，而他们自身的功德又不足以保全他们的宗庙，鲁国没主动毁掉它，因此上天就将火灾加于其上。"过了三天，鲁国的使者到来，问起这件事，果然火灾所殃及的就是桓公和僖公的宗庙。陈侯对子贡说："我现在才知道圣人是多么的值得敬重。"子贡回答说："您知道了这点，很不错，不如专门采取其道并推行其教化。"

阳虎既奔齐，自齐奔晋，适①赵氏。孔子闻之，谓子路曰："赵氏其世②有乱乎?"子路曰："权不在焉，岂能为乱?"孔子曰："非汝所知。夫阳虎亲③富而不亲仁，有宠于季孙，又将杀之，不克④而奔，求容⑤于齐。齐人囚之，乃亡归晋。是齐、鲁二国已去其疾。赵简子好利而多信⑥，必溺⑦其说而从其谋，祸败所终，非一世可知也。"

注 释

①适：到。②世：后世。③亲：依附。④克：成功。⑤求容：博取欢心。⑥多信：容易轻信。⑦溺：迷惑。

译 文

　　季孙氏的家臣阳虎逃到齐国以后，又从齐国逃到了晋国，到了赵简子之处。孔子听说这件事以后，对子路说："赵简子的后代大概是要有动乱了吧？"子路说："政权没有掌握在他们手中，怎能作乱呢？"孔子说："事情并不是你所知道的那样。阳虎依附富贵之人却不亲近于仁人，得到了季孙氏的宠爱，却又想要谋害季孙氏，没能成功就逃走了，他想要去博取齐国的欢心。齐人将他关了起来，他便又逃到晋国。这么一来，齐国和鲁国都已经去除了祸患。赵简子喜好小利并且容易轻信，一定会被他的言论迷惑，听从他的阴谋，最后一定会招致祸败，这不是从一代就可以知道的。"

原 文

　　季康子问于孔子曰："今周十二月，夏之十月，而犹有螽①，何也？"孔子对曰："丘闻之，火伏②而后蛰者毕。今火犹西流，司历过③也。"季康子曰："所失者几月也？"孔子曰："于夏十月，火既没矣。今火见，再失闰也。"

注 释

　　①螽：螽斯，一种蝗虫，蚕食庄稼。②火伏：心星潜伏。火，星宿名，又称大火，心星。③过：过错。

季康子向孔子问道："现在是周历的十二月，夏历的十月，却还有螽斯存在，是什么缘故呢？"孔子对他说："我听说，心星潜伏以后蛰虫就没有了。现在心星还在向西移动，这是司历官的过错。"季康子说："是在哪一月错了呢？"孔子说："在夏历的十月，心星潜伏了以后。现在又见到了心星，又错在了闰月。"

吴王夫差将与哀公见晋侯。子服景伯对使者曰："王合诸侯，则伯率侯牧①以见于王；伯合②诸侯，则侯率子男以见于伯。今诸侯会而君与寡君见晋君，则晋成为伯矣。且执事③以伯召诸侯，而以侯终之，何利之有焉？"吴人乃止。既而悔之，遂囚景伯。伯谓太宰嚭曰："鲁将以十月上辛有事④于上帝、先王，季辛而毕。何也世有职焉，自襄已来，未之改之。若其不会，祝宗⑤将曰：'吴实然。'"嚭言于夫差，归之。

子贡闻之，见于孔子曰："子服氏之子拙于说矣，以实⑥获囚，以诈得免。"孔子曰："吴子为夷德⑦，可欺而不可以实。是听者之蔽，非说者之拙也。"

注释

①牧：长官。②合：会合。③执事：供役使的人。这是敬称，指吴王。④有事：祭祀。⑤祝宗：向祖宗祈祷。⑥实：诚实。⑦夷德：蛮夷之人的德行。

译文

吴王夫差将要和鲁哀公一同去晋见晋侯。子服景伯对吴国的使者说："君王会合诸侯的话，霸主就会率领侯爵长官去拜见君王；霸主会合诸侯的话，侯爵就会率领子爵、男爵去拜见霸主。现在诸侯会合，你们的国君和我们的国君去拜见晋侯的话，那晋侯就成为霸主了。况且你们国君以霸主的名义召集诸侯，却以普通诸侯的名义结束，这有什么好处呢？"于是吴人没有参加。会后又后悔了，就将景伯囚禁起来了。景伯对吴国太宰伯嚭说："鲁国将要在十月上辛这一天祭祀天帝以及先王，到季辛那一天才会结束。我们家世世代代都在祭祀中担任官职，自从襄公以来，就没有改变过。假如你们不让我回去祭祀天帝以及先王，我以后在向祖宗祈祷的时候就会说：'是吴国把我关押起来，不让我参加祭祀的。'"伯嚭将这些话上报给吴王夫差，夫差听了以后就将景伯放回了鲁国。子贡听到这件事以后，就前去拜见孔子，说道："子服氏的儿子拙于言辞，因为诚实被囚禁，却又因欺骗而被放还。"孔子说："吴王身上有蛮夷人的德行，可以欺骗却不可以告诉他实话。这是听者的弊病，而不是说话者的笨拙。"

　　叔孙氏之车士曰子钼商，采薪①于大野，获麟焉，折其前左足，载以归。叔孙以为不祥，弃之于郭外。使人告孔子曰："有麕而角者，何也?"孔子往观之，曰："麟也。胡为来哉? 胡为来哉?"反袂拭面，涕泣沾衿。叔孙闻之，然后取之。子贡问曰："夫子何泣尔?"孔子曰："麟之至，为明王也。出非其时而见害②，吾是以伤焉。"

　　①薪：木柴。②害：遇害。

　　叔孙氏的车夫名字叫子钼商的，在大野打柴，捉到了一只麒麟，就折断了麒麟的左前脚，用车子将它带了回来。叔孙氏看到后认为不祥，就让人将麒麟抛弃在城外。并派人告诉孔子："有一只獐子长着角，是什么呢?"孔子就前去观看，说道："这是麒麟啊。是从哪儿来的呢? 是从哪儿来的呢?"他把衣袖翻过来擦脸，泪水将衣袖都沾湿了。叔孙氏听了孔子话后，就将麒麟取了回来。子贡问孔子说："夫子为什么哭泣呢?"孔子说："麒麟出现，是圣明君王出现的征兆。现在它出现的不是时候反而受到了伤害，我因此伤心啊。"

哀公问政第十七

原文

　　哀公问政于孔子。孔子对曰："文武①之政，布②在方策③。其人存则其政举④，其人亡则其政息。天道敏⑤生，人道敏政，地道敏树。夫政者，犹蒲卢⑥也，待化以成，故为政在于得人。取人以身，修道以仁。仁者，人也，亲亲⑦为大⑧；义者，宜也，尊贤为大。亲亲之杀⑨，尊贤之等，礼所以生也。礼者，政之本也，是以君子不可以不修身。思修身，不可以不事亲；思事亲，不可以不知人；思知人，不可以不知天⑩。天下之达道⑪有五，其所以行之者三。曰君臣也，父子也，夫妇也，昆弟也，朋友也。五者，天下之达道。智仁勇三者，天下之达德也。所以行之者，一⑫也。或生而知之，或学而知之，或困而知之。及其知之，一也。或安而行之，或利而行之，或勉强而行之。及其成功，一也。"公曰："子之言美矣，至矣！寡人实固⑬，不足以成之也。"

注释

①文武：周文王和周武王。②布：记载。③方策：木板和竹简。④举：施行。⑤敏：迅速。⑥蒲卢：蒲苇，一种生长迅速的野草。⑦亲亲：爱自己的亲人。⑧大：重要。⑨杀：减退。⑩天：天理。⑪达道：天下人共同遵守的道理。⑫一：专一。⑬固：原本。

译文

鲁哀公向孔子询问施政治国的道理。孔子回答："周文王和周武王的治国之道，记载在木板和竹简上。这样的贤人在世的时候，他的治国政策能得以实施，当他们过世后，他们的治国政策也就不被施行了。天之道在于勤勉地化生万物，人之道在于勤勉地处理政事，地之道在于勤勉地让植物生长。治理天下就像蒲苇的生长一样，需要得到雨水的滋润才能快速成长，因此治理国家重在得到人才。选取人才在于修养自身，修养自身要靠仁。仁，就是要具有仁爱之心，爱自己的亲人是最大的仁。义就是应当做的事，尊敬贤能的人是最重要的。从近到远，由亲到疏有等级次序地孝敬亲人，尊敬贤能，这是礼仪产生的依据。礼是治理天下的根基，因此君子不可以不修养己身。想要修养己身，就不可以不侍奉双亲；想要侍奉双亲就不可以不了解他人；想要了解他人就不可以不懂得天理。天下通行的道理有五条，用来实现的方法有三种。这五条是君臣之道、父子之道、夫妇之道、兄

弟之道、朋友之道。这五点是天下所通行的道理。智慧、仁义、勇敢是天下通行的道理。用以实现的方法就是专一。有的人是生下来就知道，有的人是通过学习才知道，有的人是经过艰难的探索才知道。等到他们知道以后，就是一样的了。有的人是安心地去实行，有的人是顺利地得以施行。有的人是勉力而为得以施行。等到他们成功的时候，就又都是一样的了。"鲁哀公说："你说得好极了，我的确不足以实现它们啊！"

原文

孔子曰："好学近乎智，力行近乎仁，知耻近乎勇。知斯三者，则知所以修身；知所以修身，则知所以治人；知所以治人，则能成天下国家者矣。"公曰："政其尽此而已乎？"孔子曰："凡为天下国家有九经①，曰修身也，尊贤也，亲亲也，敬大臣也，体群臣也，重庶民也，来百工也，柔②远人也，怀③诸侯也。夫修身则道立，尊贤则不惑，亲亲则诸父兄弟不怨，敬大臣则不眩④，体群臣则士之报礼重，重庶民则百姓劝⑤，来百工则财用足，柔远人则四方归之，怀诸侯则天下畏之。"

注释

①经：经久不变的常道。②柔：笼络。③怀：安抚。④眩：迷惑不明。⑤劝：努力向上。

译文

孔子说："喜欢学习就近于有智慧，努力做事就近于有仁义，知道羞耻就近于勇敢了。知道这三方面，就知道修养自身的方法了；知道修养自身的方法，就知道治理民众的方法了；知道了治理民众的方法，就能够完成治理天下国家的大业了。"鲁哀公说："治理政事到了这个地步大概就可以了吧?"孔子说："治理天下的方法有九种，即修养自身，尊敬贤能，侍奉双亲，尊敬大臣，体谅群臣，爱护百姓，招徕各种手艺人，笼络远方的少数民族，安抚诸侯。修养自身就能够建立起道德，尊敬贤能就不会有困惑，侍奉双亲就不会造成兄弟间的怨恨，敬重大臣就不会受到迷惑，体谅群臣，士子们的回报就会隆重，爱护百姓，百姓就会努力劳作，招徕各种手艺人，财用器物就会很充足，笼络远方的少数民族，四方之人就会前来归依，安抚诸侯，全天下人都会敬重他。"

原文

公曰："为之奈何?"孔子曰："斋①洁盛服，非礼不动，所以修身也。去谗远色，贱利而贵德，所以尊贤也。爵其能，重其禄，同其好恶，所以笃亲亲也。官盛②任使，所以敬大臣也。忠信重禄，所以劝士也。时使薄敛，所以劝百姓也。日省③月试，

饩④廪称⑤事，所以来百工也。送往迎来，嘉善而矜⑥不能，所以绥远人也。继绝世，举废邦，治乱持危，朝聘以时，厚往而薄来，所以怀诸侯也。治天下国家有九经，其所以行之者，一也。凡事豫⑦则立，不豫则废⑧。言前定则不跆⑨，事前定则不困，行前定则不疚，道前定则不穷。在下位不获于上，民弗可得而治矣。获于上有道：不信于友，不获于上矣。信于友有道：不顺于亲，不信于友矣。顺于亲有道：反诸身不诚，不顺于亲矣。诚身有道：不明于善，不诚于身矣。诚者，天之道也；诚之者，人之道也。夫诚，弗勉而中，不思而得，从容中道，圣人之所以定体也。诚之者，择善而固执之者也。"

注释

①斋：斋戒。②官盛：官员众多。③省：考察。④饩：赠送食物。⑤称：适合，相当。⑥矜：怜惜、怜悯。⑦豫：同"预"，事先准备。⑧废：失败。⑨跆：跌倒。

译文

鲁哀公问道："该怎么做呢？"孔子说："斋戒整洁以后，穿上华美的礼服，不符合礼的就不去做，这是用来修身的方法。去除谗言远离美色，看轻利益而珍视德行，这是用来尊贤的方法。根据他们的才能授予他们官爵，增加他们的俸禄，一样对待他们的好恶，这是用来让亲近的人更加亲近的方法。分配给他们很多的官员供他们任用，这是用来敬重大臣的方法。给忠信的人以丰厚的俸禄，这是用来勉励士人的方法。在征收赋税的时候要减轻他们的负担，这是用来爱护百姓的方法。经常对他们进行考察，按照他们创造的成果给予相应的回报，这是用来招徕百工的方法。迎接前来的人，欢送离开的人，表彰那些有才能的人，怜悯那些没有才能的人，这是用来安抚远方的人的方法。赐给那些已经消亡的朝代的后人以封地，振兴那些荒废了的邦国，治理乱政扶持危政，朝拜拜访都有规定的日期，赐给诸侯的礼物要丰厚，接受的礼物要薄，这是用来安抚诸侯的方法。治理天下的方法有九种，用以实现的方法却是一样的。凡事预先做了准备的话，就能够做成，没有准备就会失败。说话前先准备好就不会有差错，事情事先准备好就不会陷入困境，行动事先确定好就不会陷入困顿，推行道时事先思量好就不会陷入不得志的境地。处在下位不被上面的人知晓，就不能得到人民并治理他们。能被上面的人任用却不能被友人信任，就不是真正被上面的人任用。能让友人信任却不顺从父母，就不算是被友人信任。顺从于父母而自身却不忠诚，也就不能算是顺从父母。自身能够忠诚，却不懂得善行，就不算是自身忠诚。忠诚，是天下最大的道；人能够忠诚，就是人伦之道。而忠诚是不需要经过努力也不需要经过思考就可以达到的，一举一动符合于道义，这是由圣人自身体现出来的。忠诚就是让人选择为善并且坚定地把握住。"

原文

公曰："子之教寡人备①矣，敢问行之所始?"孔子曰："立爱自亲始，教民睦也；立敬自长始，教民顺也。教之慈睦，而民贵有亲；教以敬，而民贵用命。民既孝于

亲，又顺以听命，措诸天下，无所不可。"公曰："寡人既得闻此言也，惧不能果②行而获罪咎。"

①备：完备，详备。②果：事情得以实现。

鲁哀公说："您教给我的已经很完备了，敢问您，该从哪里入手实行呢？"孔子说："树立仁爱应当从爱自己的父母做起，这就能够教给人民和睦；树立恭敬应当从尊敬长者做起，这样可以教给人民顺从。教导人民慈爱和睦的话，人民就会乐意孝敬自己的父母以及亲人；教导人们恭敬的话，人民就会乐于听从命令。人民既懂得孝敬父母亲人，又乐于听从命令，用这种方法去治理天下，那就没有什么是不可以的了。"鲁哀公说："我已经听到了这些话，却又担心自己做不到而犯错误。"

宰我问于孔子曰："吾闻鬼神之名而不知所谓，敢问焉。"孔子曰："人生有气有魂。气者，神之盛①也。众生必死，死必归土，此谓鬼。魂气归天，此谓神。合鬼与神而享②之，教之至也。骨肉毙于下，化为野土，其气发扬于上，此神之著③也。圣人因物之精，制为之极④，明命鬼神，以为民之则。而犹以是为未足也，故筑为宫室，设为宗祧⑤，春秋祭祀，以别亲疏，教民反古复始，不敢忘其所由生也。众人服自此，故听且速焉。教以二端^⑥，二端既立，报以二礼^⑦，建设朝事，燔燎膻芗^⑧，所以报气也。荐黍稷，羞肺肝，加以郁鬯，所以报魄也。此教民修本反始崇爱，上下用情，礼之至也。君子反古复始，不忘其所由生，是以致其敬，发其情，竭力从事，不敢不尽^⑨也，此之谓大教。昔者文王之祭也，事死如事生，思死而不欲生，忌日则必哀，称讳则如见亲，祀之忠也。思之深，如见亲之所爱。祭欲见亲颜色^⑩者，其唯文王与？《诗》云：'明发不寐，有怀二人。'则文王之谓与？祭之明日，明发不寐，有怀二人，敬而致之，又从而思之。祭之日，乐与哀半，飨之必乐，已至必哀。孝子之情也，文王为能得之矣。"

注释

①盛：旺盛。②享：祭祀。③著：显露。④极：标准，这里指礼仪规定。⑤宗祧：即宗庙。⑥二端：生和死两件事。⑦二礼：黍和稷两种用来祭祀的物品。⑧燔燎膻芗：祭祀时所散发的香气。⑨尽：尽全力。⑩颜色：模样，容颜。

译文

　　宰我向孔子问道："我听说过鬼神这个名称，却不知道它指的是什么，冒昧向您请教。"孔子说："人生下来就有气有魂。气是说人体内生命力旺盛。人必定会死，死了以后必定会回归到泥土中，这就是所谓的鬼了。魂气上升回到天上，就叫作神。将鬼和神放在一起祭祀，这是教化的最高境界。骨头和肉都放置在土地下，化成泥土，而其气上升扬起，就是神的显露了。圣人根据万物的精气，制定出了万物生成的规则，明确地将这命名为鬼神，作为治理人民的准则。但这些还不足够，因此就建筑宫殿和房屋，建造宗庙，每到春天和秋天都举行祭祀，用以区别亲疏，教导民众不要遗忘远古和初始，让人们不敢忘记人产生的根源。众人自此很快地服从于教化，听从命令。教给他们生死之事，生死之事建立了以后，就献上黍和稷这两种东西作为祭品，以报答祖先，制定拜见的事，燃起柴火，祭祀的香味弥漫，这是用来报达祖先的气，也就是鬼。然后献上黍米饭、糜子米饭，又献上熟的肺和肝，以及用郁金香的草汁和黍米酿成的酒，以此去报答魂灵也就是神。教给人民治理的根本，不忘祖先，崇尚仁爱，对上面和下位的人都怀有感情，这就是礼的极致了。君子反思远古和初始，不忘记自己生命的由来，所以要对祖先表示尊敬，表达自己的感情，竭尽全力去做事，不敢有丝毫的懈怠，这就是大教化。以前文王祭祀的时候，侍奉死去的人就像是侍奉在世的人一样，每每想到死去的亲人就痛不欲生，每逢忌日必定很悲伤，说起亲人的名字就像见到亲人本人一样，这是对亲人祭祀的忠诚啊。深切地思念，就像见到亲人对自己的爱一样。祭祀的时候想看到亲人容颜的，大概只有文王吧。《诗经》上说：'天亮了还睡不着，又想起了我的父母。'说的就是文王啊。祭祀的第二天，天亮了还不能入睡，深切地怀念父母，恭敬地将他们的魂灵请来，紧接着又思念他们。在祭祀那天，喜忧参半，向他们敬献供品感到高兴，祭祀完毕又感到哀伤。这就是孝子的感情啊，文王是能够做到这些的人。"

卷五

颜回第十八

　　鲁定公问于颜回曰："子亦闻东野毕之善御①乎？"对曰："善则善矣，虽然②，其马将必佚③。"定公色不悦，谓左右曰："君子固④有诬人也。"

　　①善御：擅长驾车。御，通"驭"。②虽然：尽管如此，虽然这样。③佚：走散，走失。④固：竟然。

　　鲁定公问颜回："你也听过东野毕擅长驾驭马车的事吗？"颜回回答："他确实擅长驾驭马车，虽然这样，他的马必定会走丢。"鲁定公听了以后脸色显得不高兴，对身边的人说："君子中固然也有骗人的人。"

原文

颜回退。后三日，牧①来诉之曰："东野毕之马佚，两骖曳②两服入于厩。"公闻之，越③席而起，促④驾召颜回。

注释

①牧：饲养，这里指养马的人。②曳：带领。③越：越过。④促：急忙。

译文

颜回退下。过了三天后，养马的人来告诉鲁定公："东野毕的马走失了，两匹骖马带着两匹服马进了马厩。"鲁定公听了后，越过席位站起来，立刻让人驾车去请颜回。

原文

回至，公曰："前日寡人问吾子以东野毕之御，而子曰'善则善矣，其马将佚'，不识吾子奚①以知之？"颜回对曰："以政②知之。昔者帝舜巧于使民，造父巧于使马。舜不穷其民力，造父不穷其马力，是以舜无佚民，造父无佚马。今东野毕之御也，升马执辔③，衔体正矣；步骤驰

骋④，朝礼毕矣；历险致远，马力尽矣，然而犹⑤乃求马不已。臣以此知之。"

注释

①奚：怎么。②政：政事。③辔：拴马的缰绳。④步骤驰骋：纵马狂奔。步，缓行。骤，疾走。⑤犹：还。

译文

颜回回来后，定公说："前些天我问您东野毕驾驭马车的事情，您说'他确实是擅长驾驭马车，但是他的马还是会走失'，我不知道您是怎么预料到的?"颜回回答说："我是从政治情况中知晓的。以前舜帝擅长役使百姓，造父精通于使唤马匹。舜帝不让百姓的力量用光，造父也不让马匹的力气竭尽，所以舜帝没有流失的子民，造父也没有走失的马匹。现在东野毕驾驭马车，骑上马背，抓紧缰绳，摆正马嚼子；时而快跑，时而慢跑，步法早已调理完成；纵马于峻险之地，马的精力都用尽了，但还是让马不停奔跑。我是根据这些知道他的马会丢失掉的。"

原文

公曰："善！诚①若吾子之言也。吾子之言，其义大矣，愿少进②乎?"颜回曰："臣闻之，鸟穷则啄，兽穷则攫③，人穷则诈，马穷则佚。自古及今，未有穷其下而能

无危④者也。"公悦，遂以告孔子。孔子对曰："夫其所以为颜回者，此之类⑤也，岂足多哉？"

①诚：确实。②少进：稍加引申。少，稍微，略微。进，阐释，引申。③攫：用爪子抓取。④危：危险，祸害。⑤类：类别。

定公说："很好！确实像您说的一样。您的一番话语，意义深远，您能不能稍微进一步解释一下呢？"颜回答道："我听说，鸟走投无路就会乱啄东西，野兽走投无路就会用爪子乱抓，人陷入困境就会奸诈狡猾，马筋疲力尽就会走失。从古到今，没有使百姓陷入困境而自身没有危险的人。"定公十分高兴，就把这番话告诉了孔子。孔子说："他之所以是颜回，就是他经常有这样的表现，没有什么值得称赞的。"

孔子在卫，昧旦①晨兴②，颜回侍侧③，闻哭者之声甚哀。子曰："回，汝知此何所哭乎？"对曰："回以此哭声非但为死者而已，又有生离别者也。"子曰："何以知之？"对曰："回闻桓山之鸟生四子焉，羽翼既成，将分于四海，其母悲鸣而送之，哀声有似于此，谓其往而不返也。回窃以音类④知之。"孔子使人问哭者，果曰："父死家贫，卖子以葬，与之长决⑤。"子曰："回也，善于识音矣！"

注释

①昧旦：天还未完全明亮。②晨兴：大早上就起床。③侍侧：在一旁侍奉。④类：类似。⑤长决：即"长诀"，永久地分开，诀别。

译文

孔子在卫国的时候，有一天天还没有完全亮的时候起床，颜回在一旁侍奉，听到了一阵十分哀伤的哭声。孔子问道："颜回，你知道这哭声是因何而起的吗？"颜回回答说："我认为这哭声不只是因为死去的亲人，还因为在世的人却要活生生地被分开。"孔子说："你是根据什么知道的呢？"颜回回答说："我听说恒山上有一种鸟，它生了四只小鸟，这四只小鸟羽翼丰满以后，就要各自分开，分布于四海，母鸟会悲切地鸣叫着为它们送行，那种哀切之声和这哭声有些相似，都是一去不复返的意思。我是根据声音相似而得知的。"孔子派人去询问哭的人，哭的人果然回答说："我的父亲死了，家中又十分贫困，只好卖了儿子以埋葬父亲，现在正在和儿子诀别啊。"孔子说道："颜回真的是善于识别声音啊！"

原文

颜回问于孔子曰："成人①之行②若何?"子曰："达③于情性之理，通④于物类之变，知幽明之故，睹游气之原，若此可谓成人矣。既能成人，而又加之以仁义礼乐，成人之行也。若乃穷⑤神知礼，德之盛⑥也。"

注释

①成人：德才兼备之人。②行：品行，品德。③达：熟知。④通：知晓，了解。⑤穷：研究，更深层次的理解。⑥盛：高大，崇高。

译文

颜回向孔子问道："德才兼备之人的品行是什么样的?"孔子说："他们熟知人类本性，知晓天地万物变化，知晓暗明的缘由，看得见浮游云气的本源，如果能做到这些就可以称得上德才兼备之人。既然称得上德才兼备之人，又能用仁义礼乐约束自己，这就可以称得上是德才兼备之人品行的表现了。如果能够深究万物精微之理，那样的话他的德行就很高。"

原文

颜回问于孔子曰："臧文仲、武仲孰贤?"孔子曰："武仲贤哉。"颜回曰："武仲世称圣人，而身不免于罪，是智不足称①也；好言兵讨②，而挫锐于邾，是智不足名③

也。夫文仲，其身虽殁④而言不朽，恶有未贤？"孔子曰："身殁言立，所以为文仲也。然犹有不仁者三，不智者三，是则不及武仲也。"回曰："可得闻乎？"孔子曰："下展禽⑤，置六关⑥，妾织蒲⑦，三不仁。设虚器⑧，纵逆祀⑨，祠海鸟⑩，三不智。武仲在齐，齐将有祸，不受其田，以避其难，是智之难也。夫臧武仲之智而不容于鲁，抑⑪有由焉。作而不顺，施而不恕也夫。《夏书》曰：'念兹在兹'，顺事恕施。"

注释

①称：称赞、称道。②兵讨：武力征讨。③名：称道。④殁：死。⑤下展禽：使展禽在下位任职。下，使……下。展禽，即柳下惠。⑥六关：六道关卡。⑦织蒲：编织蒲席。⑧虚器：不属于自己地位应得的器物。⑨逆祀：颠倒祭祀礼仪。⑩祠海鸟：为海鸟设礼祭祀。⑪抑：大概。

译文

颜回向孔子问道："臧文仲和臧武仲这两个人谁更为贤能？"孔子回答说："武仲更为贤能。"颜回问道："武仲虽然被世人称为圣人，但自身却没能免受罪责，这是因为他的智慧不值得人称许；他喜欢以武力征讨，却在邾国受到了挫败，这是因为他的智慧不值得人称道。而文仲虽然死掉了，他的言论却流传不朽，怎么能说他不如武仲贤能呢？"孔子回答说："身死而言论得以流传，这正是文仲被称为文仲的原因。但是他依然还有三件不仁德的事和三件不明智的事，这是他比不上武仲的地方。"颜回问道："我能够听一听是什么事吗？"孔子回答说："将贤能的柳下惠置于下位，设置六道关卡，让自己的妻妾去编织蒲席贩卖，这是三件不仁德之事。拥有不属于自己的器具，任由手下人颠倒祭祀的次序，为海鸟设礼祭祀，这是三件不明智之事。武仲在齐国的时候，齐国将要面临祸事，武仲便不接受齐国封给他的田地，来避免自己和齐国一同遭难这是智者也难以做到的。而武仲虽然很聪慧，却不能容于鲁国，大概是有原因的吧。事情已经发生了却不顺应它的发展，事情已经施行了却不宽恕它。《夏书》上说过：'思念他就是他，想着这里就一心扑在这里'，就是顺从事理、合乎仁恕。"

原文

颜回问君子。孔子曰："爱近仁①，度近智②，为己不重，为人不轻，君子也夫。"回曰："敢问其次③。"子曰："弗学④而行，弗思而得，小子勉⑤之。"

注释

①爱近仁：爱护关心他人达到仁爱的程度。②度近智：事情先考虑再做，达到明智的程度。③其次：即不如君子的程度。④弗学：不学习。弗：不，没有。⑤勉：努力。

译文

颜回向孔子问什么样的人能够称得上君子。孔子说："关心爱护他人达到仁爱的程度，做事前深思熟虑达到明智的程度，替自己考虑的少，替别人考虑的多，这样的人就可以称得上君子。"颜回说："冒昧地问一下什么叫不如君子呢？"孔子说："没有学习就去做，没有思考就想获得，你好好努力吧！"

原文

仲孙何忌问于颜回曰："仁者一言而必有益于仁智^①，可得闻^②乎？"回曰："一言而有益于智，莫如豫；一言而有益于仁，莫如恕^③。夫知其所不可由^④，斯^⑤知所由矣。"

注释

①仁智：仁义道德和智慧。②闻：听。③恕：推己及人，尊重别人。④由：应该做的事情。⑤斯：语气词，那样的话。

译文

仲孙何忌向颜回问道："仁者说的每一个字都有利于仁德、智慧，您能不能说给我听？"颜回说："说的每一个字都有利于智慧，什么都不如'豫'字；说的每一个字都有利于仁义道德，什么都不如'恕'字。那么，就知道什么不能做，什么事情可以做。"

原文

颜回问小人。孔子曰："毁^①人之善以为辩，狡讦^②怀诈以为智，幸^③人之有过，耻学而羞^④不能，小人也。"

注释

①毁：诋毁，诽谤。②狡讦：内心狡诈，邪恶。③幸：庆幸。④羞：认为是羞耻，瞧不起。

颜回问孔子什么样的人是小人。孔子说："诽谤别人的长处反而认为自己善辩，揭发别人的缺点反而认为自己聪明，别人有过失的时候他幸灾乐祸，认为学习是可耻的，瞧不起没有才能的人，这样的人就是小人。"

颜回问子路曰："力猛①于德而得其死者，鲜②矣，盍慎③诸焉？"孔子谓颜回曰："人莫不知此道之美，而莫之御④也。莫之为也。何居为⑤闻者，盍日思也夫！"

①猛：胜过，超越。②鲜：很少。③慎：谨慎，小心。④莫之御：指不能控制的意思。⑤何居为：为什么坐着。

颜回向子路问道："勇力胜过品德的人，死得真正有价值的人很少，这些人为什么不谨慎啊？"孔子对颜回说："人不是不知道谨慎为人的好处，而是控制不住自己，没有认真去这样做。为什么人往往都是空坐着去听而不去做呢？为什么每天不多点思考呢？"

原文

颜回问于孔子曰："小人之言①有同乎君子者，不可不察②也。"孔子曰："君子以行③言，小人以舌言。故君子于为义之上相疾也，退而相爱；小人于为乱④之上相爱也，退而相恶。"

注释

①言：言论，话语。②察：明察。③行：行动。④乱：混乱。

译文

颜回问孔子说："与君子的话相比，小人的话是不是相同的，君子不能不有所察觉。"孔子说："君子是用自己的行动说话，小人只是在用自己的舌头说话。所以君子在仁义的事上急于互相劝勉，而平时君子和人相处时互相爱护；小人在制造混乱的问题上和别人意见相同，而平时小人之间的相处是相互憎恨的。"

原文

颜回问："朋友之际如何？"孔子曰："君子之于朋友也，心必有非①焉，而弗能谓②，吾不知其仁人也。不忘久德③，不思久怨，仁矣夫。"

注释

①非：不对，不正确。②谓：动词，说出来。③久德：积累自己的仁德。

译文

颜回问："如何处理朋友之间的关系呢？"孔子说："君子对待朋友，心中一定知道对方有不对的地方，但是如果不对朋友说，我不认为他是仁德的人。不忘记以前朋友的仁德，不记着从前长久积存的怨恨，这样才能称得上仁德。"

原文

叔孙武叔见未仕①于颜回，回曰："宾②之。"武叔多称人之过，而己评论之。颜回曰："固③子之来辱也，宜有得于④回焉。吾闻诸孔子曰：'言人之恶，非所以美己；言人之枉⑤，非所以正己。'故君子攻其恶，无攻人之恶。"

注释

①未仕：没有做官。②宾：动词，用宾客的礼节。③固：本来。④有得于：从……中得到。⑤枉：不正直。

译文

　　叔孙武叔没有做官时受到颜回的接待，颜回对手下人说："用宾客之礼接待他。"武叔喜欢揭示别人的过失并且做出评论。颜回说："这样做会自取其辱，你应该在我这里有所收获。我听孔子说：'讨论别人的坏处，并不能使自己显得多么美好；说别人不正直，也不能使自己的品德正直。'所以君子只批评自己的缺点，但不会攻击别人不正确的地方。"

原文

　　颜回谓子贡曰："吾闻诸夫子，身不用礼而望①礼于人，身不用德②而望德于人，乱③也。夫子之言，不可不思④也。"

注释

　　①望：指望，想让别人这样。②德：品德，道德。③乱：不讲道理，不合常理。④思：思考。

译文

　　颜回对子贡说："我曾经听先生说过，自己不讲究礼仪但是想让别人讲究礼仪，自己不讲究仁德但是想让别人讲究仁德，是不合常理的。先生说的话，我们不能不思考啊！"

子路初见第十九

子路见孔子,子曰:"汝何好乐①?"对曰:"好长剑。"孔子曰:"吾非此之问也。徒谓以子之所能,而加之以学问,岂可及②哉?"子路曰:"学岂益③哉也?"孔子曰:"夫人君而无谏臣则失正,士而无教友则失听。御狂马不释策,操弓不反檠。木受绳则直④,人受谏则圣。受学重问,孰不顺⑤哉?毁⑥仁恶⑦士,必近于刑。君子不可不学。"

①好乐:喜欢的事,爱好。②及:达到。③益:益处。④直:正直。⑤顺:做成功,顺利。⑥毁:诽谤,诋毁。⑦恶:憎恨,怨恨。

　　子路见到孔子，孔子说："你爱好什么？"子路回答道："我很喜欢长剑。"孔子说："我指的不是这个。我是说依靠你的能力再加上你学习的知识，谁能达到你的程度？"子路说："难道学习真的有益处吗？"孔子说："贤明的君王如果没直谏的臣子，就会有失正道，士人如果没有值得结交的良友就不会得到善意的提醒。驾驭狂乱的马不能没有鞭子，能用的弓弩不用再拿檠来校正。木头用墨绳矫正就会很直，人听从了别人给他的建议就会圣明。吸收知识，重视学问，谁能不顺利成功？诋毁仁者憎恨士人，就和犯刑罚差不多了。所以君子不可不学习。"

　　子路曰："南山有竹，不揉①自直。斩而用之，达②于犀革。以此言之，何学之有？"孔子曰："括而羽③之，镞而砺④之，其入之不亦深乎？"子路再拜，敬而受教。

　　①揉：使弯木变直。②达：穿过，穿透。③羽：羽毛。这里用为动词，装上羽毛。④砺：打磨得更加锋利。

　　子路说："南山的竹子，不用矫正就很挺直。砍下来用来做箭杆，可以穿透犀牛的皮。如果这样说的话，怎么还用得着学习呢？"孔子说：

"做好箭栝再装上羽毛，把箭头再磨得更锋利些，那它不是可以射得更深吗？"子路向孔子拜了两拜，恭敬地接受孔子的教诲指导。

原文

　　子路将行①，辞②于孔子。子曰："赠汝以车乎？赠汝以言乎？"子路曰："请以言。"孔子曰："不强③不达，不劳无功④，不忠无亲，不信无复，不恭⑤失礼。慎⑥此五者而已。"

注释

　　①将行：将要出远门。②辞：告辞。③强：坚持努力。④功：成果，收获。⑤恭：恭敬。⑥慎：慎重，注意。

译文

　　子路将要出远门，向孔子辞行。孔子说："你是要我赠送马车呢？还是要赠送忠告呢？"子路说："请您送给我忠告。"孔子说："如果不坚持努力就达不到你想要的目标，不辛勤劳动就得不到收获，不尽心尽力就没有亲近的人，不讲信用别人就不会相信你，不恭敬就会失去礼仪。在这五个方面一定要慎重。"

原文

子路曰："由请终身奉①之。敢问亲交取亲若何②？言寡③可行若何？长为善士而无犯若何？"孔子曰："汝所问苞在五者中矣。亲交取亲，其忠④也；言寡可行，其信⑤乎；长为善士而无犯⑥，其礼也。"

注释

①奉：记住，信奉。②若何：怎么办。③言寡：说很少的话。④忠：忠心，忠诚。⑤信：信任。⑥犯：违背。

译文

子路说："我会终生记住的。请问怎么样才能让刚认识的人信任你呢？说话少，怎么样才能够与别人保持良好的关系呢？怎么才能真正长久地做一个仁善的人呢？"孔子说："你刚才问的话，正是我刚才讲的五点啊。要想取得刚认识的朋友的信任就要对别人忠心；要想说很少的话就与人保持良好的关系就要诚信；要想长久地做一个仁慈的人就要讲究礼节。"

孔子为鲁司寇，见季康子^①，康子不悦。孔子又见之。宰予进^②曰："昔予也常闻诸夫子曰：'王公不我聘^③则弗动^④。'今夫子之于^⑤司寇也日少，而屈节^⑥数矣，不可以已乎?"

①季康子：春秋时鲁国大夫。②进：上前说话。③聘：聘请。④弗动：不会去行动。⑤之于：当，担任。⑥屈节：折节，不顾面子委屈自己。

孔子任鲁国司寇的时候，前去拜见季康子，季康子很不高兴。孔子仍然要去拜见季康子。宰予对孔子说："以前我曾经听先生说：'如果君王大臣们不聘请我的话，我是不会主动前去拜见他们的。'但是现在先生担任司寇没有多久时间，就多次折节委屈自己，不可以停止吗?"

孔子曰："然^①，鲁国以^②众相陵^③，以兵相暴^④之日久矣，而有司不治，则将乱也。其聘我者，孰大于是哉?"鲁人闻之曰："圣人将治，何不先自远^⑤刑罚。"自此之

后，国无争者。孔子谓宰予曰："违⑥山十里，蟪蛄之声犹在于耳，故政事⑦莫如应⑧之。"

译文

孔子说："是的，鲁国以多欺少，以兵侵侮别人，这样的情况已经很久了，如果当官的再不过问这件事的话，鲁国就会混乱。他们聘请我做司寇，还有什么比这更重要的吗？"鲁国的百姓听说了这番言论后，说："圣明的人将要治理我们的国家了，我们为什么不避免去做那些违法乱纪的事情呢？"从此以后，鲁国的百姓没有相互争吵的人了。孔子对宰予说："离开山十里远，还是能听到蟪蛄的鸣声，所以治理政事一定要先听取意见，然后实行。"

原文

孔子兄子有孔篾者，与宓子贱偕仕①。孔子往过孔篾而问之曰："自汝之仕，何得何亡②？"对曰："未有所得，而所亡者三：王事若龙，学焉③得习？是学不得明④也；俸禄少，饘粥不及亲戚，是骨肉益疏⑤也；公事多急，不得吊死问疾，是朋友之道阙⑥也。其所亡者三，即谓此也。"

注释

①偕仕：一块儿做官。②何得何亡：得到什么，失去什么。③焉：怎么。④明：明了，清楚。⑤疏：生疏，疏远。⑥阙：丢失，失去。

译文

孔子的兄长有个儿子叫孔篾，和宓子贱一块儿做官。孔子去看他并且问他说："你当官，收获了什么？失去了什么？"孔篾说："我没有得到过什么，却失去了三样东西：官场上的事情一件接一件，学过的东西怎么能有时间去温习？所以越学越不明了；俸禄少得可怜，粥饭不能接济亲戚，所以亲人之间的关系越来越疏远；公事很多且大部分都很紧迫，就没有时间吊问死者，慰问生病的朋友，所以朋友之间的感情逐渐失去了。我所失去的东西就是这三样。"

原文

孔子不悦，往过①子贱，问如孔篾。对曰："自来仕者，无所亡，其有所得者三：始诵②之，今得而行之，是学益③明也；俸禄所供，被及亲戚，是骨肉益亲也；虽有公事，而兼④以吊死问疾，是朋友笃⑤也。"孔子喟⑥然谓子贱曰："君子哉若人！鲁无君子者，则子贱焉取此。"

注释

①过：看望。②诵：学习。③益：更加。④兼：抽出时间。⑤笃：感情深厚。⑥喟：感慨。

译文

孔子听了这些话，很不高兴，接着去看望宓子贱，问了和孔篾同样的问题。宓子贱说："自从我做官以来，没有失去过什么，但是却得到了三样东西：曾经学过的东西，如今得到了贯彻实行，所以学过的东西就更加明了；所得俸禄，送给亲戚，亲人们的感情更加亲近了；虽然公务繁忙，但仍能抽出时间去吊问死者，慰问病人，所以朋友之间的感情深厚了。"孔子很感慨地对宓子贱说："你是一个君子啊！鲁国没有像你一样的君子，那么子贱是从什么地方学到这么优良的品质呢？"

原文

孔子侍坐于哀公，赐之桃与黍焉。哀公曰："请食。"孔子先食黍而后食桃，左右皆掩口而笑。公曰："黍者所以雪桃①，非为食之也。"孔子对曰："丘知之矣。然夫黍者，五谷之长，郊礼宗庙以为上盛。果属有六，而桃为下，祭祀不用，不登郊庙。丘闻之：君子以贱雪贵，不闻以贵雪贱。今以五谷之长雪果之下者，是从上雪下。臣以为妨于教，害于义，故不敢。"公曰："善哉。"

①雪桃：擦拭桃子。

孔子在哀公身旁陪坐，哀公将桃子和黍赐予孔子，然后说："请吃吧。"孔子先把黍吃掉了，然后才去吃桃子，侍奉在左右的人都捂着嘴笑。哀公说道："黍是用来擦拭桃子的，并不是用来吃的。"孔子回答说："我知道。但是黍是五谷中最为尊贵的，祭祀宗庙的时候它是最上等的祭品。而水果的种类有六种，桃子是最低下的，祭祀时也不会用它，它是不能摆在祭祀的宗庙中的。我听说：君子都是用卑贱的东西去擦拭贵重的东西，没有听过用贵重的东西去擦拭卑贱的东西。如今却用五谷中最为尊贵的去擦拭水果中最为低下的，这就是以上等擦拭下等。我认为这是妨碍于礼义的，所以我不敢这么做。"哀公说道："你说得很对啊。"

子贡曰："陈灵公宣①淫于朝，泄冶正谏而杀之，是与比干谏而死同②，可谓仁乎？"子曰："比干于纣，亲③则诸父④，官则少师，忠报之心在于宗庙⑤而已，固必以死争之，冀⑥身死之后，纣将悔悟，其本志情在于仁者也。泄冶之于灵公，位在大夫，无骨肉之亲，怀宠不去，仕于乱朝，以区区之一身，欲正⑦一国之淫昏，死而无益，可谓

狷矣。《诗》云：'民之多辟^⑧，无自立辟。'其泄冶之谓乎?"

注释

①宣：宣扬。②同：相同，一样。③亲：亲戚。④诸父：古代天子对同姓诸侯或诸侯对同姓大夫的称呼。⑤宗庙：先辈，祖先。⑥冀：希望。⑦正：纠正，改正。⑧辟：邪僻。

译文

子贡说："陈灵公在朝堂上宣扬淫乱，泄冶直言劝谏，灵公杀死了他，这种做法和比干劝谏却遭杀害是一样的，是不是称得上仁德呢?"孔子说："比干对于纣王来说，要是论亲戚的话是纣王的宗亲叔父，论官职的话是少师，忠诚报答的心是为祖宗为国家，因此必定以死进谏，希望借自己的死能让纣王醒悟，他本来的思想、志趣是为了仁义道德。泄冶对于陈灵公，论官职是大夫，没有亲戚之间的关系，感怀灵公的宠信没有离开自己的国度，在混乱不堪的朝廷里当官，想用自己的微薄之身纠正一个国家的淫乱和黑暗，死了也没有什么益处，可说是性情拘谨耿直。《诗经》上说：'百姓多邪僻的行为，自己立法没有用。'说的就是泄冶的事。"

原文

孔子相^①鲁，齐人患其将霸，欲败其政，乃选好^②女子八十人，衣以文饰^③而舞容玑^④，及文马四十驷，以遗^⑤鲁君。陈^⑥女乐，列文马于鲁城南高门外。季桓子微服^⑦往观

之再三，将受焉。告鲁君为周道⑧游观。观之终日，怠于政事。子路言于孔子曰："夫子可以行矣。"孔子曰："鲁今且郊⑨，若致膰⑩于大夫，是则未废其常，吾犹可以止也。"桓子既受女乐，君臣淫荒，三日不听国政，郊又不致膰俎。孔子遂行，宿于郭屯⑪。师已送曰："夫子非罪⑫也。"孔子曰："吾歌可乎？"歌曰："彼妇人之口，可以出走；彼妇人之谒（请），可以死败。优哉游哉，聊以卒岁。"

注释

①相：辅助。②好：貌美。③文饰：漂亮的穿戴之物。④容玑：齐国的舞曲名。⑤遗：赠送。⑥陈：陈列。⑦微服：百姓的衣服。⑧周道：大道，官道。⑨郊：郊祀。⑩致膰：送来腊肉。膰，祭祀用的烤肉。⑪郭屯：城外的村庄。⑫罪：过错。

译文

孔子在鲁国辅佐国君，齐国人害怕鲁国会成为霸主，想要败坏鲁国的政事，就挑选了八十名貌美的女子，让她们穿上漂亮的衣服，对她们精心修饰，并训练她们跳齐国的容玑舞，又挑选了一百六十匹精良的

马，用来送给鲁国的国君。在鲁国城南的大门外，那些女子排列着起舞，马匹也都陈列在那里。季桓子穿着平民的衣服前往那里再三观看，打算接受齐国的馈赠。他上报给鲁君，一起到官道上观赏游玩。就这样终日观赏，荒怠了政事。子路对孔子说："您应当离开这里了。"孔子说："鲁国现在就要举行郊祀了，如果鲁君能给大夫送去膰肉，那就还不算废掉常礼，那样的话我还可以留在这里。"

季桓子接受了跳舞的女子以后，君臣全都溺于声色之中，三天都不上朝，到了郊祀的时候又不给大夫送膰肉。于是孔子就离开了，在城外的村庄中留宿。子路送走老师时说道："我的老师是没有过错的。"孔子说："我可以唱歌吗？"接着唱歌道："那些女乐妇人的嘴可以逼走贤良；那些女乐妇人的请求可以导致国家败亡。还是悠闲自得地生活吧，以此来度过我的余生。"

原文

澹台子羽有君子之容①，而行不胜②其貌。宰我有文雅之辞，而智不充其辩③。孔子曰："里语云：'相马以舆④，相士以居。'弗可废⑤矣。以容取⑥人，则失之子羽；以辞取人，则失之宰予。"孔子曰："君子以其所不能畏人，小人以其所不能不信人。故君子长⑦人之才，小人抑⑧人而取胜焉。"

注释

①容：容貌。②胜：超过，比得上。③辩：辩解，辩论。④舆：车。⑤废：废除。⑥取：选择，挑选。⑦长：推崇，欣赏。⑧抑：抑制。

译文

澹台子羽有着君子的容貌，但是他的所作所为却比不上他的容貌。宰我有着文雅的言辞，但是他的智慧却满足不了他的善辩。孔子说："俗语说：'识别马的好坏要看它拉车子的情况，辨别一个人的好坏可以看他日常的表现。'这些言论不能废除。凭借着相貌识别人，在澹台子羽身上就会失误；凭借言辞辨别人，在宰我身上就会失误。"孔子说："君子因为自己没有才干才敬畏别人，小人因为自己没有才干而不相信人。所以君子能够让别人增长才能，小人却靠压制别人来取得胜利。"

原文

孔箴问行己之道①。子曰："知而弗为，莫如②勿知；亲而弗信，莫如勿亲。乐之方至，乐而勿骄；患之将至，思③而勿忧。"孔箴曰："行己乎？"子曰："攻④其所不能，补其所不备。毋以其所不能疑人，毋以其所能骄人。终日言，无遗己忧；终日行，不遗己患。唯智者有之。"

注释

①行己之道：为人处世的方法。②莫如：还不如。③思：思虑。
④攻：改掉。

译文

孔箴问有关为人处世的方法。孔子说："知道了但是不去实施，还
不如不知道；接近别人但是不信任，还不如不接近。高兴的事情来到时
不得意忘形，忧患来到时深思却不过于忧虑。"孔箴说："那我应该怎
么做呢?"孔子说："改掉自己的缺点，弥补自己不具备的技能。不能
因为自己有缺点而怀疑别人，同时也不要因为自己有才干而小瞧别人。
每天说话的时候，不要给自己留下后患；每天做事情的时候，也不要给
自己留下后患。只有智慧的人才能具备。"

在厄第二十

原文

楚昭王聘①孔子，孔子往拜礼焉，路②出于陈、蔡。陈、蔡大夫相与③谋曰："孔子圣贤，其所刺讥皆中诸侯之病。若用④于楚，则陈、蔡危矣。"遂使徒兵距⑤孔子。

注释

①聘：聘请，邀请。②路：途经，路过。③相与：一起，相互。④用：被任用。⑤距：通"拒"，阻挡，拦截。

译文

楚昭王聘请孔子到他的国家，孔子就前去拜见，路过陈国和蔡国。陈国和蔡国的大夫在一块儿商量说："孔子是圣贤的人，他做出的每一次对政事的评论都切中诸侯失误的地方。如果他被楚国任用的话，那么陈国和蔡国就会很危险。"于是他们派步兵去挡截孔子。

孔子不得行，绝粮七日，外无所通①，藜羹不充，从者②皆病。孔子愈慷慨③讲诵，弦歌不衰。乃召子路而问焉，曰："《诗》云：'匪兕④匪虎，率彼旷野。'吾道非乎，奚⑤为至于此？"

①外无所通：和外面失去联系。通，联系。②从者：随从，跟随的人。③慷慨：慷慨激昂。④兕：犀牛。⑤奚：什么，何。

孔子不能前行，断粮七天，和外界失去了联系，连一点儿粗劣的粮食都吃不到了，跟随孔子的人都病倒了。孔子却慷慨激昂地给随从的人讲诵礼仪，弹琴、唱歌从不停止。孔子把子路找来问："《诗经》上说：'不是犀牛，不是老虎，却都跑在荒野中。'我的道不对吗？为什么会沦落到这种地步呢？"

子路愠①，作色②而对曰："君子无所困③。意者夫子未仁与？人之弗吾信也；意者夫子未智与④？人之弗吾行也。且由也昔者闻诸夫子：'为善者天报之以福⑤，为不善者天报之以祸⑥。'今夫子积德怀义，行之久矣，奚居之穷也？"

注释

①愠：生气，不高兴。②作色：脸上有不高兴的神色。③困：困扰，扰乱。④智与：足够的智慧。与，非常，极其。⑤福：好运。⑥祸：灾难，祸害。

译文

子路听完这些话后心里很是生气，脸上露出不高兴的神色说："没有什么是可以困扰君子的。可能您还不是太仁德，别人不相信您；可能您还不是太智慧，别人就不推行您的主张。况且我也曾经听您说过：'做好事的人，上天就会降下好运来报答他；做坏事的人，上天就会降下灾难来惩罚他。'现在您正在积累仁义道德，心里装着道义，推行您的主张已经很久了，为什么还落得如此的下场呢？"

原文

子曰："由未之识①也，吾语②汝。汝以仁者为必信③也，则伯夷、叔齐不饿死首阳；汝以智者为必用④也，则王子比干不见剖心；汝以

忠者为必报⑤也，则关龙逢不见刑；汝以谏者为必听⑥也，则伍子胥不见杀。夫遇不遇者，时也；贤不肖者，才也。君子博学深谋而不遇时⑦者，众矣，何独丘哉？且芝兰生于深林，不以无人而不芳；君子修道立德，不为穷困而败节。

注释

①识：理解。②语：告诉。③信：信任。④用：任用，受到重视。⑤报：报答。⑥听：听从。⑦时：机遇，时机。

译文

孔子说："你还是没有完全理解啊，我来告诉你。你认为仁德的人一定会得到别人的信任，如果这样的话，那伯夷和叔齐就不会饿死在首阳山了；你认为智慧的人一定会得到别人的任用，如果是这样的话，那比干就不会被剖心了；你认为忠心的人一定会得到别人的报答，如果这样的话，那关龙逢就不会被杀了；你认为进谏的话一定会被别人听从，如果这样的话，那伍子胥就不会被杀害了。能否遇见贤明的君主，是由天时来决定的；是否贤能，是由自己的才干决定的。君子知识渊博、深谋远虑却遇不到机遇的，并不是只有我一个人。况且芝兰生长在深山老林中，不会因为没有人赞赏就没有香气；君子修身养性树立道德，不会因为不得志陷入困境就改变志向。

原文

"为之者，人也；生死者，命①也。是以晋重耳之有霸心，生于②曹卫；越王勾践之有霸心，生于会稽。故居下而无忧者，则思③不远；处身而常逸④者，则志⑤不广。庸知其终始乎？"

注释

①命：天命。②生于：在……产生。③思：思想，思虑。④逸：安逸。⑤志：志气，志向。

译文

"事在人为，但是生死就要听从天命了。所以，晋文公重耳在曹国、卫国的时候就有了称霸天下的愿望；越王勾践在会稽的时候就产生了称雄天下的决心。所以，处在下位又没有忧患的人，他的想法就不长远；安身立命贪图安逸的人，他的志向就不会远大。怎样才能了解立志的来龙去脉呢？"

原文

子路出，召子贡，告如子路。子贡曰："夫子之道①至大②，故天下莫能容夫子，夫子盍少贬③焉？"子曰："赐，良农能稼④，不必能穑⑤；良工能巧，不能为顺⑥；君子能

修其道，纲⑦而纪之，不必其能容⑧。今不修其道而求其容，赐，尔志不广矣，思不远矣。"

译文

子路退下，孔子又把子贡找来，把同样的问题向子贡问了一遍。子贡说："您的学问博大精深，天下的人都不能接受，您为什么不稍微降低自己主张的标准呢？"孔子说："子贡啊，优秀的农夫知道怎么种植，但是不一定知道怎么收获庄稼；优秀的工匠虽然会做出精巧的器具，但是不一定知道怎么修理；君子能够修养道德行为，掌握纲要，梳理好头绪，不一定会被别人接受。现在，不修养自己的道德行为而要别人接受你的主张，子贡，你的志向不是很远大，你的思虑不是很长远啊！"

原文

子贡出，颜回入，问亦如之。颜回曰："夫子之道至大，天下莫能容。虽然，夫子推①而行②之，世不我用，有国者之丑③也，夫子何病④焉？不容，然后见⑤君子。"孔子欣然叹曰："有是哉，颜氏之子！吾亦使尔多财，吾为尔宰⑥。"

注释

①推：推行主张。②行：实施，实行。③丑：耻辱。④病：担忧，不满。⑤见：显现，显示。⑥宰：掌管家务和财产的人。

译文

子贡退下，颜回进来，孔子也问了同样的问题。颜回说："您的学识实在是博大精深，天下没有人能够接受。即使这样，您仍然推行，世人没有采纳我们的主张，是国君们的耻辱，您担忧什么呢？不被接受才更表明是君子。"孔子听了以后很高兴，发出感慨："太有学识了，颜家的孩子！如果有一天你有钱了，我会为你做管家。"

原文

子路问于孔子曰："君子亦有忧乎？"子曰："无也。君子之修行①也，其未得之，则乐其意；既得之，又乐其治。是以有终身之乐，无一日之忧。小人则不然，其未得也，患②弗得之；既得之，又恐失之。是以有终身之忧，无一日之乐也。"

注释

①修行：修养品行。②患：担心，害怕。

译文

　　子路问孔子说："是不是君子也有忧虑的时候啊？"孔子说："没有啊！君子修身养性，品德没有全部养成，但他会为自己的思想感到高兴；养成良好品德之后，他又会为自己的成功高兴。所以君子的一生都很快乐，没有一天是忧虑的。小人的情况却恰恰相反，在没有得到的时候，担心会得不到；一旦拥有了，又担心会失去。所以，小人的一生都是在忧虑的日子中度过的，没有一天是快乐的。"

原文

　　曾子弊衣①而耕于鲁，鲁君闻之而致邑②焉，曾子固辞③不受。或曰："非子之求，君自致之，奚固辞也？"曾子曰："吾闻受人施者常畏④人，与人者常骄⑤人。纵君有赐，不我骄也，吾岂能勿畏乎？"孔子闻之曰："参之言足以全⑥其节也。"

注释

①弊衣：破旧的衣服。②致邑：请他到城邑里为官。③辞：推辞，拒绝接受。④畏：敬畏。⑤骄：骄傲，傲慢。⑥全：保全。

译文

曾子身穿着破旧的衣服在鲁国境内种地，鲁国的国君听说这件事后就请他到城邑里做官，曾子很坚决地推辞了。有人问："不是你自己要求的，而是国君主动给你的，为什么你坚决地推辞掉啊？"曾子说："我听说过接受了别人的东西就会害怕他，而赠送给别人东西的人又经常地怠慢别人。即使君主主动赠送给我，又没有傲慢地对我，我怎么能不害怕呢？"孔子听见这件事情以后说："曾参的言语足以保全自己的名节了。"

原文

孔子厄①于陈、蔡，从者七日不食。子贡以所赍②货，窃犯围而出，告籴③于野人④，得米一石焉。颜回、仲由炊之于坏屋之下，有埃墨⑤堕饭中，颜回取而食之。子贡自井望见之，不悦，以为窃食也。入问孔子曰："仁人廉士，穷改节⑥乎？"孔子曰："改节即何称于仁廉哉？"子贡曰："若回也，其不改节乎？"子曰："然。"子贡以所饭告孔子。子曰："吾信回之为仁久矣，虽汝有云，弗以疑也，其或者必有故乎？汝止，吾将问之。"召颜回曰："畴昔⑦予梦见先人，岂或启佑⑧我哉？子炊而进饭，吾将进⑨焉。"对曰："向有埃墨堕饭中，欲置之，则不洁；欲弃之，则可惜。回即食之，不可祭⑩也。"孔子曰："然乎，吾亦食之。"颜回出，孔子顾谓二三子曰："吾之信回也，非待今日也。"二三子由此乃服之。

注释

①厄：受困。②赍：携带。③籴：买。④野人：乡野之人，即当地的村民。⑤埃墨：烟熏的墨尘。⑥改节：改变名节。⑦畴昔：以前。⑧启佑：开导，保佑。⑨进：进奉（祭祀品）。⑩祭：祭祀。

译文

　　孔子被困在了陈、蔡，跟从他的人一连七天都没有吃到东西了。子贡带着所携带的东西，偷偷地从包围圈中跑了出去，向当地的村民央求，换回了一石米。颜回和子路两个人在土屋下面煮饭，有灰尘掉进了饭中，颜回就把那块被灰尘弄脏了的饭拿起来吃了。子贡从井边看到了，心中很不高兴，以为颜回是在偷吃东西。就走进屋中，向孔子问道："那些仁人和有操守的人，有因为穷困而改变了名节的吗？"孔子说道："改变了名节的话又怎么能称得上仁德有操守呢？"子贡说道："那像颜回这样的人，他是不会改变名节的吧？"孔子说："是的。"子贡便把颜回偷吃饭的事告诉了孔子。孔子说道："我向来相信颜回属于仁人之列，虽然你说了这样的事，我也不会怀疑他，这中间必定是有缘故的。你先不要说话，我来问一问他。"于是便招来颜回说道："之前我梦到了祖先，难道是祖先在开导我吗？你快去煮好饭，我要去向祖先进奉祭祀。"颜回回答说："之前有灰尘落到了饭中，如果留在饭中则不干净；我想要把饭丢掉，又觉得可惜。自己便把那部分吃掉了，因此不适合再用来祭祀了。"孔子说："这种情况的话，我也会吃掉它。"颜回出去后，孔子扭头对其他的几个弟子说："我对颜回的信任是由来已久的，并非只是今天。"弟子们因此才都对颜回信服。

入官第二十一

　　子张问入官于孔子。孔子曰："安身取誉①为难。"子张曰："为之如何②?"孔子曰："己有善勿专③,教不能勿怠④,已过勿发,失言勿掎⑤,不善勿遂,行事勿留。君子入官,自此六者,则身安誉至而政从矣。且夫忿⑥数者,官狱所由生也;拒谏者,虑之所以塞⑦也;慢易者,礼之所以失也;怠惰者,时之所以后⑧也;奢侈者,财之所以不足也;专独者,事之所以不成也。君子入官,除此六者,则身安誉至而政从⑨矣。

　　①誉:声誉,荣誉。②如何:怎么办。③专:独有。④怠:懒怠。⑤掎:"踦"字之误,曲为之说,曲护。⑥忿:愤怒,不忿。⑦塞:阻塞,阻碍。⑧后:推迟。⑨从:顺利。

译文

　　子张询问有关为官之道的事情。孔子说："要想自己的官位安稳并且取得良好的声誉是很难的。"子张说："对此怎么办呢?"孔子说："自己有了好处不要独自享受，教导别人不要懈怠，出现失误以后不要再重蹈覆辙，说错话不要为自己曲意辩护，不好的事情不要继续做，做事情的时候不要拖泥带水。君子在做官的时候能够达到这六点，就可以使官位安稳，获得良好的声誉，政事也就顺利了。此外，心里时常有愤怒的情绪就会产生犯罪的念头；不听从别人的劝谏常常会使考虑问题的深度受到阻碍；行为轻慢常常会使人缺乏应有的礼节；懒惰松懈常常致使时机迟迟不来；奢侈浪费往往使财富不是很充足；专制独裁往往使事情不容易办成。君子在做官的时候能够避免这六点，就可以获得安稳的官位，受到百姓的称誉，政事也就顺利了。

原文

　　"故君子南面①临官，大域之中而公②治之，精智而略行之，合③是忠信，考④是大伦，存是美恶，进是利而除是害，无求其报焉，而民之情可得也。夫临之无抗⑤民之恶，胜之无犯⑥民之言，量之无佼⑦民之辞，养之无扰于其时，爱之无宽于刑法。若此，则身安誉至而民⑧得也。

注释

　　①南面：古代南面是君王临朝的方向，表示尊贵。②公：公道，秉公执法。③合：一块儿，一起。④考：考虑，想到。⑤抗：欺压。⑥犯：冒犯，触犯。⑦佼：欺骗。⑧民：民心，民意。

译文

"所以君子身居要职，管理广袤的土地，就要秉公执法，办事公道，精明睿智，执行起来大刀阔斧，把忠信结合起来，考虑哪些符合伦理规范，把好事和坏事放在一起考察，推广有利的主张，废除有害的做法，不要求得到回报，那么就可以获得百姓的支持了。如果在治理国家的时候没有欺压百姓的想法，说服百姓的时候没有冒犯百姓的言论，考虑问题的时候没有欺骗百姓的言辞，为百姓生计考虑，不违背农时，爱护百姓的时候不纵容他们而置法律于不顾。如果官员都这样做的话，那么就会获得安稳的官位，赢得百姓的美誉，得到民心的支持了。

原文

"君子以临官，所见则迩①，故明不可蔽②也。所求于迩，故不劳而得也。所以治者约③，故不用众而誉立。凡法象在内，故法不远而源泉不竭④。是以天下积而本⑤不寡，短长得其量，人志治而不乱政。德贯乎心，藏⑥乎志，形⑦乎色，发乎声。若此，而身安誉至民咸⑧自治矣。

注释

①迩：附近、身边的事情。②蔽：蒙蔽，蒙骗。③约：简约，不费力。④竭：竭尽。⑤本：根源，根本。⑥藏：隐藏，遮掩。⑦形：显露。⑧咸：都。

译文

　　"君子做官的时候，首先观察身边发生的事情，就可以做到心里明了而不受到蒙骗。先从自己身边寻找，那样得到想要的东西的时候就会很省事。治理国家的时候要抓住重点，这样就可以不用役使很多的百姓，同时得到美誉。君王在执政的过程中以身作则，百姓就会跟随，就像泉水不干涸一样。所以，治理国家会有很多人才帮助自己，根据每一个人的才能任用，人才各得其用，政治就不会混乱。好的德行贯彻在心中，隐藏在心灵深处，流露在言论行为中。如果这样的话，官位就会安稳，就能获得良好的声誉，百姓就都很自觉地服从君王的治理了。

原文

　　"是故临官①不治则乱，乱生则争之者至。争之至，又于乱。明君必宽裕以容②其民，慈爱优柔之，而民自得③矣。行④者，政之始也；说者，情之导⑤也。善政行易⑥则民不怨，言调说和则民不变。法在身则民象⑦之，明在己则民显⑧之。

注释

　　①临官：在官职上。②容：接纳，容纳。③自得：自觉地遵守。④行：实践。⑤导：疏导，疏通。⑥行易：容易实施。⑦象：效法，跟着做。⑧显：清楚，明晰。

译文

"照此推测，身居要职如果不善于治理就会造成混乱的状况，百姓的生活混乱就会招来争权逐利的小人。那样百姓的生活就会更加混乱不堪。贤明的君主一定要宽容地对待百姓，慈爱地安抚百姓，那么百姓就会自觉地服从君王的治理了。实践是治理国家的开端；言论是疏导情绪的方法。治理国家大事的时候政策得当，百姓就不会有怨恨，言语平和，语气委婉，百姓就会很忠心。自己带头执行法规，百姓就会仿效君王的做法，自己胸怀坦荡，百姓做事情的时候就会很清楚。

原文

"若乃供①己而不节②，则财利之生者微矣。贪③以不得，则善政必简④矣。苟以乱⑤之，则善言必不听也；详⑥以纳之，则规谏日至。言之善者，在所日闻；行之善者，在所能为。

注释

①供：供养，供奉。②节：节约，节俭。③贪：贪图小便宜。④简：难以执行。⑤乱：国家混乱。⑥详：详细的事项。

译文

"如果只是享受供养而不节约财物，那样就会少了很多生财之道；贪图小利而不获得有用的东西，即使是很好的措施也执行不了。如果国

家混乱不堪，那么好的建议也就不能听从；详细地检查建议再采纳，那么每天就会有很多的人来进谏。言论想要正确无误，就要每天都听取建议；行为要想端正，就要踏踏实实地做事情。

原文

"故君上者，民之仪①也；有司执政者，民之表②也；迩臣便僻者，群仆之伦③也。故仪不正则民失，表不端则百姓乱，迩臣便僻④则群臣污矣。是以人主不可不敬⑤乎三伦。君子修身反道，察里言⑥而服⑦之，则身安誉至，终始在焉。

注释

①仪：法度、准则。②表：表率，准则。③伦：类。④便僻：曲意逢迎。⑤敬：恭敬，敬重。⑥里言：有道理的话。⑦服：遵守，施行。

译文

"所以君王是子民的表率；治理国家的官员是子民的标准；君王身边的大臣是群臣们的榜样。如果表率不端正，百姓就没有法度；表率不正确的话，百姓就会混乱；君王身边的大臣曲意逢迎，群臣就会学坏。所以治理国家的君王不能不恭敬地把这诸多伦理道德熟记在心。君子修身养性，要不断地提高自己的品德，明察有道理的话而后施行，那样就可以使地位安稳，赢得百姓的称赞，从而受益一生。

原文

"故夫女子必自择丝麻，良工必自择完材，贤君必自择左右。劳①于取人，佚②于治事。君子欲誉，则必谨③其左右。为上者，譬如缘木焉，务高而畏下滋甚。六马之乖离④，必于四达之交衢⑤；万民之叛道，必于君上之失政。上者尊严而危，民者卑贱而神。爱之则存⑥，恶⑦之则亡。长民者⑧必明此之要。

注释

①劳：辛劳，受累。②佚：安逸。③谨：谨慎，慎重。④乖离：不听使唤，离散。⑤交衢：四通八达的道路，常指十字路口。⑥存：巩固，存在。⑦恶：厌恶。⑧长民者：指统治者，君王。

译文

"所以女子织布的时候一定要自己挑选丝麻，技能好的工匠一定要自己选择好材料，贤明的君王一定要自己挑选辅佐自己的大臣。在选择人才的时候辛苦一点，就会使自己在治理国家的时候安逸一点。君王要想赢得天下的敬仰，一定要对下面的大臣严格要求。获得高位的人，就像爬树一样，爬得越高就越害怕摔下来。拉车的六匹马分散乱跑，一定是在十字路口旁；百姓叛乱，一定是君王在治理国家的时候措施不得力。君王有威信并时刻有危机感，百姓地位卑贱却可以像神一样尊贵。爱护百姓，自己的地位就会巩固；厌恶百姓，自己的地位就会丧失。做君王的人一定要明白这个道理。

 原文

"故南面临官，贵而不骄，富而能供，有本而能图末①，修事而能建业②，久居而不滞③，情近而畅乎远，察一物而贯④乎多。治一物而万物不能乱者，以身本者也。君子莅民⑤，不可以不知民之性⑥而达诸民之情⑦。既知其性，又习⑧其情，然后民乃从命矣。

注释

①末：其他的事情。②建业：建功立业。③滞：不畅通。④贯：贯穿，由此及彼。⑤莅民：管理百姓。⑥性：性情，性格。⑦情：事情的本来面目。⑧习：熟悉，知晓。

译文

"所以身居要职但不骄傲蛮横，富贵但能举止得体，看到事情的根本也能够顾及其他，做好现在的事又能够考虑将来的事，经常在屋子里视野却不闭塞，对眼前的事物能够考虑深远，观察一件事情的时候能够联想到其他很多事情。聚精会神地做一件事情，不会被其他的事情干扰，这是因为他把注意力全部放在这件事情上了。君王管理百姓，不可

能不了解他们的品质就能知晓他们的实情。既知道百姓的品性，又能了解他们的实情，那样百姓才能听从安排。

原文

"故世举①则民亲之，政均②则民无怨。故君子莅民，不临以高，不导以远，不责③民之所不为，不强④民之所不能。以明⑤王之功，不因其情，则民严而不迎；笃之以累年之业，不因其力，则民引⑥而不从。若责民所不为，强民所不能，则民疾⑦，疾则僻⑧矣。

注释

①举：兴旺发达。②政均：政策公正合理。③责：责怪，责备。④强：强迫，强求。⑤明：显示。⑥引：隐藏，不表达真实情感。⑦疾：疾苦，疲惫。⑧僻：指发生不良的事情。

译文

"所以世道兴旺发达，百姓才能敬仰君王，政治清明，百姓才能没有怨恨。君子在治理国家的时候，不要高高在上脱离百姓，不要让百姓做虚妄的事情，不要因为百姓不想去做而责备他们，不要强迫百姓做他们没有能力做的事情。为了展示自己的丰功伟绩，不依据百姓的实情行动，那么百姓就会表里不一；为了建立自己的百年基业，不依据百姓的能力行动，百姓就会逃避不再听从君王的命令。如果百姓不愿意做事情而去责怪他们，强迫他们做自己能力不济的事情，百姓就会疲惫不堪，感到疲惫不堪后，百姓就会做出不正当的事情。

原文

　　"古者圣主冕①而前旒，所以蔽②明也；纮紞③充耳，所以掩聪也。水至清则无鱼，人至察④则无徒⑤。枉⑥而直之，使自得之；优而柔之，使自求之；揆⑦而度之，使自索之。民有小过，必求其善以赦⑧其过；民有大罪，必原⑨其故以仁⑩辅化。如有死罪，其使之生，则善也。

注释

　　①冕：帽子。②蔽：遮掩。③纮紞：垂在冠冕的带子。④察：观察得太仔细、苛刻。⑤徒：跟随。⑥枉：纠正。⑦揆：度量。⑧赦：赦免，释放。⑨原：原谅，宽恕。⑩仁：仁德。

译文

　　"古代贤明的君王戴着前面挂着玉石的帽子是为了遮住亮光；垂在冠冕的带子塞住耳朵是为了蒙蔽听觉。水太清了就会养不成鱼，人太过于苛刻就没有人跟随了。百姓做错了事需要改正，要让百姓自己认识到过错；宽容对待百姓，让他们自己发现错误；根据百姓的情况教育他们，让他们自己认识到是非。百姓犯了很小的过失，一定要找出他们的长处，用来赦免他们的过错；百姓犯了大的罪过，一定要寻找他们犯这样罪的原因，用仁义道德来让他们醒悟，让他们改正。如果他们犯了死罪，尽可能地宽恕他们，让他们保全性命，这样做的话是好事。

原文

"是以上下亲而不离①，道化流而不蕴②。故德者，政之始③也。政不和，则民不从其教④矣。不从教，则民不习⑤。不习，则不可得而使⑥也。

注释

①离：脱离。②蕴：积聚。③始：开始，开端。④教：教化，教导。⑤习：学习，贯彻执行。⑥使：使用，指使。

译文

"所以君王上下亲近而不脱离百姓疾苦，君王的治国措施才能不被积聚而得以实行。所以仁德是治理国家的开端。政策措施不和百姓的实际情况相符合，百姓就不会服从教导。不服从教导，百姓就不能很好地贯彻君王的治国举措。这样，君王就不能得到百姓的信任而使唤他们了。

原文

"君子欲言之见信也，莫善乎先虚①其内；欲政之速行②也，莫善乎以身③先之；欲民之速服也，莫善乎以道御④之。故虽服必强⑤。自非忠信，则无可以取亲于百姓者

矣。内外不相应，则无可以取信于庶民者矣。此治民之至道⑥矣，入官之大统矣。"子张既闻孔子斯言，遂退而记之。

注释

①虚：虚心。②行：实行，执行。③身：身体力行。④御：统治。⑤强：勉强，勉为其难。⑥道：道理，技巧。

译文

"君王要想让百姓相信自己的治国举措，最好的办法是虚心听取百姓的建议；要想在很短的时间内推行政策，最好的办法就是君王率先实施，以身作则；要想百姓服从君王的命令，最好的办法就是遵循事理。否则，即使百姓服从了君王的命令也是勉为其难的。不依靠忠信，就不能得到百姓的爱戴。百姓不遵从君王的命令，君王就不能取得百姓的信任了。以上的话就是治理百姓最好的举措，也是做官应该掌握的技巧。"子张听完后，退下来把这番话记录下来。

困誓第二十二

原文

子贡问于孔子曰："赐倦于学，困于道矣，愿息①而事君，可乎?"孔子曰："《诗》云：'温恭②朝夕，执事有恪③。'事君之难也，焉可息哉!"曰："然则赐愿息而事亲。"孔子曰："《诗》云：'孝子不匮④，永锡尔类。'事亲之难也，焉可以息哉!"曰："然则赐请愿息于妻子⑤。"孔子曰："《诗》云：'刑于寡妻，至于兄弟，以御⑥于家邦。'妻子之难也，焉可以息哉!"

注释

①息：休息。②恭：恭敬，谦和。③恪：谨慎，小心。④匮：匮乏，穷尽。⑤妻子：妻子和子女。⑥御：治理，应用。

译文

子贡向孔子问道："我在学习的时候感到困倦，在研究道义的时候感到困扰，我想停下来去侍奉君王以得到休息，这样可以吗?"孔子说："《诗经》上说：'侍奉君王的时候必须从早上到晚上都要温和恭敬，为君王办事情的时候要格外小心。'侍奉君王是件困难的事情，怎么能够

得到休息呢?"子贡说:"我想停下来去侍奉父母以得到休息。"孔子说:"《诗经》上说:'孝子的孝心是没有穷尽的,上天永远赐福于孝子。'侍奉父母是件困难的事情,怎么能得到休息呢?"子贡说:"我想侍奉妻子和子女以得到休息。"孔子说:"《诗经》上说:'给妻子做榜样,然后把这种榜样扩大到兄弟,用这样的方法来治理国家。'侍奉妻子和子女是件困难的事情,怎么能够得到休息呢?"

原文

曰:"然则赐愿息于朋友。"孔子曰:"《诗》云:'朋友攸摄①,摄以威仪。'朋友之难也,焉可以息哉!"曰:"然则赐愿息于耕②矣。"孔子曰:"《诗》云:'昼尔于茅③,宵尔索绹④,亟⑤其乘屋,其始播百谷。'耕之难也,焉可以息哉!"曰:"然则赐将无所息者也?"孔子曰:"有焉,自望其广,则睪如⑥也;视其高,则填如也;察其从,则隔如也。此其所以息也矣。"子贡曰:"大哉乎死也!君子息焉,小人休焉。大哉乎死也!"

注释

①攸摄:相互帮助。②耕:耕种。③茅:茅草,杂草。④索绹:搓线拧绳。⑤亟:急忙,紧急。⑥睪如:高大的样子。睪,通"皋"。

译文

子贡说:"那我想侍奉朋友以得到休息。"孔子说:"《诗经》上说:'朋友之间要相互帮助,这样才能使威仪显赫。'侍奉朋友是件困难的

事情，怎么能够获得休息呢?"子贡说:"那么我想去耕种田地、种植树木以获得休息。"孔子说:"《诗经》上说:'白天的时候去割草，晚上的时候去搓线拧绳，赶快爬上房顶修葺房屋，又要开始耕种田地了。'耕种田地是件困难的事情，怎么能够获得休息呢?"子贡说:"那我就没有时间休息了吗?"孔子说:"有啊，远远地看那里的坟墓，高高的;又是那么充实;从侧面看又相隔而不相从。那个地方就可以休息了。"

子贡说:"死亡的意义真是很重大啊!君子是在这个地方停下来休息的。小人也是在这个地方休息的。死亡的意义真是很重大啊!"

原文

孔子自卫将入晋，至河①，闻赵简子杀窦犫鸣犊及舜华，乃临河而叹曰:"美哉水，洋洋乎!丘之不济②此，命也夫!"子贡趋③而进曰:"敢问何谓也?"孔子曰:"窦犫鸣犊、舜华，晋之贤大夫也。赵简子未得志之时，须此二人而后从政。及其已得志也，而杀之。丘闻之，刳胎杀夭④，则麒麟不至其郊;竭泽而渔，则蛟龙不处其渊;覆巢破卵，则凤凰不翔其邑。何则?君子违⑤伤其类者也。鸟兽之于不义，尚知避之，况于人乎!"遂还，息于邹，作《槃操》以哀之。

注释

①河：古代的河都是专指黄河。②济：渡河。③趋：快走。④刳胎杀夭：剖腹取胎，杀害幼兽。⑤违：通"讳"，忌讳。

译文

孔子将要从卫国到晋国去，到了黄河边上，听说赵简子杀害了窦犨鸣犊以及舜华，就对着河水感叹道："壮美的黄河水啊，你是这么的盛大啊！我不能渡河，也是命中注定的吧！"子贡快步走到孔子前，问道："敢问您为什么这么说呢？"孔子说："窦犨鸣犊和舜华都是晋国贤良的大夫。在赵简子还没有得志的时候，需要依靠这两个人才能得以治政。而当他得志了以后，却杀害了这两个人。我听说，如果剖腹取胎，杀死幼兽的话，麒麟就不会来到这个国家的郊外；如果竭泽而渔的话，蛟龙是不会在这个国家的深渊中居住的；如果弄翻鸟巢打破鸟卵的话，凤凰是不会飞翔到他的都邑的。为什么呢？因为君子忌讳自己受到同样的伤害啊！鸟兽对于那些不义之人，尚且知道躲避，何况是人呢？"于是就返回到邹地休息，并作《槃操》这首曲子来哀悼他们。

原文

子路问于孔子曰："有人于此，夙兴夜寐，耕芸树艺，手足胼胝①，以养其亲。然而名不称孝，何也？"孔子曰："意②者身③不敬与？辞不顺④与？色不悦与？古之人有言曰：'人与己与不汝欺。'今尽力养亲，而无三者之阙⑤，何谓无孝之名乎？"孔子曰："由，汝志⑥之，吾语汝：虽

有国士之力，而不能自举其身，非力
之少，势⑦不可矣。夫内行⑧不修，
身之罪也；行修而名不彰，友之罪
也。行修而名自立。故君子入则笃
行，出则交贤，何为无孝名乎？"

注释

①胼胝：茧子。②意：料想。③身：行
动。④顺：顺服，谦逊。⑤阙：通"缺"，缺
点。⑥志：记。⑦势：情势，形势。⑧内行：
内心的道德。

译文

子路向孔子问道："有一种这样的人，他很早就起来很晚才睡觉，
每日辛劳地耕地植树，致使手足都磨出了茧子，以此来奉养双亲。然而
他却没有得到孝子的名声，这是什么原因呢？"孔子说："想来是因为
他行动不恭敬，言辞不谦恭，面色不温和吧？古人说过这样的话：'别
人的心灵和自己的心灵都是相通的，是不会欺骗你的。'如今尽了全力
奉养双亲并且没有上面所说的三个缺点的人，怎么会没有孝子的名声
呢？"孔子又说："仲由你要记住，我告诉你：即便是有闻名全国的勇
士那样的力气，也不能将自己举起来，并非因为力气小，而是情势不许
可。内在的德行不修养的话，是自身的过错；如果修养了德行而名声却
没有得以彰显，那就是友人的过错了。修养德行的话名声自然会树立。
因此君子在家要行为淳厚，在外要和贤良的人相交，这样的话怎么会没
有孝子的名声呢？"

原文

孔子遭厄①于陈、蔡之间，绝粮七日，弟子馁病②，孔子弦歌。子路入见曰："夫子之歌，礼乎？"孔子弗应，曲终而曰："由，来！吾语汝：君子好③乐，为无骄④也；小人好乐，为无慑也。其谁之子，不我知而从我者乎？"子路悦，援戚⑤而舞，三终而出。明日，免于厄。子贡执辔曰："二三子从夫子而遭此难也，其弗忘矣！"孔子曰："善恶何也？夫陈、蔡之间，丘之幸也。二三子从丘者，皆幸也。吾闻之，君不困不成王⑥，烈士不困行不彰。庸知⑦其非激愤厉志之始，于是乎在？"

注释

①遭厄：遭受危难困苦。②馁病：饥饿并且筋疲力尽。③好：喜好，喜欢。④无骄：不骄纵。⑤援戚：援，执，拿。戚，一种兵器，形状像斧子。⑥成王：成就王业。⑦庸知：岂知。

译文

孔子被困在陈、蔡之间，断粮了七天，弟子都饿得筋疲力尽，孔子却依然诵诗弹琴、歌唱不止。子路进去见孔子说道："老师您现在歌唱，符合礼吗？"孔子没有回应，一曲完结了以后说道："仲由，你过来！我告诉你：君子喜好音乐是为了不自我骄纵；小人喜好音乐是为了消除胆怯。哪个人不理解我却又跟从我呢？"子路听了很高兴，拿起兵器挥舞起来，乐曲停止几次才出去。第二天围困结束了。子贡拉着马缰绳说道："弟子们追随老师所遭受到的这次危难，恐怕是不能忘记的了。"孔子说道："好事与坏事如何区分呢？这次被困在陈、蔡之间，是我的幸运。你们追随我并遇此难，也是你们的幸运。我听说，君王不经历困难就不能成就王业，有志功业、重义轻生的正直人士不经历危难他的声名也不会彰显。哪里知道发愤励志的开始，不在于此呢？"

原文

孔子之①宋，匡人简子以甲士②围之。子路怒，奋③戟将与战。孔子止之曰："恶④有修仁义而不免俗者乎？夫《诗》《书》之不讲，礼乐之不习，是丘之过也。若以述先王好古法而为咎⑤者，则非丘之罪也。命夫！歌，予和汝。"子路弹琴而歌，孔子和之。曲三终，匡人解甲而罢。孔子曰："不观高崖，何以知颠坠之患；不临深泉，何以知没溺之患；不观巨海，何以知风波之患。失之者，其不在此乎？士慎此三者，则无累⑥于身矣。"

注释

①之：到、去。②甲士：兵士。③奋：挥舞。④恶：怎么，哪里。⑤咎：过错，罪责。⑥累：受累，牵累。

译文

孔子前往宋国，匡人简子派兵士围住了他们。子路十分恼怒，挥舞戟想要和他们交战。孔子制止了子路，对他说："哪里有修行仁义的人

不原谅世俗中的那些恶行呢？如果说不讲《诗》《书》，不习礼乐，那就是我的过错。如果将宣扬先王美德、喜好古法当作一种罪责的话，那就不是我的过错了。大概就是命了。你来歌唱，我应和你。"于是子路弹琴歌唱，孔子在旁边应和。唱了几首曲子以后，匡人解除武装散去了。孔子说道："不看高崖，如何能知道从高崖上坠下来的祸患？不到达深渊处，如何能知道被淹没溺水的祸患？不观看大海，如何能得知波涛所引起的祸患？丢失掉生命不就在这些地方吗？士人应当谨慎地对待这三件事，那样的话就不会让自身受到牵累了。"

原文

子贡问于孔子曰："赐既为人下①矣，而未知为人下之道②，敢问之。"子曰："为人下者，其犹土乎？汩之深则出泉，树其壤则百谷滋③焉，草木植焉，禽兽育④焉。生则出焉，死则入焉。多其功⑤而不意，恢其志⑥而无不容。为人下者以此也。"

注释

①下：下属，下级。②道：道理，技巧。③滋：滋生，生长。④育：繁育，繁殖。⑤功：功劳，作用。⑥志：胸怀，志向。

译文

子贡问孔子说："我现在已经是别人的下属了，但是不知道怎么做好下属的工作，所以冒昧地问一下您的建议。"孔子说："成为别人的下属，就要和土地差不多吧？土地挖掘得越深就越可能得到泉水，在上

面种植就能生长出很多庄稼，草木在上面成长，动物们在上面繁衍后代。它们生长在上面，死的时候埋葬在下面。土地有很多的功绩，但是它自己却从来不在意，它用宽广的胸怀包容着万物。做别人的下属就要和土地一样。"

原文

孔子适①郑，与弟子相失②，独立东郭门外。或人③谓子贡曰："东门外有一人焉，其长④九尺有六寸，河目⑤隆颡⑥，其头似尧，其颈似皋繇，其肩似子产，然自腰已下，不及禹者三寸，累然⑦如丧家之狗。"子贡以告，孔子欣然而叹曰："形状未也，如丧家之狗，然⑧乎哉！然乎哉！"

注释

①适：到。②相失：互相失去联络，失散。③或人：有人。④长：身高。⑤河目：形容眼眶上下平正而长的眼睛。⑥隆颡：高而隆起的额头。⑦累然：狼狈不堪的样子。⑧然：这样。

译文

孔子到郑国去，和弟子们走散了，独自一个人在外城东门外站立。有人看到后告诉子贡说："东门外面站立着一个人，身高有九尺六寸，眼眶上下平正而长，额头很高并且隆起，他的头像尧，脖颈像皋繇，肩膀像子产，但是从腰部以下，比大禹要短三寸，样子狼狈，像一条丧家之犬。"子贡将这些话告诉了孔子，孔子高兴地感叹道："形貌未必如此，但是他所说的像一条丧家之犬，却的确如此，的确如此啊！"

原文

孔子适卫，路出于蒲，会①公叔氏以蒲叛卫，而止之。孔子弟子有公良儒者，为人贤长，有勇力，以私车五乘从夫子行。喟然曰："昔吾从夫子遇难于匡，又伐树于宋。今遇困于此，命也夫！与其见夫子仍遇于难，宁我斗死②。"挺剑而合众③，将与之战。蒲人惧，曰："苟无适卫，吾则出④子。"乃盟孔子，而出之东门。孔子遂适卫。子贡曰："盟可负乎?"孔子曰："要⑤我以盟，非义也。"卫侯闻孔子之来，喜而于郊迎之。问伐蒲。对曰："可哉。"公曰："吾大夫以为蒲者，卫之所以恃晋、楚也，伐之无乃不可乎?"孔子曰："其男子有死之志，吾之所伐者，不过四五人矣。"公曰："善!"卒不果伐。他日，灵公又与夫子语，见飞雁过而仰视之，色不悦。孔子乃逝⑥。

注释

①会：适逢。②斗死：拼命战死。③合众：集合众人。④出：放出。⑤要：要挟。⑥逝：离去，离开。

译文

孔子前往卫国，途经蒲地时，适逢遇到公叔氏背叛了卫国，占据了蒲地，孔子因此被滞留在那里。孔子的弟子中有一个叫公良儒的人，他身材高大，贤良而又有勇力，他带着自己的五辆车子跟从孔子游历。这时感慨道："以前我跟从您在匡地遇到过危难，在宋国受到过伐树之难。现在又被困在这里，这都是命啊！与其看着您还在这里处于危难之中，我宁可和他们拼命。"于是拿起剑，召集众人，将要和蒲人战斗。蒲人感到害怕，说道："如果你们不去卫国，我就放你们走。"于是就和孔子订立了盟约，将孔子等人从东门放了出去。孔子最终还是去了卫国。子贡问道："盟约可以违背吗？"孔子说："要挟我订立盟约，这本身就是不义之事。"卫灵公听说孔子来了，非常高兴，并亲自到郊外迎接他。向孔子询问讨伐蒲地的事。孔子回答说："可以。"灵公说："我的大夫们认为，蒲地是我们卫国用来对付晋国和楚国的据点，讨伐它恐怕是不可以的吧。"孔子说："蒲地的男子们有保家卫国、宁死不屈的志向，我所说的讨伐，不过只是讨伐那几个叛乱的人罢了。"灵公说道："很好。"最终果然没有去讨伐蒲地。过了一些天，灵公又和孔子谈论，看到空中有大雁飞过就抬起头观看，面有不快。孔子于是就离开了卫国。

原文

卫蘧伯玉贤，而灵公不用，弥子瑕不肖①，反任之。史鱼骤谏而不从。史鱼病将卒，命其子曰："吾在卫朝，不能进蘧伯玉，退②弥子瑕，是吾为臣不能正③君也。生而不能正君，则死无以成礼。我死，汝置尸牖④下，于我毕矣。"其子从之。灵公吊焉，怪而问焉。其子以其父言告公。公愕然失容曰："是寡人之过也。"于是命之殡于客位⑤。进蘧伯玉而用之，退弥子瑕而远⑥之。孔子闻之曰："古之列谏之者，死则已矣，未有若史鱼死而尸谏。忠感其君者也，可不谓直乎？"

注 释

①不肖：没有才能。②退：罢免。③正：匡正。④牖：窗户。⑤客位：房屋的正厅。⑥远：疏远，远离。

译 文

卫国的蘧伯玉很贤能，但是灵公却不任用他，反而任用没有才能的弥子瑕。史鱼屡次进谏但是灵公始终不采纳。史鱼生病快要死的时候，命令他的儿子说："我在卫国做官却不能举荐蘧伯玉，罢免弥子瑕，我做臣子的却不能匡正国君。活着的时候不能纠正国君，那么死的时候也就不能成礼。我死后，你把我的尸体放在窗户下面，对我来说就算完成责任了。"他的儿子听从了他的嘱咐。卫灵公吊唁的时候，看到这种情况很奇怪，就问史鱼的儿子是什么原因。史鱼的儿子把父亲的话告诉了卫灵公。灵公大惊失色，说："这是我的过错啊！"于是命令把史鱼的尸体放在房子的正屋。召进蘧伯玉让他得到重用，罢免了弥子瑕的官职并远离他。孔子听说这件事情后说："古代刚直进谏的人死后就意味着结束了，却没有像史鱼这样用自己的尸体进谏的。他的忠诚感动了君主，难道不能认为是正直的吗？"

五帝德第二十三

原文

宰我问于孔子曰："昔者吾闻诸荣伊曰'黄帝三百年。'请问：黄帝者，人也，抑非人也？何以能至三百年乎？"孔子曰："禹、汤、文、武、周公，不可胜①以观也，而上世②黄帝之问，将谓先生难言之故乎！"宰我曰："上世之传，隐微③之说，卒采之辩，暗忽之意，非君子之道者，则予之问也固④矣。"孔子曰："可也，吾略闻其说。黄帝者，少典之子，曰轩辕。生而神灵，弱⑤而能言，幼齐叡庄，敦敏诚信。长聪明，治五气，设五量，抚万民，度四方。服牛乘马，扰驯猛兽，以与炎帝战于阪泉之野，三战而后克⑥之。始垂衣裳，作为黼黻⑦。治民以顺天地之纪⑧，知幽明之故，达死生存亡之说。播时百谷，尝味草木，仁厚及于鸟兽昆虫。考日月星辰，劳耳目，勤心力，用水火财物以生民。民赖其利，百年而死；民畏其神，百年而亡；民用其教，百年而移⑨。故曰黄帝三百年。"

注释

①胜：尽、完。②上世：上古，远古。③隐微：隐讳。④固：一定，坚持。⑤弱：年幼。⑥克：战胜。⑦黼黻：礼服上所绣的花纹。⑧纪：纲。⑨移：改变。

译文

宰我向孔子问道："以前我听说荣伊说过'黄帝统治了三百年。'请问：黄帝是人，抑或不是人？为什么能统治三百年之久呢？"孔子说："大禹、商汤、周文王、周武王、周公这些人尚且说不尽，而你所说的这个关于上古时代的黄帝的问题，更是连老前辈也很难说得清的。"宰我说："上古时代的传言，大都说得很隐讳，很多过去的事情还在论辩，意义十分晦涩飘忽，这些都是君子所不谈及的，因此我一定要弄个明白。"孔子说："好吧，我大略听到过这种说法。黄帝是少典的儿子，名字叫作轩辕。他生下来就很神灵，很小的时候就能说话，童年时就很伶俐聪明并且诚信敦厚。长大了以后更加聪明，能够治理五行之气，设计了五种用来测量的量器，安抚了万民，并游历了四方。他骑着牛乘着马，驯服了各种猛兽，和炎帝在阪泉交战，打了三次以后将炎帝制伏。天下一派太平景象，而后人民开始穿上了有花纹的衣服。他顺应天地之道以治理人民，让人民懂得了昼夜阴阳的规律，并且通达了生死存亡的道理。他根据季节播种了百谷，种植各种草木，他的仁厚德泽施及鸟兽昆虫。他考察日月星辰，耳目疲劳，用尽心力，用水火以及财物养育百姓。他在世的时候，人民受了他一百年的恩泽；他死了以后，人民敬奉他的精神一百年；而后，人民沿用他的教令教化一百年。因此说黄帝统治了三百年。"

原文

宰我曰："请问帝颛顼?"孔子曰："五帝用说①，三王有度②。汝欲一日遍闻远古之说，躁哉予也!"宰我曰："昔予也闻诸夫子曰'小子毋或宿③'，故敢问。"孔子曰："颛顼，黄帝之孙，昌意之子，曰高阳。洪渊④而有谋，疏通⑤以知远，养财以任地⑥，履时以象⑦天。依鬼神而制义，治气性⑧以教众，洁诚以祭祀，巡⑨四海以宁民。北至幽陵，南暨⑩交趾，西抵流沙⑪，东极蟠木。动静之类，小大之物，日月所照，莫不砥属。"

注释

①说：传说。②度：猜度。③宿：隔夜。④渊：深远。⑤疏通：通达。⑥任地：因地制宜。⑦象：效仿。⑧气性：五行之气。⑨巡：巡查。⑩暨：到。⑪流沙：沙漠。

译文

宰我说："请问颛顼是一个什么样的人?"孔子说："上古的五帝只有传说，近古的三王只能靠猜测。你想要在一天之中听完所有的关于远古的传说，宰予你太急躁了。"宰我说："以前我曾听老师您说过'你们不要将问题留过夜'，因此才敢相问。"孔子说："颛顼是黄帝的孙子，昌意的儿子，名字叫作高阳。他学识深远而又有谋略，通达又有远见，他因地制宜地种植庄稼以聚财，按照时节以效仿天象。根据鬼神的

意旨来制定各项规则，治理五行之气来教化民众，他穿戴整洁虔诚地举行祭祀，巡查于四海之中以让百姓得以安宁。国土北到幽陵，向南到交趾，向西到沙漠，向东到蟠木。所有动或者静的物类，大大小小的事物，只要是日月照射到的地方，就没有不属于他的。”

原文

宰我曰：“请问帝喾？”孔子曰：“玄枵之孙，乔极之子，曰高辛。生而神异，自言其名。博施厚利，不于其身。聪以知远，明以察微。仁而威，惠而信，以顺天地之义。知民所急，修身而天下服。取地之财而节用之，抚教万民而诲利之。历日月之生朔①而迎送之，明鬼神而敬事之。其色也和②，其德也重，其动也时，其服也哀。春夏秋冬，育护天下。日月所照，风雨所至，莫不从化③。”

注释

①朔：每个月的初一。②和：温和。③化：感化。

译文

宰我问：“请问帝喾是一个什么样的人？”孔子说：“他是玄枵的孙子，乔极的儿子，名字叫作高辛。他生下来就很神奇灵异，能自己叫自己的名字。他广博丰厚地给人民施以利益，而不考虑自身。他很聪明并且有远见，他很精明并能体察细微之事。他很仁厚而有威仪，他施人以恩惠并且诚信，顺应天地的规律。知道人民所急需的，他修养自身而让天下人都信服。他从土地中获取物资并且节约地使用，安抚教导人民让他们获益。他通过观察日月的晦朔来予以迎接或者欢送，明晓鬼神之事并且恭敬地祭祀它们。他的神色很温和，德行高尚，他的举动都符合时宜，他用穿丧服来表示悲哀。不管春夏秋冬，他都在保护培育着天下万物。日月所照射到的，风雨所能及的，没有什么不被他感化。"

原文

宰我曰："请问帝尧？"孔子曰："高辛氏之子，曰陶唐。其仁如天，其智如神。就①之如日，望之如云。富而不骄，贵而能降②。伯夷典礼，夔、龙典乐。舜时而仕，趋视四时③，务先民始之。流④四凶而天下服。其言不忒⑤，其德不回⑥。四海之内，舟舆所及，莫不夷说。"

注释

①就：靠近。②降：能屈能伸。③四时：四季。④流：流放。⑤忒：差错。⑥回：违背。

译文

宰我问："请问帝尧是一个什么样的人？"孔子回答说："他是高辛氏的儿子，名字叫作陶唐。他像上天一样仁厚，像神灵一样明智。靠近他时会感觉像太阳一样温暖，远远望去他又像白云一样圣洁。他家境富裕却不骄纵，身份高贵却又能屈能伸。他让伯夷执掌礼，让夔、龙执掌舞乐。他推举舜担任官职，让他巡查四季作物的生长情况，让他做百姓的表率。帝尧又将共工、驩兜、三苗、鲧四凶流放，天下人都为之信

服。他说的话从来没有差错，他的德行也从来不违背纲常。四海之内，凡是舟和车能到达的地方，人们没有不喜爱他的。"

原文

宰我曰："请问帝舜？"孔子曰："乔牛之孙，瞽瞍之子也，曰有虞舜。孝友①闻于四方，陶渔②事亲。宽裕而温良，敦敏而知时，畏天而爱民，恤远而亲近。承受大命，依于二女。叡明智通，为天下帝。命二十二臣，率尧归职，躬己而已。天平地成，巡狩③四海，五载一始。三十年在位，嗣④帝五十载。陟⑤方岳，死于苍梧之野而葬焉。"

注释

①孝友：善父母称为"孝"，善兄弟称为"友"。②陶渔：用陶器捕鱼。③巡狩：巡查。④嗣：继承。⑤陟：登上。

译文

宰我问道："请问帝舜是一个什么样的人？"孔子说："他是乔牛的孙子，瞽瞍的儿子，名字叫作有虞舜。他孝敬父母、友爱兄弟的名声流传于四方，他用陶器捕鱼以侍奉双亲。他为人宽厚而温和善良，机敏而又知晓时机，对上天敬畏，对民众爱护，体恤那些远方的少数民族而又亲近周围邻里。他承受了治理天下的大命，并依靠两位贤妻的帮助。他凭着聪明和谋略，成为了天下的帝王。他任命的二十二位大臣都是尧的

旧职，所有一切都是亲自去做的。天下太平、地上收成好的时候，他在四海巡查，每五年一次。他三十岁被任用，但接续尧帝位的时间是五十年。他登上了四方之岳，在朝会的时候，死在了苍梧的野外，并且埋葬在那里。"

原文

宰我曰："请问禹？"孔子曰："高阳之孙，鲧之子也，曰夏后。敏给①克齐，其德不爽②，其仁可亲，其言可信。声为律③，身为度④。亹亹⑤穆穆⑥，为纪为纲。其功为百神主，其惠为民父母。左准绳⑦，右规矩⑧，履四时，据四海。任皋繇、伯益以赞其治，兴六师以征不序。四极之民，莫敢不服。"孔子曰："予，大者如天，小者如言，民悦至矣。予也非其人也。"宰我曰："予也不足以戒敬承⑨矣。"他日，宰我以语子贡，子贡以复孔子。子曰："吾欲以颜状⑩取人也，则于灭明改之矣；吾欲以言辞取人也，则于宰我改之矣；吾欲以容貌取人也，则于子张改之矣。"宰我闻之，惧，弗敢见焉。

注释

①敏给：敏捷。②爽：差错。③律：法则。④度：法度。⑤亹亹：形容勤勉的样子。⑥穆穆：形容庄严的样子。⑦准绳：标准。⑧规矩：规则。⑨承：顺承。⑩颜状：面貌。

译文

　　宰我问道："请问大禹是一个什么样的人？"孔子说："他是高阳的孙子，鲧的儿子，名字叫作夏后。他机敏而能成事，他的德行没有差错，仁慈而可亲，言语可信。他所说的话可以成为法则，他自身的行为可以成为法度。他勤勉又庄严，遵守纲纪。他的功德让神灵都有了归属，他的恩惠可以为民父母。他遵守一切法则法规，遵守四时的规律，占据了四海之地。他任用皋繇和伯益，以辅助他的治理，统领各路军队讨伐叛乱。四海之内的人民，没有谁是不臣服于他的。"孔子又说："宰予啊！大禹的功德大的像天一样广阔，小的方面就算一句话，人民也都喜欢到了极点。宰予啊，我也说不清他的所有德行。"宰我说："我还不够资格顺从地当面接受这样的教导。"过了几天，宰我将这些话告诉了子贡，子贡又告诉了孔子。孔子说："我想要通过外貌来判断一个人，灭明让我改变了这种想法；我想要通过言辞来判断一个人，宰我让我改变了这种想法；我想要通过容貌来判断一个人，子张又让我改变了这种想法。"宰我听到这些话以后，很是害怕，不敢去见孔子了。

卷六

五帝第二十四

季康子问于孔子曰："旧闻五帝之名，而不知其实，请问何谓五帝？"孔子曰："昔丘也闻诸老聃①曰：'天有五行，水火金木土，分时化育，以成万物。其神谓之五帝。'古之王者，易②代而改号，取法五行，五行更③王，终始相生，亦象④其义。故其为明王者，而死配五行。是以太皞配木，炎帝配火，黄帝配土，少皞配金，颛顼配水。"

①老聃：即老子。②易：改变。③更：更改。④象：仿效。

季康子向孔子问道："我以前听说过五帝的名称，却不知道它的真正含义，请问什么是五帝呢？"孔子说："以前我听老聃说过：'天有五行，即金木水火土，它们在不同的时节化育，因此就生成了万物。五行的神就称为五帝。'古代的君王，更换朝代以及国号，都是从五行中取法的。帝王也按照五行而更替，从始至终都是相承相生，并且效仿五行

的含义。因此那些贤明的君王，死了以后也是以五行与之相配。因此用木来配太皞，以火来配炎帝，以土来配黄帝，以金来配少皞，以水来配颛顼。"

原文

康子曰："太皞氏其始之木何如？"孔子曰："五行用事①，先起于木。木，东方，万物之初②皆出焉③，是故王者则④之，而首以木德王⑤天下。其次则以所生之行转相承也。"康子曰："吾闻勾芒为木正⑥，祝融为火正，蓐收为金正，玄冥为水正，后土为土正，此则五行之主而不乱，称曰帝者，何也？"孔子曰："凡五正者，五行之官名，五行佐成上帝，而称五帝。太皞之属配焉，亦云帝，从其号。昔少皞氏之子有四叔，曰重，曰该，曰修，曰熙，实能金木及水，使重为勾芒，该为蓐收，修及熙为玄冥。颛顼氏之子曰黎，为祝融。共工氏之子曰勾龙，为后土。此五者，各以其所能业⑦为官职。生为上公，死为贵神，别称五祀，不得同帝。"

注释

①用事：运行。②初：开始。③焉：代词，于此。④则：效法。⑤王：成就王业。⑥正：正中。⑦业：从事。

译文

　　季康子问道："太皞氏是从木开始的，这是什么原因呢？"孔子说："五行的运行，是从木最先开始的。木配东方，万物开始都从这里产生，因此帝王也效仿它，第一个就以木为德在天下成就了王业。然后根据自己从属的行来转换以及承接。"季康子问道："我听过勾芒是木正，祝融是火正，蓐收是金正，玄冥是水正，后土是土正，这些主管五行的神没有被胡乱给予称呼而是被称为帝，这是什么原因呢？"孔子说："这五正就是五行的官方名称，是五行辅佐他们成为帝王，因此被称为五帝。太皞等人正是和它们相配，也称为帝，是从属于他们的称呼。以前少皞氏有四个儿子，名字分别是重、该、修、熙，他们能驾驭金、木以及水，于是命重做勾芒也就是木神，该做蓐收也就是金神，修和熙做玄冥也就是水神。颛顼氏的儿子名字叫作黎担任祝融，也就是火神。共工氏的儿子名字叫作勾龙担任后土，也就是土神。他们五个人，各自以自己从事的职业担任官职。在世的时候是上公，死了以后就成为贵神，也称五祀，只是不能和帝的地位等同。"

原文

　　康子曰："如此之言，帝王改号，于五行之德各有所统①，则其所以相变者，皆主何事？"孔子曰："所尚②则各从其所王之德次焉。夏后氏以金德王，色尚黑，大事敛③用昏，戎事④乘骊，牲⑤用玄。殷人用水德王，色尚白，大事敛用日中⑥，戎事乘翰⑦，牲用白。周人以木德王，色尚赤，大事敛用日出⑧，戎事乘骥⑨，牲用骍⑩。此三代之所以不同。"康子曰："唐虞二帝，其所尚者何色？"

孔子曰："尧以火德王，色尚黄。舜以土德王，色尚青。"康子曰："陶唐、有虞、夏后、殷、周，独不得配五帝，意者德不及上古耶？将有限乎？"孔子曰："古之平治水土，及播殖百谷者众矣。唯勾龙氏兼⑪食于社⑫，而弃为稷神⑬，易代奉之，无敢益⑭者，明不可与等。故自太皞以降，逮于颛顼，其应五行而王数非徒五，而配五帝，是其德不可以多也。"

注释

①统：统辖、管辖。②尚：崇尚。③敛：通"殓"，将死者入棺。④戎事：战争。⑤牲：用于祭祀以及食用的家畜。⑥日中：白色。⑦翰：白色的马。⑧日出：红色。⑨骓：毛赤腹白。⑩骍：红色。⑪兼：配。⑫社：土神。⑬稷神：谷神。⑭益：多。

译文

季康子说："这么来说，帝王更改国号相对五行的德行来说，是由于他们各自有不同的管辖，那么他们之所以如此相继变化，都主些什么事呢？"孔子说："他们崇尚的和他们各自称王凭借的德行相关。夏朝人是以金德来称王于天下的，他们崇尚的是黑色，在大事以及丧事殡殓都用日落的时刻，征战时所乘的马是黑色，用来祭祀或者食用的家畜是黑色的。殷朝人是以水德来称王天下的，他们崇尚的是白色，大事以及丧事殡殓用太阳正中的时刻，征战时乘的马是白色的，用来祭祀或者食

用的家畜是白色的。周朝人是以木德来称王天下的，他们崇尚的是红色，大事以及丧事殡殓用太阳刚出的时刻，征战时所乘的马是红色的，用于祭祀或者食用的家畜是红色的。这就是三代不同的地方。"季康子问道："那么唐尧以及虞舜二帝崇尚的是哪一种颜色呢？"孔子说："尧是以火德称王天下的，崇尚的是黄色。舜是以土德称王天下的，崇尚的是青色。"季康子又问道："陶唐、有虞、夏后、殷、周独不和五帝相配，想来是他们的德行比不上上古吗？还是存在什么限制呢？"孔子说："古代治理洪水以及播种百谷的人有很多，唯独有勾龙氏配得上飨食土神，弃则是谷神，后来朝代更改以后对他们的供奉依然不敢有所增多，这是为了表明不能和帝相等同。因此自从太皞以来，一直到颛顼，他们顺应五行称王，数目不仅仅是五，却和五帝相配，这是因为他们德行不能超过的缘故。

执辔第二十五

原文

闵子骞为费宰，问政①于孔子。子曰："以德以法。夫德法者，御民之具②，犹御马之有衔③勒也。君者，人也；吏者，辔④也；刑者，策⑤也。夫人君之政，执其辔策而已。"

注释

①政：政事。②具：工具，器具。③衔：马嚼子。④辔：勒马的缰绳。⑤策：鞭子。

译文

闵子骞任费地长官时，向孔子问有关治理国家政事的方法。孔子说："治理国家政事要凭借仁德和法规。仁德和法规是治理百姓的工具，好像驾驭马匹的时候要用马嚼子和笼头一样。国君好比驾车人，官员好比缰绳，刑罚则好比马鞭。国君要执政，只需要掌握好缰绳和马鞭就可以了。"

原文

子骞曰："敢问古之为①政?"孔子曰："古者天子以内史为左右手，以德法为衔勒，以百官为辔，以刑罚为策，以万民为马，故御天下数百年而不失。善御马者，正②衔勒，齐③辔策，均④马力，和马心。故口无声而马应⑤辔，策不举而极⑥千里。善御民者，壹⑦其德法，正其百官，以均齐民力，和安民心。故令不用而民顺从，刑不用而天下治。

注释

①为：治理。②正：端正。③齐：齐整。④均：均匀，均衡。⑤应：顺应，应和。⑥极：到达。⑦壹：统一。

译文

闵子骞说："冒昧地问一下古代的人是怎么治理国家的呢?"孔子说："古代的君王用内史作为身边的左右手，用仁德和法规作为笼头和嚼子，用百官作为缰绳，用刑罚作为马鞭，用百姓作为马，所以他们能够治理好国家以至于几百年都不会有什么过失。善于驾驭马匹，端正马的笼头和嚼子，整齐缰绳和马鞭，均匀马匹的力量，让马齐心协力，所以口中不发出声音就能让马配合，不用举起马鞭就能让马跑到千里之外

的地方。善于治理百姓的人，要统一仁德和法规，端正百官的行为，用来使百姓的力量得到均衡，使民心得到安定。所以不用下达第二次命令就能使百姓顺从，不用第二次刑罚就能使天下得到治理。

原文

"是以天地德之，而兆民怀①之。夫天地之所德，兆民之所怀，其政美②，其民而众称之。今人言五帝三王者，其盛无偶③，威察若存，其故何也？其法盛，其德厚，故思其德，必称其人，朝夕祝之，升闻于天。上帝俱歆④，用永厥世，而丰其年。

注释

①怀：服从，顺从。②美：美好，井井有条。③无偶：没有能够比得上的。④歆：祭祀时神灵享用的香气。这里是欣羡、悦服的意思。

译文

"这样天地也认为他们有道德，百姓就会归顺他们。天地认为他们有德，百姓归顺，他们把国家政事治理得井井有条，百姓都会称赞他们。现在的人说到五帝、三王的时候，还在称赞他们的盛世独一无二，威严明察，好像他们还活着一样，这是什么原因呢？他们的法制兴盛，恩德厚重，所以思念他们的德政，称赞他们，每天都在祝祷他们，上天都能够听到。上天欣羡、悦服，称赞他的朝代，并使他们丰收。

原文

"不能御民者，弃①其德法，专用刑辟②。譬犹御马，弃其衔勒，而专用棰策，其不制也，可必矣。夫无衔勒而用棰策，马必伤，车必败③。无德法而用刑，民必流④，国必亡。治国而无德法，则民无修⑤；民无修，则迷惑失道。如此，上帝必以其为乱天道也。苟乱天道，则刑罚暴，上下相谀，莫知⑥念患，俱无道故也。

注释

①弃：放弃，丢弃。②刑辟：刑罚。③败：毁坏，损害。④流：流失，出走。⑤修：此处指修养。⑥知：考虑。

译文

"不擅长管理百姓的人，抛弃仁德和法规，只用刑罚。这就像驾马不用笼头和嚼子，而是专用马鞭，一定没有办法驾驭。不用笼头和嚼子而专用马鞭，马匹一定会受到伤害，那么马车也会受到损害。不用仁德和法规而用刑罚，百姓一定会跑到别的地方去，那么国家也就会灭亡。治理国家不用仁德和法规而用刑罚，那么百姓就没有修养，没有修养就感到迷惑不走正道。这样上天会认为他们违背天道。如果违背了天道，那么刑罚就会更加残暴，上下之间相互阿谀奉承，没有人再考虑会有祸患，都是没有遵循天道的缘故。

原文

"今人言恶①者，必比之于桀纣，其故何也？其法不听②，其德不厚。故民恶其残虐③，莫不吁嗟，朝夕祝④之，升闻于天。上帝不蠲⑤，降之以祸罚。灾害并生，用殄厥世。故曰德法者御民之本。

注释

①恶：坏人，恶人。②听：听从，接受。③残虐：残酷暴虐。④祝：通"诅"，诅咒。⑤蠲：减免，免除。

译文

"现在的人说到残暴的人，一定会把他们比作是夏桀和商纣，这是什么原因呢？是因为他们的法制民众不听从，同时仁德也不厚重。所以百姓憎恶他们的残酷暴虐，没有不叹气的，早晚都诅咒他们。让天帝听到了，天帝也不减免他们的罪过，降下灾难用来惩罚他们。灾难连年降临，天亡了他们的朝代。所以说仁德和法规是驾驭民众的根本。

原文

　　"古之御天下者，以六官总治焉。冢宰①之官以成道，司徒之官以成德，宗伯之官以成仁，司马之官以成圣，司寇②之官以成义，司空之官以成礼。六官在手以为辔，司会③均仁以为纳。故曰御四马者执六辔，御天下者正六官。是故善御马者，正身以总辔，均马力，齐马心，回旋曲折，唯其所之。故可以取④长道，可赴急疾。此圣人所以御天地与人事之法则也。

注释

　　①冢宰：周官名，为百官之长。②司寇：官名。掌管刑狱。③司会：官名。为冢宰的副职。④取：奔赴。

译文

　　"古代统治天下的君王，用六官来治理国家。冢宰之类的官员用来成就'道'，司徒之类的官员用来成就'德'，宗伯之类的官员用来成就'仁'，司马之类的官员用来成就'圣'，司寇之类的官员用来成就'义'，司空之类的官员用来成就'礼'。掌控了六类官员就好像手里掌握了缰绳，司会使仁义均匀就好像拥有了内侧的缰绳。所以说驾驭四马的人掌握六条缰绳，统治国家的人要掌握好六类官员。善于驾驭马匹的人，使身体端正，掌握马的缰绳，使马的力气均衡，让马协调一致，即使回旋曲折，也可以到想到的地方。因此可以使用马奔赴距离远的道

路，使用马匹应付紧急的事件。这就是圣明的君王用来统治天地和百姓的法则。

原文

"天子以内史为左右手，以六官为辔，已而与三公为执六官，均五教①，齐五法。故亦唯其所引②，无不如志③。以之道则国治，以之德则国安，以之仁则国和，以之圣则国平④，以之礼则国定，以之义则国义，此御政之术⑤。

注释

①教：教化。②引：指引，引导。③志：志向。④平：平定，平和。⑤术：方法。

译文

"国君用内史作为左右手，用六官作为缰绳，然后和三公一起来掌管六官，使五教均匀，使五法齐备。所以只要有所指引，没有不如愿的。用道义来治理国家，国家就能太平；用德行来治理国家，国家就会平安；用仁义来治理国家，国家就会和谐；用圣明来治理国家，国家就会平定；用礼仪治理国家，国家就会安定；用信义治理国家，国家就会长治久安。这些就是治理国家的办法。

原文

"过失，人之情①莫不有焉。过而改之，是为不过。故官属不理，分职不明，法政不一，百事失纪，曰乱。乱则饬②冢宰。地而不殖，财物不蕃③，万民饥寒，教训不行，风俗淫僻，人民流散，曰危。危则饬司徒。父子不亲，长幼失序④，君臣上下，乖离异志，曰不和。不和则饬宗伯。贤能而失官爵，功劳而失赏禄，士卒疾怨，兵弱不用，曰不平。不平则饬司马。刑罚暴乱，奸邪不胜，曰不义。不义则饬司寇。度量不审⑤，举事失理，都鄙不修，财物失所⑥，曰贫。贫则饬司空。

注释

①情：常情，情理。②饬：责备，责怪。③蕃：丰厚，充足。④序：次第。⑤审：详查，细究。⑥所：场所，地方。

译文

"过错是人之常情，每个人都会犯。有了过错改正，就可以认为不是过错。所以官员管理不完善，职责不明确，法规不统一，各种事情都失去纲纪变得杂乱无章，这叫作乱。混乱了就责难冢宰。土地荒芜不种植，财物不丰富，百姓饥寒交迫，教化不实行，风俗习惯淫乱邪僻，百姓流离失所，这称作危险。危险就整饬司徒。父子不亲近，长幼失去次第，君臣不一条心一致对外，这叫作不和。不和就整饬宗伯。贤能的人

士没有得到官爵，有了功劳但是没有赏赐，士兵们怨恨不已，兵力屡弱，这叫作不平。不平就整饬司马。刑罚残酷，邪恶的事情到处蔓延，这叫作不义。不义就整饬司寇。度量不详查，事情失去常理，大邑小邑得不到修整，财物没有储藏的地方，这叫作贫穷。贫穷就整饬司空。

原文

"故御①者，同是车马，或以取千里，或不及②数百里，其所谓进退缓急异也。夫治者，同是官法，或以致平③，或以致乱者，亦其所以为进退缓急异也。

注释

①御：驾驭。②及：达不到。③平：安定，平和。

译文

"所以说驾驭马车的人，即使是同一辆车，有的人能够到达千里之外，有的却到不了几百里的地方，这就是驾驭马车的时候进退缓急不一样的原因。同样的官法交给不同的官员执行，有的人能把国家治理得安定，有的人却把国家治理得混乱不堪，这也是治理国家进退缓急不同的原因。

原文

"古者天子常以季冬①考德正法，以观治乱。德②盛者，治也；德薄者，乱也。故天子考德，则天下之治乱可坐庙堂之上而知之。夫德盛则法修③，德不盛则饬，法与政咸德而不衰。故曰王者又以孟春④论吏之德及功能，能德法者为有德，能行德法者为有行，能成德法者为有功⑤，能治德法者为有智。故天子论吏而德法行，事治而功成。夫季冬正法，孟春论⑥吏，治国之要。"

注释

①季冬：冬天的最后时段。②德：德政，品德。③修：修理、整治。④孟春：春天的第一个月。⑤功：功绩。⑥论：评价，讨论。

译文

"古代，天子常常在冬季末考查德行端正法规，用来观察国家是安定或者混乱。德政兴盛，国家就能安定；德政薄弱，国家就混乱。所以君王考查德政，了解天下的安定情况，坐在高高的庙堂上就可以知晓了。德政兴盛，法规就可以得到修治；德政薄弱，法规就应该整顿了，法规和政治都依德而行就可以长盛不衰。所以说：天子应该在春季的第一个月评价官员的德行、功绩、才能，能够把德政和法规统一的人是有德行的，能够将德政和法规统一的人是能干的，能够凭借德政和法规有所作为的人是有功绩的，能够用德政和法规治理国家政事并取得成就的

人是有智慧的。所以天子评价官员就能够实行德政和法规，政事治理好的，就称作大功告成。冬末使法规调整，春初用以评价官员，是治理国家的关键。"

原文

子夏问于孔子曰："商闻易①之生人及万物、鸟兽昆虫，各有奇耦，气分不同。而凡人莫知其情，唯达道德者能原②其本焉。天一，地二，人三。三三如九，九九八十一。一主③日，日数十，故人十月而生。八九七十二，偶以从奇，奇主辰，辰为月，月主马，故马十二月而生。七九六十三，三主斗，斗主狗，故狗三月而生。六九五十四，四主时，时主豕，故豕四月而生。五九四十五，五为音，音主猿，故猿五月而生。四九三十六，六为律，律主鹿，故鹿六月而生。三九二十七，七主星，星主虎，故虎七月而生。二九一十八，八主风，风为虫，故虫八月而生。其余各从其类矣。鸟鱼生阴而属于阳，故皆卵生。鱼游于水，鸟游于云，故立冬则燕雀入海化为蛤。蚕食而不饮，蝉饮而不食，蜉蝣不饮不食，万物之所以不同。介鳞④夏食而冬蛰，龁⑤吞者八窍而卵生，龃嚼者九窍而胎生，四足者无羽翼，戴角者无上齿，无角无前齿者膏，有角无后齿者脂。昼生者类父，夜生者似母，是以至阴主牝⑥，至阳主牡⑦。敢问其然⑧乎？"

注 释

①易：万事万物的阴阳消长变化。②原：探究、推原。③主：代表。④介鳞：介虫和鳞虫。⑤龁：咬。⑥牝：动物中的雌性。⑦牡：动物中的雄性。⑧然：这样，如此。

译 文

子夏向孔子询问："我听说世间的阴阳变化生出了人类和万物，鸟兽昆虫，它们各有奇偶，气分各不相同。一般人不知道其中的情由，只有有德者才能探究其中的本原。天为一，地为二，人为三。三三得九，九九八十一。一代表日，日数十，所以人是怀胎十个月而出生的。八九七十二，偶和奇相从，奇代表辰，辰为月，月代表马，所以马是怀胎十二个月而出生的。七九六十三，三代表斗星，斗代表狗，所以狗是怀胎三个月而出生的。六九五十四，四代表时间季节，时间季节代表猪，所以猪四个月出生的。五九四十五，五为音，音代表猿猴，所以猿猴是怀胎五个月而出生的。四九三十六，六代表音律，律代表鹿，所以鹿是怀胎六个月而出生的。三九二十七，七代表星，星代表虎，所以虎是怀胎七个月而出生的。二九一十八，八代表风，风代表虫，所以虫是八个月而出生的。那些其余的就各自从属于自己所属的类别了。鸟鱼降生于阴，却属于阳，所以它们是卵生。鱼在水中游，鸟飞在空中，所以立冬以后燕雀就进入到大海中化成蛤蜊。蚕吃东西却不饮水，蝉饮水却不吃东西，蜉蝣不吃也不饮，万物都有各自不同之处。介虫和鳞虫在夏季进食，到了冬季就蛰伏了，吞咬类的动物有八个孔穴，并且是卵生，咀嚼类的动物有九个孔穴，并且是胎生，四只脚的动物没有翅膀，头上长角的动物没有上面的牙齿，没有角也没有前齿的动物有膏状的油脂，有角没有后齿的动物有脂状油脂。白天出生的动物像父亲，夜晚出生的动物像母亲，因此至阴就代表雌性，至阳代表雄性。敢问您是这样的吗？"

原文

孔子曰："然，吾昔闻老聃亦如汝之言。"

子夏曰："商闻《山书》曰：'地东西为纬，南北为经。山为积德，川为积刑。高者为生，下者为死。丘陵为牡，溪谷为牝。蚌蛤龟珠，与日月而盛虚。是故坚土之人刚，弱①土之人柔，墟土之人大，沙土之人细，息土之人美，耗②土之人丑。食水者善游而耐寒，食土者无心而不息，食木者多力而不治，食草者善走而愚，食桑者有绪而蛾，食肉者勇毅而捍③，食气者神明而寿，食谷者智惠而巧，不食者不死而神。故曰羽虫三百有六十，而凤为之长；毛虫三百有六十，而麟为之长；甲虫三百有六十，而龟为之长；鳞虫三百有六十，而龙为之长；裸虫④三百有六十，而人为之长。此乾坤之美也。殊形异类之数，王者动必以道，静必顺理，以奉天地之性，而不害其所主，谓之仁圣焉。'"

子夏言终而出，子贡进曰："商之论也何如？"孔子曰："汝谓何也？"对曰："微⑤则微矣，然则非治世之待也。"孔子曰："然，各其所能。"

注释

①弱：软弱。柔：柔和。②耗：同"耗"，指土地稀疏贫瘠。③捍：通"悍"，强悍。④裸虫：泛指无羽毛鳞甲的动物。⑤微：精微。

译文

孔子说："说得对，我以前听老子也说过类似的话。"

子夏说："我听到《山书》上说：大地东西方向为纬，南北为经。山是道德所积之地，江河是刑罚的所在。高处的为生，低处的为死。丘陵为雄性，溪谷为雌性。蚌、蛤、龟、珠，因日月的变化而有盛虚的不同。因此坚硬土地上的人刚强，薄弱土地上的人柔和，土丘之地的人高大，沙土之地的人矮小，肥沃土地上的人长相英俊，而贫瘠土地上的人丑陋。吃水的动物善于游泳而且耐寒，吃土的动物没有心脏不用呼吸，吃树木的动物力量大而难以驯服，吃草的动物善于奔跑而且愚蠢，吃桑的动物擅长吐丝而且能变成飞蛾，吃肉的动物勇猛而强悍，吃气的动物神明并且长寿，吃谷类的动物有智慧而且灵巧，不吃东西的不死亡而成为神仙。因此，有羽毛的动物有三百六十种，凤凰为第一；有毛的动物有三百六十种，麒麟为第一；有甲的动物有三百六十种，而龟为第一；有鳞的动物有三百六十种，龙为第一；无羽毛鳞片的动物有三百六十种，而人类为第一。这是天地的美妙之处。不同类别、不同形状的动物各有其数，君王一定要根据'道'来行动，安静必定以'道'来安静，一定要依顺道理，遵循天地的特点，却不伤害其中本质的东西，称为仁人中的圣者。"

子夏说完后就出去了，子贡上前问道："子夏说的怎样？"孔子说："你认为怎样呢？"子贡回答说："精微是精微，然而并不是治世所能用得到的。"孔子说："说的是，不过各自说说自己知道的罢了。"

本命解第二十六

　　鲁哀公问于孔子曰："人之命①与性②，何谓也?"孔子对曰："分于道谓之命，形于一谓之性。化③于阴阳，象形而发谓之生，化穷数尽④谓之死。故命者，性之始也；死者，生之终也。有始则必有终矣。

　　①命：性命。②性：性别。③化：变化。④尽：穷尽，结束。

　　鲁哀公向孔子问道："人的生命和性别指的是什么呢?"孔子说："从天地自然中分离出来的，叫作命，形成于阴阳之中的，叫作性。开始于阴阳的变化，根据形象而生长，叫作生；变化停止，气数穷尽，叫作死。所以命是性的开始阶段；死是生的终结。有开始的时候就会有结束的时候。

原文

"人始生而有不具^①者五焉：目无见，不能食，不能行，不能言，不能化^②。及生三月而微煦^③，然后有见。八月生齿，然后能食。三年囟合^④，然后能言。十有六而精通，然后能化。阴穷^⑤反^⑥阳，故阴以阳变；阳穷反阴，故阳以阴化。是以男子八月生齿，八岁而龀^⑦。女子七月生齿，七岁而龀，十有四而化^⑧。一阳一阴，奇偶相配，然后道合化成。性命之端，形于此也。"

注释

①具：具备，拥有。②化：生育，繁衍后代。③煦：眼珠转动。④合：合拢，在一块儿。⑤穷：穷尽，尽头。⑥反：通"返"，转变。⑦龀：指儿童换牙齿。⑧化：化育，生育。

译文

"一个人刚生下来的时候不具备五种功能：眼睛看不见东西，不能吃饭，不能走路，不能说话，不能生育。等到出生三个月后眼睛才能轻轻地转动，然后才能看见东西。等到八个月的时候，口中长出牙齿，然后才能吃饭。等到出生三年，囟门合拢，才能够咿呀学语。等到十六岁的时候精气畅通，才能生育。阴到达穷尽的时候就能转变成阳，所以阳是阴转变而来的；阳到达穷尽就转变成阴，所以阴是阳转变而来的。因此男孩子到了八个月大的时候长出牙。到了八岁的时候开始换牙。女孩

子到了七个月大的时候长出牙齿，到了七岁的时候开始换牙，十四岁的时候就可以生育了。一阴一阳，奇偶相配，然后天道就化合而成了。性别生命的开始，也就从这里形成了。"

原文

公必曰："男子十六精通①，女子十四而化，是则可以生民矣。而礼男必三十而有室②，女必二十而有夫也，岂不晚哉？"孔子曰："夫礼，言其极，不是过③也。男子二十而冠④，有为人父之端⑤。女子十五许嫁，有适⑥人之道。于此而往，则自婚矣。群生闭⑦藏乎阴，而为化育之始。故圣人因⑧时以合偶，穷天数也。霜降而妇功⑨成，嫁娶者行焉。冰泮⑩而农桑起，婚礼而杀⑪于此。男子者，任⑫天道而长万物者也。知可为，知不可为；知可言，知不可言；知可行，知不可行者也。是故审⑬其伦而明其别，谓之知，所以效⑭匹夫之德也。女子者，顺男子之教而长其理者也，是故无专制⑮之义，而有三从之道。幼从父兄，既嫁从夫，夫死从子，言无再醮⑯之端。教令不出于闺门，事在供酒食而已。无阃⑰外之非义也，不越境而奔丧。事无擅为，行无独成，参⑱知而后动，可验而后言。昼不游庭，夜行以火，所以效匹妇之德也。"

注释

①精通：精气畅通。②室：妻子。③过：超过。④冠：即行冠礼，表示成年。⑤端：开始，开端。⑥适：古代女子出嫁称"适"。⑦闭：

关闭，阻塞。⑧因：因循，按照。⑨妇功：即女工、女红，女子从事的刺绣针线等活。⑩冰泮：冰雪融化。泮，融化。⑪杀：结束。⑫任：担任，担当。⑬审：详知，明悉。⑭效：仿效。⑮专制：独自行事，自作主张。⑯再醮：指改嫁。⑰阃：门槛。⑱参：通"三"，多次。

译文

　　鲁哀公说："男子到了十六岁的时候精气就开始通畅，女子到了十四岁的时候就有了生育能力，那样就可以生育下一代人了。而按照礼制规定，男子三十岁才娶妻，女子二十岁有丈夫，不是太晚了吗?"孔子说："礼说的是最迟限度，是说不要超过这一限度。男子到了二十岁行冠礼，就能够为人父了。女子十五岁允许嫁人，有了出嫁的道理。从这以后，男女双方才开始婚嫁。众生关闭而藏于阴，这就是化育的开始。因此圣人依照时节来让男女成婚，穷尽天道。到了霜降，女红也完成了，就可以谈论嫁娶之事了。冰雪融化以后农桑之事就开始了，而婚嫁之事也就到此结束了。男子是担当天道并助生万物的人，男子应当知道什么事情可以做，什么事情不可以做；什么话可以说，什么话不可以说；什么举措可行，什么举措不可行。因此明悉他们的类别并明晓他们的差别，这就叫作知，也就是一般男子所要有的德行。女子要听从男子的教导，并且扩大男子所教的道理，因此不可以自作主张，应当做到三从。年幼时顺从父兄，嫁人以后顺从丈夫，丈夫死后顺从儿子，总而言之就是没有再嫁的理由。家里的命令不应由妇女发出，她们所做的事情也只是供应酒食罢了。她们在家门外不能有违背礼制之举，不可以到超出规定的地方去奔丧。不可以擅自行事，不可以独自采取行动，做事情要三思而后行，要先得到验证再发表言论。白天不在庭院中游玩，夜晚要点着火烛做事，这就是一般妇女所要有的德行。”

原文

孔子遂言曰：“女有五不取①：逆家子②者，乱③家子者，世有刑人④子者，有恶疾⑤子者，丧父长子者。妇有七出⑥，三不去。七者：不顺父母者，无子者，淫僻者，嫉妒者，恶疾者，多口舌者，窃盗者。三不去者：谓有所取而无所归⑦，一也。与共更三年之丧⑧，二也。先贫贱后富贵，三也。凡此，圣人所以顺男女之际，重婚姻之始也。”

注释

①取：同“娶”。②逆家子：悖逆道德之家的女子。③乱：乱伦。④刑人：受过刑罚，形体残缺的人，古代多用来代指奴隶。⑤恶疾：严重的疾病。⑥七出：封建社会中休妻的七个理由。⑦无所归：指女子的娘家无人，无家可归。⑧共更三年之丧：指为公婆守丧三年。

译文

孔子接着补充道：“有五种女子是不能娶的：悖逆道德之家的女子，淫秽乱伦人家的女子，受过刑罚之家的女子，家中有严重疾病的女子，父亲早死年长没有受到教育的女子。妇人有七种情况是可以将她休掉的，有三种情况是不可以休掉的。七种情况是：不孝顺父母的，没有生

养儿子的，淫乱的，嫉妒的，重病的，多嘴多舌的，偷盗的。三种不休的情况是：娶来时有家而后来无家可归的，为公婆服了三年丧的，夫家先前贫贱后来富贵的。所有这些，就是圣人顺从男女的关系，重视婚姻开始的依据。"

原文

孔子曰："礼之所以象五行也，其义①四时也，故丧礼有举②焉，有恩，有义，有节，有权。其恩厚者其服重，故为父母斩衰三年，以恩制者也。门内之治恩掩③义，门外之治义掩恩。资于事④父以事君，而敬⑤同。贵贵尊尊，义之大也。故为君亦服衰三年，以义制者也。

注释

①义：规格。②举：祭祀，举行。③掩：超过。④事：侍奉，服侍。⑤敬：恭谨。

译文

孔子说："礼节的根据是天地五行，取法于四季变换，因此在举行丧礼的时候，既做到有恩有义，又受礼节和权力的制约。对恩情厚重的人丧礼就要隆重，因此为父母要服三年的斩衰丧礼，这是受恩德规定的。在家族内部，礼服的标准是恩德胜过仁义；在家族以外，礼服的标准是仁义胜过恩德。用侍奉父亲的礼节侍奉君王，尊敬态度是相同的。尊敬长者、贵者，这在仁义上是最重要的。因此，为君王也要服丧三年，这是仁义规定的。

原文

"三日而食，三月而沐，期^①而练^②。毁不灭性，不以死伤生，丧不过三年。苴（齐）衰不补，坟墓不修。除服之日鼓素琴，示民有终也。凡此，以节制^③者也。资于事父以事母，而爱^④同。天无二日，国无二君，家无二尊，以一治之。故父在为母齐衰期者，见无二尊也。

注释

①期：规定的时间和期限。②练：古代祭名，父母去世第十一个月后，可穿煮过的白练，故称。③制：规定。④爱：敬爱。

译文

"服丧时，三天以后才吃饭，三月以后才可以洗澡，到了期限就穿煮过的白练。哀恸但不伤害性命，不能因为死人而伤害活着的人。守丧的期限不要超过三年。穿齐衰的丧服不缝补，坟墓不要培新土。除去丧服那一天，要弹奏素琴，向人表示哀痛的终结。这样做是按照礼节的要求。依据服侍父亲的礼节来服侍母亲，并且敬爱相同。但是天上不能有两个太阳，一个国家不能有两个国君，一个家也不能有两个家长，只能

让一个来主管。所以父亲在世的时候，为母亲守齐衰的丧服，是要表示家庭中不能有两个家长。

原文

"百官备①，百物具，不言而事行者，扶而起；言而后事行者，杖而起；身自执②事行者，面垢③而已。此以权制者也。亲始死，三日不怠④，三月不懈，期悲号，三年忧，哀之杀⑤也。圣人因杀以制节也。"

注释

①备：具备。②执：执行做事情。③垢：由于哭泣的时候把容貌弄得很脏。④怠：疲倦，懈怠。⑤杀：减少。

译文

"拥有百官，万事齐备，不用说话就能办好事情的人，哭丧结束后应让人搀扶起来；下达命令以后事情才能办好的人，扶着木杖起来；亲自去把事情办成的老百姓，哭丧的时候要哭得容貌十分难看才能停止。这是按照权力规定的。亲人刚去世，哭声要在三天以内不要间断，三个月内不要懈怠，一年祭奠亲人的时候要悲伤地号啕大哭，忧伤要持续三年，然后才能逐渐减少。圣人就是凭借这个来制定丧礼的。"

论礼第二十七

孔子闲居，子张、子贡、言游侍，论及于礼。孔子曰："居①！汝三人者，吾语汝以礼周流②无不遍也。"子贡越席而对曰："敢问如何？"子曰："敬而不中③礼谓之野，恭而不中礼谓之给④，勇而不中礼谓之逆。"子曰："给夺慈仁。"子贡曰："敢问将何以为中礼者？"子曰："礼乎，夫礼，所以制中也。"子贡退。言游进曰："敢闻礼也，领恶而全好者与？"子曰："然。"子贡问："何也？"子曰："郊社⑤之礼，所以仁鬼神也；禘尝⑥之礼，所以仁昭穆⑦也；馈奠⑧之礼，所以仁死丧也；射飨⑨之礼，所以仁乡党也；食飨之礼，所以仁宾客也。明乎郊社之义，禘尝之礼，治国其如指诸掌而已。是故居家有礼，故长幼辨；以之闺门有礼，故三族⑩和；以之朝廷有礼，故官爵序；以之田猎有礼，故戎事闲；以之军旅有礼，故武功成。是以宫室⑪得其度⑫，鼎俎⑬得其象⑭，物得其时，乐得其节，车得其轼，鬼神得其享，丧纪⑮得其哀，辩说得其党⑯，百官得其体⑰，政事得其施。加于身而措⑱于前，凡众之动，得其宜也。"

注释

①居：坐下。②周流：广泛流传。③中：符合。④给：谄媚的意思。⑤郊社：对天地的祭祀，在周代，冬至那天在南郊祭天称为"郊"，夏至那天在北郊祭地称为"社"，合称"郊社"。⑥禘尝：禘，在夏季举行的祭祀，是宗庙的四时祭之一。尝，秋季的祭祀。⑦昭穆：在古代的宗法制度中，宗庙的次序是，始祖居中，接下来的父子尊为昭穆，居左的为"昭"，居右的为"穆"。⑧馈奠：馈，赠送。奠，祭。⑨射飨：射，乡射之礼。飨，拿酒食等物去款待他人。⑩三族：父、子、孙三代。⑪宫室：在古代泛指一切房屋。⑫度：法度。⑬鼎俎：一种祭器。⑭象：形状。⑮丧纪：即丧事。⑯党：同伙的人。⑰体：礼仪。⑱措：运用。

译文

孔子在家中闲居，子张、子贡、子游在一旁侍坐，他们谈话中说到了礼。孔子说："你们三个人坐下来，我来告诉你们，礼是无所不在的。"子贡越过坐席问道："请问礼是什么样的呢？"孔子回答说："诚敬却不符合礼的叫作粗野，谦恭却不符合礼的叫作谄媚，勇猛却不符合礼的叫作忤逆。"孔子又说："谄媚很容易将仁慈和仁德混淆。"子贡问道："请问怎么做才符合礼呢？"孔子回答说："礼啊，是可以让一切行为都恰到好处的依据。"子贡退下来。子游上前问道："请问礼就是去掉坏的保全好的吗？"孔子回答说："是的。"子贡问道："如何做呢？"

孔子说:"郊社的祭天地之礼是为了让鬼神得到仁爱;禘尝的祭夏秋之礼是为了让昭穆得到仁爱;馈奠之礼是为了让死者得到仁爱;乡射时的酒食款待是为了让乡人得到仁爱;用酒食款待人的礼是为了让宾客得到仁爱。明白了郊社之礼,禘尝之礼,治理国家就能像在手掌上画画一样容易了。因此,日常生活有了礼,长辈和后辈间有了分别;家庭内部有了礼,家族三代间就能和睦相处;朝廷有了礼,官爵职位就有了次序;田猎时有了礼,军事活动就可以娴熟自如了;军队中有了礼,战功就得以建立了。因此建造房屋应当遵循其法度,所用的祭器也应当符合其形状,万物都各得其时,音乐符合其节度,车辆有了定式,鬼神都得到祭祀,丧事都有适度的悲哀,辩论游说都有和自己相合的人,百官都遵循礼仪,政事得以顺利施行。将各种礼仪施加到自身和眼前的事情上,所有人的举动就都能够适宜了。"

原文

言游退。子张进曰:"敢问礼何谓①也?"子曰:"礼者,即事之治也,君子有其事必有其治。治国而无礼,譬犹瞽②之无相③,伥伥④乎何所之?譬犹终夜有求于幽室之中,非烛何以见?故无礼则手足无所措,耳目无所加⑤,进退揖让无所制⑥。

注释

①何谓:是什么。②瞽:盲人。③相:扶持,给盲人领路的人。④伥伥:不知所措的样子。⑤加:感知,感受。⑥制:规矩,规则。

译文

　　子游退下。子张上前说："请问什么是礼呢?"孔子说:"礼是处理事情的方法,君子办事情的时候一定要有处理的办法。治理国家的时候没有礼,就好像盲人没有了带路的人,茫然该往哪里走?就像夜里在黑暗的屋子里找东西,没有蜡烛能看见什么呢?所以没有礼,手和脚都不知道往哪里放,耳朵和眼睛感知不到任何东西,前进、后退、作揖、谦让都失去了尺度。

原文

　　"是以其居处长幼失其别①,闺门②三族失其和,朝廷官爵失其序,田猎戎事③失其策,军旅失其势④,宫室失其度,鼎俎⑤失其象,物失其时,乐失其节,车失其轼,鬼神失其享,丧纪失其哀,辩说失其党⑥,百官失其体,政事失其施。加于身而措⑦于前,凡动之众失其宜。如此,则无以祖⑧洽⑨四海。"

注释

　　①别:区别。②闺门:表示关系很近,同族之间。③戎事:战争。④势:形势,情况。⑤鼎俎:祭祀用的器具。⑥党:关系很好的朋友。⑦措:施行。⑧祖:开始。⑨洽:协调一致。

译文

"所以，长期这样下去，长和幼就没有什么区别，家族之间就没有往昔的安定团结，朝廷上的官制就失去了应有的秩序，打猎和作战的时候就会失去指挥，军队就会失去有利的形势，宫室就会失去应有的准则，祭祀用的器具就会失去原有的标准，耕种作物就会失去原有的季节，音乐就会失去应有的节拍，车辆失去了轼，鬼神失去了祭品，丧事失去应有的悲哀，辩论的时候就会失去拥护的人，官员们就会失职，国家的大政方针得不到实施。礼没有加在自身和眼前的事情上，众多的变动和时事不再适宜。这样的话，四海之内不能协调一致。"

原文

子曰："慎听之，汝三人者。吾语汝，礼犹有九焉，大飨有四焉。苟知此矣，虽在畎亩①之中，事之，圣人矣。两君相见，揖让而入，入门而悬兴②。揖让而升堂，升堂而乐阕③。下管④《象》舞，夏龠序兴。陈其荐俎⑤，序其礼乐，备其百官。如此而后君子知仁焉。行中规，旋⑥中矩，銮和中《采荠》。客出以《雍》⑦，彻⑧以《振羽》。君子无物而不在于礼焉。入门而金⑨作，示情也；升歌《清庙》，示德也；下管《象》舞，示事也。

古之君子，不必亲相与言也，以礼乐相示而已。夫礼者，理也；乐者，节⑩也。无理不动⑪，无节不作。不能《诗》⑫，于礼谬⑬；不能乐，于礼素⑭；于薄⑮德，于礼虚⑯。"子贡作⑰而问曰："然则夔其穷与?"子曰："古之人与? 上古之人也。达于礼而不达于乐谓之素，达于乐而不达于礼谓之偏⑱。夫夔达于乐而不达于礼，是以传于此名也。古之人也，凡制度在礼，文为在礼，行之其在人也。"三子者，既得闻此论于夫子也，焕若发蒙⑲焉。

注释

①畎亩：即田间。②悬兴：奏起悬挂的钟鼓等乐器。悬，代指悬挂的钟鼓。兴，兴奏。③乐阕：音乐停止。阕，停止。④下管：堂下吹奏管乐。⑤俎：古代祭祀时用来装载祭品的器物。⑥旋：周旋。⑦《雍》：古代宴会结束时所奏的乐曲名。⑧彻：通"撤"，撤除。⑨金：金属类的乐器。⑩节：节制。⑪动：举动，行动。⑫《诗》：专指《诗经》。⑬谬：差错。⑭素：单调，单一。⑮薄：浅薄。⑯虚：虚假。⑰作：站起。⑱偏：偏颇。⑲蒙：蒙昧。

译文

孔子说："你们三个人仔细听着。我告诉你们，礼一共有九项，而大飨之礼有四项。如果知道了这些礼，即使是身在田野之间，遵从了这些礼也会成为圣人。两个国家的君王相见，进入大门时应当相互作揖谦让，进入以后钟鼓应当齐鸣。两个人相互作揖谦让着登上大堂，登上大堂以后钟鼓之声就应当停止。堂下的管乐《象》的乐曲开始奏起，接着持籥的人又开始跳《大夏》等舞蹈。将祭祀用的器物陈列好，按照礼乐的次序安排仪式，百官执事也都应当准备好。这样一来，君子才能够从中看到仁爱的精神。行动周旋都符合规矩，车上的铃铛也和《采荠》的乐曲相合。客人离开时，奏起《雍》的乐曲以送别，撤除供品时奏起《振羽》曲。所以君子没有一件事是不符合礼的。进门时鸣金，表示欢迎之情；登堂时唱起《清庙》之歌，表示赞美其功德之意；堂下吹奏《象》的乐曲，表示祖先的功业。古代的君子，相见时不必用言语表达亲近敬爱之意，用礼乐就可以互相传达了。礼就是条理，乐就是调节。没有条理就不能去行动，不加调节就不能去做事。不知道《诗》的，礼节上就会出现谬误；不知道乐的，礼节上就会很单一；道德浅薄的话，礼节也会变得虚假。"子贡站起来问道："按这么说来，夔对礼精通吗？"孔子说道："你所说的夔是古代的人吗？他是上古时代的人啊。精通礼而不精通音乐的，叫作质朴；精通音乐而不精通礼的，叫作偏颇。夔精通音乐而不精通礼，所以流传下来的只是精通音乐的名声。古代的人，各种制度都存在于礼中，修饰制度靠礼，执行制度就应当靠人了。"三个人听了孔子的这番话都豁然开朗，犹如拨开迷雾一样。

原文

子夏侍①坐于孔子，曰："敢问《诗》云：'恺悌②君子，民之父母'，何如斯可谓民之父母？"孔子曰："夫民之父母，必达③于礼乐之源④，以致五至而行三无，以横⑤于天下。四方有败⑥，必先知之。此之谓民之父母。"

注释

①侍：侍奉，服侍。②恺悌：性情温和，亲近待人。③达：通达，熟知。④源：源泉。⑤横：闻名，知名。⑥败：灾难，祸害。

译文

子夏侍奉孔子坐着，说："请问《诗经》上说：'亲近待人的君子，是百姓的父母。'那什么样的人才能被称作百姓的父母呢？"孔子说："百姓的父母，一定知道礼乐的根源，致力于五至，实行三无，用以善及天下。四方有难的时候，一定预先知道。这样的人才能称得上百姓的父母。"

原文

子夏曰："敢问何谓五至？"孔子曰："志①之所至②，《诗》亦至焉；《诗》之所至，礼亦至焉；礼之所至，乐亦至焉；乐之所至，哀亦至焉。《诗》礼相成③，哀乐相生。是以正④明目而视之，不可得而见；倾⑤耳而听之，不可得而闻；志气塞⑥于天地，行之克于四海，此之谓五至矣。"

注释

①志：志气，心中想的。②至：到达，产生。③成：相辅相成。④正：擦亮。⑤倾：张开耳朵倾听。⑥塞：充塞，充满。

译文

　　子夏问："请问什么是五至?"孔子说："心中想的什么,《诗经》中的诗句就能表达出来;《诗经》表达出来的,礼节就随之产生;礼节产生的地方,乐就会出现;乐出现的地方,哀就会产生。《诗经》和礼节相辅相成,哀伤和欢乐也相互产生。所以即使把眼睛擦得很亮也不能看见;张开耳朵也不能听到;志气充满天地之间,实行的时候充满四海之内,这就是五至。"

原文

　　子夏曰:"敢问何谓三无?"孔子曰:"无声之乐,无体①之礼,无服之丧②,此之谓三无。"子夏曰:"敢问三无,何《诗》近③之?"孔子曰:"'夙夜基命宥密',无声之乐也;'威仪逮逮,不可选也',无体之礼也;'凡民有丧,扶伏救之',无服之丧也。"

注释

　　①体:形式,一定形状。②丧:丧事。③近:相近,接近。

译文

　　子夏问:"请问什么是三无?"孔子说:"没有声音的音乐,没有形式的礼节,没有穿丧服的丧事,这就是三无。"子夏说:"请问三无接

近什么诗句呢?"孔子说:"'夙夜基命宥密'和没有声音的音乐相近;'威仪逮逮'和没有形式的礼仪相近;'凡民有丧,扶伏救之'和不穿丧服的丧事相近。"

原文

子夏曰:"言则美①矣大矣,言尽于此而已乎?"孔子曰:"何谓其然?吾语②汝!其义犹有五起焉。"子夏曰:"何如?"孔子曰:"无声之乐,气志不违③;无体之礼,威仪迟迟④;无服之丧,内恕孔哀⑤;无声之乐,所愿必从;无体之礼,上下和同;无服之丧,施及万邦⑥。既然,而又奉之以三无私而劳⑦天下,此之谓五起。"

注释

①美:美好,意思深远。②语:告诉,告知。③违:违背,冲突。④迟迟:逐渐减少的样子。⑤哀:悲伤,悲痛。⑥万邦:各个国家,天下。⑦劳:治理。

译文

子夏说:"你所说的话真是太完美,听起来真是太伟大了,你想要讲的东西全部都在里面了吧?"孔子说:"怎么

能这样认为呢？我告诉你，它的真正含义需要从五个方面来解释。"子夏说："怎么解释？"孔子说："没有声音的音乐，不能违背心中想的；没有形式的礼，威严不能减少；没有穿丧服的丧事，把自己的悲伤感染到别人的人；没有声音的音乐，心中想的都能实现；没有形式的礼节，可以让上下的人都能够和睦相处，没有穿丧服的丧事，将哀痛感染到天下。这样，用三无私的思想来治理国家，这就叫五起。"

原文

子夏曰："何谓三无私？"孔子曰："天无私覆①，地无私载②，日月无私照。其在《诗》曰：'帝命不违，至于汤齐。汤降③不迟，圣敬④日跻。昭假迟迟，上帝是祗，帝命式于九围⑤。'是汤之德也。"子夏蹶然⑥而起，负墙而立曰："弟子敢不志⑦之！"

注释

①覆：覆盖。②载：承载万物。③降：降生，下降。④敬：敬仰，恭敬。⑤九围：古代指九州。⑥蹶然：突然的样子。⑦志：记住。

译文

子夏说："什么叫三无私啊？"孔子说："上天没有私心覆盖着大地，大地没有私心承载着万物，太阳和月亮无私照耀着天下。《诗经》上说：'上天的命令，不要违背，所以商汤才能治理好天下。商汤降生得正是时候，天天都在成长，无时无刻不在进步。每天都在祈祷上天，

想获得上天的恩惠。商汤对上天恭敬，天帝就命令他做九州的王。'这就是汤的德行。"子夏突然起来，靠着墙说："弟子怎敢不记下您的教导！"

卷七

观乡射第二十八

原文

孔子观于乡射①，喟然叹曰："射之以②礼乐也，何以射，何以听。循③声而发，不失正鹄④者，其唯贤者乎？若夫不肖之人，则将安能以求饮⑤？《诗》云：'发彼有的，以祈尔爵。'祈，求也。求所中以辞爵⑥。酒者，所以养⑦老、所以养病也。求中以辞爵，辞其养也。是故士使之射而弗能，则辞以病⑧，悬弧⑨之义。"

于是退而与门人习射于瞿相之圃，盖观者如墙堵焉。试射至于司马⑩，使子路执弓矢，出列延⑪，谓射之者曰："奔⑫军之将，亡国之大夫，与为人后⑬者，不得入，其余皆入。"盖去者半。又使公罔之裘、序点扬觯⑭而语曰："幼壮孝悌，耆⑮老好礼，不从流俗，修身以俟死者，在此位。"盖去者半。序点又扬觯而语曰："好学不倦，好礼不变，耄⑯期⑰称道而不乱者，在此位。"盖仅有存焉。射既

阕^⑱，子路进曰："由与二三子者之为司马，何如?"孔子曰："能用命^⑲矣。"

注释

①乡射：古代射箭饮酒时的礼仪。②以：配以。③循：根据。④鹄：箭靶的中心，也叫作"的""质"等。⑤求饮：射中的人让射不中的人饮下被罚的酒。⑥辞爵：推辞所罚之酒。⑦养：奉养。⑧病：病人。⑨悬弧：悬挂木弓。古代的风俗中，如果生了男孩，就在家门的左上边悬挂一张弓表示祝贺，这里是说射箭是男子所能从事的事情。⑩司马：官名，这里是指子路，当时他正担任司马一职。⑪延：延请，邀请。⑫赍：通"偾（赍）"，毁败。⑬人后：过继给别人成为其后嗣。⑭扬觯：扬，举起。觯，古代的酒器名，和现在所用的酒杯相似。⑮耆：古代称六十岁为耆。⑯耄：古代称八十、九十岁为耄。⑰期：年纪。⑱阕：结束。⑲用命：这里是胜任的意思。

译文

孔子观看乡射礼，叹着气说道："射箭要配以礼乐，射箭的人怎么可以一边听一边射呀。一边听乐声，一边射箭，并且能够射中目标的，估计只有贤德的人才能做到吧？如果是那些不肖的人，又怎么能够射中并且要求别人饮下罚酒呢？《诗经》上说：'发彼有的，以祈尔爵。'祈，就是求的意思。祈求射中以辞掉罚酒。酒是用来奉养老人和病人的。祈求射中而辞掉罚酒就等于是推辞掉别人的奉养。因此，士人射箭的时候如果不能射中的话，就应当以有病来推辞，因为男子生下来就是应该会射箭的。"于是孔子回来以后就和门人在矍相的园圃中练习射箭，观看的人围得满满的，就像一堵墙一样。当轮到子路的时候，孔子让子路拿着弓箭从队列中出来邀请射箭的人说："败军之将、失去国土的大夫和过继成为别人后嗣的人都不准进入园圃中，其他的人可以进来。"围观的人听了这些话走了一半。孔子又让公罔之裘、序点举起酒杯说道："在年轻的时候就懂得孝悌之礼，到了年老时还爱好礼仪，不随流俗，修养身心到死的人，请留在这里。"围观的人又走了一半。序点又举起酒杯说道："爱好学习而不厌倦，爱好礼仪而永远不改变，到了八九十岁仍然陈述道义而不为外物迷乱的人，请留在这里。"这时留下来的人就寥寥无几了。射箭结束后，子路走向前对孔子说："我和公罔之裘、序点他们几个人做司马这官职怎么样？"孔子回答说："是可以胜任的。"

原文

孔子曰："吾观于乡①，而知王道②之易③易④也。主人亲速⑤宾及介⑥，而众宾从之。至于正门之外，主人拜宾及介，而众宾自入。贵贱之义别⑦矣。三揖至于阶，三让⑧以宾升，拜至⑨，献酬⑩辞让之节繁⑪。及介升，则省⑫矣。至于众宾，升而受爵⑬，坐祭⑭立饮⑮，不酢⑯而降，隆杀⑰之义辨矣。工⑱人，升歌三⑲终，主人献宾。笙人三终，主人又献之。间歌⑳三终，合乐㉑三阕，工告乐备㉒而遂出。一人扬觯，乃立㉓司正焉，知其能和乐㉔而不流㉕也。宾酬主人，主人

酬介，介酬众宾，少长以齿㉖，终于沃洗者㉗焉。知其能弟㉘，长而无遗矣。降㉙脱履，升座㉚，修爵㉛无算㉜。饮酒之节，旰㉝不废㉞朝，暮不废夕。宾出，主人拜送，节文㉟终遂㊱焉，知其能安燕㊲而不乱也。贵贱既明，降杀既辨，和乐而不流，弟长而无遗，安燕而不乱。此五者，足以正身安国矣，彼国安而天下安矣。故曰：'吾观于乡，而知王道之易易也。'"

注释

①乡：指乡间的饮酒礼。乡射时，乡大夫和州长党正及卿大夫们要举行饮酒礼，并将周围民众集合起来，教给他们乡饮酒礼，让他们懂得在家孝顺父母，服从兄长，外出奉养别的老人。②王道：国君以仁义之道治天下，以德服人的统治之道，和"霸道"相对。③易：改变，施行。④易：容易。⑤速：邀请。⑥介：陪客。⑦别：区别。⑧让：谦让。⑨拜至：拜谢客人的到来。⑩献酬：主人对客人以美酒酬谢。⑪繁：繁多。⑫省：简省，简单。⑬受爵：接受所献之酒。爵，酒杯，代指酒。⑭祭：祭酒，一种礼仪。⑮立饮：站着饮酒。⑯酢：宾客以酒来酬谢主人。⑰降杀：降，当为"隆"，隆重。杀，减少。⑱工：乐工。⑲三：三首歌曲。⑳间歌：乐工和吹笙的人轮流演奏。㉑合乐：乐工和吹笙的人一同演奏。㉒备：完毕。㉓立：设立。㉔和乐：和谐欢乐。㉕流：失礼。㉖齿：指年龄。㉗沃洗者：侍奉宾客盥洗的侍者。㉘弟：年纪小的。㉙降：走下。㉚升座：登堂就座。㉛修爵：劝酒。㉜无算：没有数目，这里是指不计较杯数。㉝旰：早上。㉞废：耽误。㉟节文：礼仪。㊱遂：结束。㊲安燕：安，安闲。燕，通"宴"，宴饮。

孔子说："我在观看乡饮酒礼的时候，得知推行王道是很容易的。主人亲自去邀请宾客以及陪客，别的从宾则跟随着一同前往。到了正门外，主人拜迎宾客和陪客们，其他的宾客们也跟着入内。这样一来，尊贵的宾客和普通的宾客，通过礼节就容易区别开来。主人和宾客又三次揖让后走到大堂的阶梯前，又三次谦让后主人引领着宾客登上大堂。主人以三揖三让来拜谢宾客们的到来，并且倒酒献给宾客，宾客也跟着回敬主人，彼此推辞谦让的礼节非常多。陪客登堂以后，礼节就简单很多了。众宾客可以登上阶梯接受献酒，也可以坐着祭酒，或者站着喝酒，不用回敬主人就可以走下阶梯。从这些差别来看，礼节的隆重和简单就可以区别得很清了。乐工进来，在堂上唱三首歌曲以后，主人给客人献酒。吹笙的人进来，在堂下吹奏了三首乐曲以后，主人再次给客人献酒。接着乐工和吹笙的人轮流演奏三首歌曲和乐曲，最后乐工和吹笙的人再合作演奏三首，然后乐工告诉主宾歌唱和乐曲都已经演奏完毕，就退下堂去。这个时候，主人手下的一个管事的人对众人举起酒杯，于是设立一个司正来监察饮酒的礼仪。这样一来，就能够知道乡饮酒礼可以让大家和睦欢乐又不会失礼。宾客先对主人劝酒，主人接着向陪客劝酒，陪客又接着对众客劝酒，大家按照年龄的长幼顺序来饮酒，一直到侍奉宾客盥洗的侍者们进来为止。这样一来，不管年龄大小，都不会被遗漏掉。然后，众人从堂上走下来，脱掉鞋子，接着重新登堂就座，开始互相敬酒，不计杯数。饮酒的限度以早上不耽误早朝，傍晚不耽误回家处理家事为限。饮酒结束，宾客离开时，主人要拜送，至此，全部的礼仪就完成了，这就能够知道，乡间饮酒礼可以让大家安闲快乐而不造成混乱。身份的尊卑贵贱可以区别，礼节的隆重和简单也可以区分，和谐欢乐而不会失礼，年龄大小都不会遗漏，欢乐而又有节制。这五种行为，就足以修养身心并且安定国家了，一旦国家安定，天下也就太平了。因此说：'我在观看乡饮酒礼的时候，得知推行王道是很容易的。'"

原文

子贡观①于蜡。孔子曰："赐也，乐乎?"对曰："一国之人皆若狂②，赐未知其为乐也。"孔子曰："百日之劳，一日之乐，一日之泽③，非尔所知也。张而不弛④，文武弗能；弛而不张，文武弗为。一张一弛，文武之道⑤也。"

注释

①观：参观，观看。②狂：疯狂。③泽：受到国君的恩泽。④弛：松弛，放松。⑤道：治理天下的方法。

译文

子贡观看了蜡祭。孔子说："端木赐，你快乐吗?"子贡说："现在整个国家的百姓都像疯子一样，我不知道这有什么快乐的。"孔子说："百姓长年累月辛苦劳作，快乐一天，享受一天国君的恩泽，这其中的乐趣你是无法了解的。只是紧张而不放松，文王和武王都不能这样做；只是放松而不紧张，文王和武王也不会这样做。紧张的同时又有放松，这才是文王和武王治理天下的方法。"

郊问第二十九

原文

定公问于孔子曰："古之帝王必郊祀其祖以①配天②，何也?"孔子对曰："万物本于天，人本乎祖。郊之祭也，大③报本④反始⑤也，故以配上帝。天垂象⑥，圣人则⑦之，郊所以明天道也。"公曰："寡人闻郊而莫同，何也?"孔子曰："郊之祭也，迎长日⑧之至也。大报天而主日，配以月。故周之始郊，其月以日至，其日用上辛⑨。至于启蛰⑩之月，则又祈穀⑪于上帝。此二者，天子之礼也。鲁无冬至大郊之事，降杀⑫于天子，是以不同也。"

注释

①以：用来。②配天：祭祀时配享上天，有一定的祭品。③大：大规模地、盛大地。④报本：报答恩惠。⑤反始：返回到根源。⑥垂象：显示征兆。⑦则：效仿、效法。⑧长日：冬至日，因冬至日以后，白天的时间开始一天天变长。⑨上辛：每个月上旬的辛日。⑩启蛰：蛰伏的动物开始苏醒。⑪穀：指谷物丰收。⑫降杀：降低、减少。

译文

　　鲁定公向孔子问道："古代的帝王，必定要郊祀上天并配祭自己的祖先，这是什么缘故呢？"孔子回答说："万物都本源于上天，人本源于自己的祖先。郊祀就是大规模地报答上天和祖先的恩惠，同时也是返回到自己本源，因此要祭天时祭祀祖先。上天显示征兆，圣人效仿这些征兆，祭祀就是用来显明天道的。"定公说："我听说郊祀的形式是不同的，这是什么缘故呢？"孔子说："祭祀是为了迎接长日的到来。用盛大隆重的祭祀来报答上天，并以日作为祭祀的主体，以月份相配。因此周代刚开始祭祀，是在冬至的那月，具体日期是在辛日。在那些蛰伏的动物苏醒的月份，则又要向上天祈求谷物的丰收。而这两种都是天子所用的礼仪。鲁国并没有在冬至郊祀的活动，因为鲁国是诸侯国，祭祀的形式要低于天子之礼，这是郊祀不同的原因。"

原文

　　公曰："其言郊，何也？"孔子曰："兆①正于南，所以就②阳位也。于郊③，故谓之郊焉。"曰："其牲器④何如？"孔子曰："上帝之牛角茧栗⑤，必在涤⑥三月。后稷之牛唯具⑦，所以别事天神与人鬼也。牲用骍，尚赤也；用犊，贵诚也。扫地而祭，贵⑧其质⑨也，器用陶匏，以象

天地之性也。万物无可称之者，故因⑩其自然之体也。"公曰："天子之郊，其礼仪可得闻乎？"孔子对曰："臣闻天子卜郊，则受命于祖庙，而作龟⑪于祢宫⑫，尊祖亲考⑬之义也。卜之日，王亲立于泽宫⑭，以听誓命，受教谏之义也。既卜，献命⑮库门之内，所以戒百官也。将郊，则供天子皮弁⑯以听报⑰，示民严上也。郊之日，丧者不敢哭，凶服⑱者不敢入国门，氾⑲扫清路⑳，行者毕止。弗命而民听，敬之至也。天子大裘以黼之，被㉑衮㉒象㉓天，乘素车，贵其质也。旂十有二旒㉔，龙章而设以日月，所以法天也。既至泰坛㉕，王脱裘矣，服衮以临燔柴㉖，戴冕藻㉗十有二旒，则天数也。臣闻之，诵诗三百，不足以一献㉘；一献之礼，不足以大飨㉙；大飨之礼，不足以大旅㉚；大旅具㉛矣，不足以飨帝㉜。是以君子无敢轻㉝议于礼者也。"

注释

①兆：祭天。②就：靠近。③于郊：在郊外。④牲器：用来祭祀的家畜以及盛祭品的器具。⑤茧栗：形容牛角很小，也就说明牛很小，祭祀时以小牛为贵。⑥涤：饲养祭牲之室。⑦具：完整、完全。⑧贵：珍贵。⑨质：质朴。⑩因：因循。⑪作龟：占卜。⑫祢宫：父庙。⑬亲考：已经去世的父亲。⑭泽宫：用来占卜以及举行重大仪式的地方。⑮献命：颁布郊祭的命令。⑯皮弁：用兽皮制成的帽子。⑰听报：听取关于祭祀的报告。⑱凶服：丧服。⑲氾：每一个地方，各处。⑳清路：清洁道路。㉑被：通"披"，穿上。㉒衮：古代君王以及上公所穿的衣服。㉓象：仿效。㉔旒：旗子下端悬挂的如流苏一类的装饰物。㉕泰坛：祭天之坛。㉖燔柴：祭祀的仪式中，要将玉帛牺牲等祭品放置在堆积的木柴上，然后焚烧以祭天，燔柴就是堆积起的用来燃烧的木柴。

㉗藻：垂在帽子上的五彩丝条。㉘一献：祭天、祭地、祭祖先的三种礼节。㉙大飨：祭祀先王。㉚大旅：祭祀山川。㉛具：完备、完善。㉜飨帝：祭祀上天。㉝轻：轻率。

译文

定公问："它被称为郊祀，是什么原因呢?"孔子说："祭天时的场所要选在南郊，这是因为南面的阳光充足，能够靠近阳位。又因为是在郊外，所以就称为郊祭。"定公问："那用来祭祀的牲畜以及盛祭品的器具都是什么样的呢?"孔子说："祭天要用的牛，牛角要很小，一定要在饲养牲畜的房子中精心饲养三个月。而用来祭后稷的牛也要准备好，这就是祭上天神灵和祭人鬼的区别。所用的牲畜要是红色的牛，因为

周代崇尚红色；而用小牛则是表示祭祀的诚心。祭天时要扫地以后再举行，这是在于取其质朴，所用的器具需要是陶制的匏瓜，这是为了效仿天地的自然之性。世间万物中没有比它更适合的了，这是因为它所因袭的是天然形成的形状。定公问："天子的郊祀之礼是什么样的，可以说给我听一听吗?"孔子说："我听说天子要在郊外祭天时，需要先用龟甲占卜吉凶，占卜的人先在太庙中接受命令，然后到父庙中进行占卜，这是为了表达对祖先的尊敬以及对父亲的亲近。在占卜的那一天，天子要在泽宫前等候，亲自聆听占卜的结果，这表达的是听从祖先的教导和劝诫的意思。占卜完了以后，天子在宫殿的库门内颁布祭祀的命令，这是用来告诫百官。将要祭祀前，天子要戴着皮帽听取关于祭祀的报告，这是为了让人民严格地听从天子的命令。祭祀的那天，有丧事的人家要停止哭泣，穿丧服的人不能进入国都的城门之内，祭祀所要经过的每一

处道路都要清扫干净，路上禁止人和动物走动。实际上，不用下命令人民也早已经听从了，这是因为人民对祭天也恭敬至极。天子身穿带有花纹的裘衣，外面披着衮服，衮服的图案仿效的也是上天的样子，乘着不加装饰的木车，这也是取其质朴之义。高举着有十二旒的旗，旗上面的图案是龙和日月，这也是效仿上天之义。到了祭天的高坛前，天子要脱掉裘衣，只穿着衮服来到要被点燃的燔柴前，天子所戴的冠冕上垂着十二旒玉藻，这仿效上天的十二个月。我还听说，只能够背诵《诗经》中的三百首诗，还不足以承担一献之礼；只学会了一献之礼，还不足以承担大飨之礼；只学会了大飨之礼，还不足以承担大旅之礼；具备了大旅之礼，也还不足以承担祭祀上帝之礼。因此君子是不敢轻率地议论礼的。"

五刑解第三十

原文

冉有问于孔子曰:"古者三皇五帝不用五刑[①],信乎?"孔子曰:"圣人之设防,贵其不犯也。制五刑而不用,所以为至治也。凡民之为奸邪窃盗靡法妄行者,生于不足。不足生于无度,无度则小者偷惰,大者侈靡,各不知节。"

注释

①五刑:墨、劓、刖、宫、大辟五种很残忍的刑罚。

译文

冉有问孔子说:"古代的三皇五帝不使用五刑,这是真的吗?"孔子回答说:"圣人设立防范措施的目的,重在不让百姓去犯罪。制定五刑却不使用,是为了达到最好的治理。凡是那些奸诈邪恶偷盗犯法的人,都是因为心中的不满足。不满足是因为没有限度,没有限度,小的会去偷盗,大的则奢侈浪费,不知道节制。

原文

"是以①上有制度，则民知所止；民知所止，则不犯。故虽有奸邪贼盗靡法妄行之狱②，而无陷③刑之民。

注释

①是以：因此，所以。②狱：案件。③陷：触犯。

译文

"所以，只有君主制定了制度，百姓才知道什么该干，什么不该干，也就不会触犯刑罚了。因此，即使有奸诈邪恶偷盗犯法妄行的罪状，却没有触犯刑法的百姓。

原文

"不孝者生于不仁，不仁者生于丧祭之礼不明。丧祭之礼，所以教仁爱也。能致仁爱，则服丧思慕①，祭祀不懈人子馈养之道。丧祭之礼明，则民孝②矣。故虽有不孝之狱，而无陷刑之民。

注释

①思慕：思念和仰慕。②孝：孝顺。

译文

"不孝顺产生于不仁，不仁又是由于丧葬、祭祀的礼仪不明确。显明丧葬、祭祀的礼节，用来教导百姓仁爱。能够教导百姓仁爱，那么服丧期间就会思慕父母的养育之恩，举行祭祀表示人子还在不懈地奉养父母。丧葬、祭祀的礼节明确了，百姓也就孝顺了。因此，即便有不孝的罪状，却没有陷入刑罚的百姓。

原文

"杀上者生于不义，义所以①别②贵贱、明尊卑也。贵贱有别，尊卑有序，则民莫不尊上而敬长。朝聘之礼者，所以明义也。义必明则民不犯，故虽有杀上之狱，而无陷刑之民。

注释

①所以：用来……的原因。②别：辨别。

译文

"杀君弑父的行为产生于不义，义是用来区分贵贱、明辨尊卑的。贵贱有别，尊卑有序，那么百姓中就没有不尊重上级、敬重长辈的了。朝拜觐见的礼节，是用来显示道义的。道义明确了，人们也就不会犯法了。因此，即便制定了杀君弑父的刑罚，也没有犯罪的百姓。

原文

"斗变①者生于相陵，相陵者生于长幼无序而遗敬让。乡饮酒②之礼者，所以明长幼之序而崇敬让也。长幼必序，民怀敬让，故虽有斗变之狱，而无陷刑之民。

注释

①斗变：争斗和变乱。②乡饮酒：乡射时的一种宴饮风俗，仪式严格区分尊卑长幼，升降拜答。

译文

"相互争斗是因为相互欺凌，相互欺凌是因为长幼的顺序没有被重视而丢掉了恭敬礼让。乡饮酒的礼仪就是用来确定长幼顺序，推崇恭敬谦让的。长幼次序明确，百姓心中怀有恭敬谦让，因此，虽然有相互争斗的罪状，却没有犯罪的百姓了。

原文

"淫乱者生于男女无别，男女无别则夫妇失义①。婚姻聘享②者，所以别男女、明夫妇之义也。男女既别，夫妇既明，故虽有淫乱之狱，而无陷刑之民。

①失义：失去了情义恩义。②聘享：订婚时男家给女家的定礼和聘礼。

"淫乱是因为男女没有区别，男女之间没有区别，夫妇就会失去情义。婚嫁聘娶的礼仪就是用来区别男女，表明夫妇之间的情义。男女之间已经有了区别，夫妇的关系清楚，因此，虽然有淫乱的罪状，却没有犯罪的百姓了。

"此五者，刑罚之所以生，各有源焉。不豫①塞其源，而辄绳之以刑，是谓为民设阱而陷之也。刑罚之源，生于嗜欲不节②。夫礼度者，所以御民之嗜欲而明好恶。顺天之道，礼度既陈，五教毕修，而民犹或未化③，尚必明其法典以申固④之。

①豫：通"预"，预先，事先。②节：节制。③化：感化，教化。④固：使牢固。

 **译文**

"这五种，就是刑罚产生的原因，都是有本源的。如果不先堵塞本源却滥用刑罚，这就是为百姓设陷阱去陷害他们。刑罚的本源，是因为嗜好和欲望没有节制。礼仪制度就是用来节制百姓的嗜好和贪欲，明确好恶的。顺应天理，礼仪制度已经陈列出来，五教全都修明，百姓中可能还有没被教化的，就一定要明确法律条令，让法令的效果巩固。

原文

"其犯奸邪靡法妄行之狱者，则饬①制量之度；有犯不孝之狱者，则饬丧祭之礼；有犯杀上之狱者，则饬朝觐之礼；有犯斗变之狱者，则饬乡饮酒之礼；有犯淫乱之狱者，则饬婚聘之礼。三皇五帝之所化民者如此，虽有五刑之用，不亦②可乎！"

注释

①饬：整顿，治理。②亦：也。

译文

"如果还有犯奸诈、邪、恶、违法、妄行的，就要用规则法度整顿；对于触犯不孝的法令的，就要用丧葬祭祀的礼节整顿；有犯杀君弑父罪行的，就要用朝拜觐见的礼节整顿；有相互争斗的百姓，就要用乡饮酒的礼仪整顿；有犯淫乱罪的，就要用婚嫁聘娶的礼节整顿。三皇五帝能教化好百姓的原因就是这些，即便有五刑却不用，不是也可以嘛！"

原文

孔子曰:"大罪有五,而杀人为下。逆天地者罪及五世,诬文武①者罪及四世,逆人伦者罪及三世,谋鬼神者罪及二世,手②杀人者罪止其身。故曰大罪有五,而杀人为下矣。"

注释

①文武:周文王,周武王。②手:亲自。

译文

孔子说:"大罪有五种,其中杀人是最低一等的。违逆天地的罪行会延及后代五世;诬蔑文王、武王的,罪行会延及后代四世;违背伦理道德的,罪行会延及后代三世;唆使鬼神害人的,罪行会延及后代二世;亲自杀人的,罪行只在他本身。因此说,大罪有五种,而杀人是最低一等的。"

原文

冉有问于孔子曰:"先王制法①,使刑不上②于大夫,礼不下③于庶人。然则大夫犯罪,不可以加刑④?庶人之行事,不可以治⑤于礼乎?"孔子曰:"不然。凡治君子,以礼御其心,所以属⑥之以廉耻之节⑦也。故古之大夫,其有坐⑧不廉污秽而退放⑨之者,不谓之不廉污秽而退放,则曰'簠簋⑩不饬⑪';有坐淫乱男女无别者,不谓之淫乱男

女无别，则曰'帷幕不修⑫'也；有坐罔上⑬不忠者，不谓之罔上不忠，则曰'臣节未著⑭'；有坐罢软⑮不胜任者，不谓之罢软不胜任，则曰'下官⑯不职⑰'；有坐干⑱国之纪者，不谓之干国之纪，则曰'行事不请'。此五者，大夫既自定有罪名矣，而犹不忍斥然⑲正以呼之也，既而为之讳，所以愧耻之。是故大夫之罪。其在五刑之域⑳者，闻而谴㉑发，则白冠㉒厘缨㉓，盘水㉔加剑㉕，造㉖乎阙而自请罪。君不使有司执缚㉗牵掣㉘而加之也。其有大罪者，闻命㉙则北面再拜㉚，跪而自裁。君不使人捽引㉛而刑杀之也。曰：'子大夫自取㉜之耳，吾遇㉝子有礼矣。'以刑不上大夫而大夫亦不失㉞其罪者，教㉟使然也。凡所谓礼不下庶人者，以庶人遽㊱其事而不能充礼㊲，故不责之以备礼㊳也。"冉有跪然免席㊴曰："言则美矣，求未之闻，退而记之。"

注释

①制法：制定法规。②上：加到。③下：下降到。④加刑：施加刑罚。⑤治：治理。⑥属：归属。⑦节：法度。⑧坐：犯罪，触犯。⑨退放：撤职并放逐。⑩簠簋：古代的祭器名。⑪不饬：不整治。⑫不修：不修治。⑬罔上：蒙蔽欺瞒主上。⑭著：显著，明显。⑮罢软：罢，通"疲"，罢软即是软弱无能的样子。⑯下官：下属官员。⑰不职：不称职。⑱干：触犯，违背。⑲斥然：形容斥责的样子。⑳域：领域，范围。㉑谴：罪责，罪过。㉒白冠：将帽子摘去。白，空无所有。㉓厘缨：整理冠带。厘，整理。㉔盘水：用盘子来盛水。㉕加剑：自刎的意思。㉖造：到达。㉗执缚：拘捕的意思。㉘牵掣：束缚住。㉙闻命：听到命令。㉚再拜：拜两次。㉛捽引：揪拉。㉜自取：自己造成的。㉝遇：对待。㉞失：失去，这里是不受惩罚的意思。㉟教：教化。㊱遽

急忙。㊲充礼：充分完全地学习礼。㊳备礼：完备的礼仪。㊴免席：离开座位，以示恭敬。

译文

冉有向孔子问道："先王制定法规，使用刑罚不能加到大夫身上，用礼不用加到平民身上。然而大夫犯了罪，不可以对他施加刑罚吗？平民做事情，也不可以用礼来约束吗？"孔子回答说："不是这样的。凡是管治君子，都要用礼来驾驭他们的思想，这是由于将他们归属于有廉耻之节的人。因此古代的大夫，有触犯贪污等不廉洁之罪而被免职放逐的，但不将其称为因不廉洁而被免职放逐，而是称为"簠簋不饬"；有触犯了淫乱、男女之别罪的，不将其称为淫乱、男女之别，而是称为"帷幕不修"；有犯了欺瞒主上、不忠罪的，不将其称为欺瞒主上、不忠，而是称为"臣节未著"；有犯软弱无能、不能胜任职责之罪的，不将其称为软弱无能、不能胜任职责，而是称为"下官不职"；有犯触犯国家法规之罪的，不将其称为触犯国家法规，而是称为"行事不请"。这五种情况，对于大夫们来说，早就定下罪名了，只是不直接称呼他有罪，而是继续为他避讳，以此让他感到羞耻。因此大夫的罪行在五刑范围之内的，一旦知道自己要被谴责问罪，就会戴上有着毛帽带的帽子，穿上白丧服，端着盛有水且上面放着一把剑的盘子，自己走到君王面前请求以死谢罪或者是他自己到君王的宫阙中请罪，君王不再派相关官吏将他拘捕以施刑。犯了大罪的，听到君王的命令就面朝北方拜上两次，跪下自杀。君王也不再派人拘捕他以施刑。只是说：'你是大夫，罪状是你自己造成的，我对待你是有礼的。'因此刑罚虽然不直接加到大夫身上，大夫自己却不能逃避所犯下的罪行，这是受到教化的结果。所说的礼不用于平民，是由于他们忙碌于琐事而无法充分学习礼仪，因此不能要求他们有完备的礼仪。冉有听完后跪着离开了座位，说道："您说得真好啊，我以前从来没有听说过这些。请允许我退下去将这些话记录下来。"

刑政第三十一

原文

仲弓问于孔子曰："雍①闻至②刑无所用政，至政无所用刑。至刑无所用政，桀纣之世是也；至政无所用刑，成康之世是也。信乎?"孔子曰："圣人之治化③也，必刑政相参焉。太上④以德教民，而以礼齐⑤之。其次以政言导民，以刑禁之。刑，不刑也。化之弗⑥变，导之弗从，伤义以败俗，于是乎用刑矣。制⑦五刑必即天伦，行刑罚则轻无赦。刑，侀⑧也；侀，成也。壹成而不可更，故君子尽心焉。"

注释

①雍：仲弓姓冉名雍，字仲弓，孔子弟子。②至：最，极。③治化：治理教化。④太上：最好，最上等。⑤齐：统一。⑥弗：不。⑦制：通"专"。⑧侀：定型。

译文

仲弓问孔子说："我听说治理国家时，有最严酷的刑罚就无处使用政令，有最完善的政令就无处使用刑罚。用最严酷的刑罚而不用政令

的，是夏桀商纣统治的时代；用最完善的政令
而不用刑罚的，是周代成王和康王统治的时代。
这是真的吗？"孔子回答说："圣人治理教化百
姓，一定会刑罚政令相互配合使用。最上乘的
做法是用仁德来教化百姓，用礼仪来统一思想。
其次用政令引导百姓，用刑罚禁止百姓犯罪。
这样做的目的是为了不用刑罚。对教化却不改
正，引导却不服从，损伤道义败坏风俗的人，
只有使用刑罚加以处置了。专用五刑统治百姓，
一定要顺从天道，执行刑罚时不论罪行轻重都
不能赦免。刑罚就是侀；侀就是已成事实不能
更改的意思。只要刑罚已成事实就不可更改，
因此君子要全心全力去审理各种案件。"

原文

　　仲弓曰："古之听讼^①，尤罚丽^②于事^③，不以其心^④，
可得闻乎？"孔子曰："凡听五刑之讼，必原^⑤父子之情，
立^⑥君臣之义以权^⑦之。意论^⑧轻重之序，慎测^⑨深浅之量^⑩
以别之。悉其聪明^⑪，致^⑫其忠爱以尽之。大司寇正刑^⑬明
辟^⑭以察狱^⑮，狱必三讯^⑯焉。有指^⑰无简^⑱，则不听也。附
从轻，赦^⑲从重。疑^⑳狱则泛与众共^㉑之，疑则赦之。皆以
小大之比成^㉒之。是故爵人^㉓必于朝，与众共之也；刑人^㉔
必于市，与众弃之也。古者公家不畜^㉕刑人^㉖，大夫弗
养^㉗。其士遇之涂，弗与之言。屏^㉘诸四方，唯其所之，弗
及与政，弗欲生之也。"

注释

①听讼：审理诉讼案件。听，处理，审理。讼，诉讼或者诉讼案件。②丽：根据，依附。③事：事实。④心：动机。⑤原：推究根源。⑥立：确立、建立。⑦权：权衡。⑧意论：意，内心。论，论证。⑨慎测：仔细小心地检测。⑩量：分量。⑪聪明：明辨是非。⑫致：集中（意志、力量等）于某个方面。⑬正刑：正定刑法。⑭明辟：明断罪行。⑮察狱：审查案件。⑯三讯：向群臣、群吏、万民三方面征求意见。⑰有指：有犯罪的动机意图。⑱无简：核实不了犯罪事实。⑲赦：赦免。⑳疑：可疑。㉑共：共同审理。㉒成：审理妥帖。㉓爵人：给人授以官爵。㉔刑人：给人施以刑罚。㉕畜：收留。㉖刑人：因犯罪而受到刑罚的人。㉗养：供养。㉘屏：屏除，这里是放逐。

译文

仲弓说："古时候审理诉讼案件时，尤其注重依据事实来审判，而不是根据其犯罪的动机，可以将这些说给我听一听吗？"孔子说："凡是审理五种罪行的案件，必须要依据父子间的亲情，按照君臣之义来权衡。目的是论证情节的轻重，仔细地审查其罪行的深浅以区别对待。尽自己分辨是非的能力，考验其忠爱之心以穷究案情。大司寇的责任就是在审理案件时规定刑法、明察案情，审案必须要向群臣、群吏、万民三方征求意见。那种有犯罪的意图却核实不了犯

罪事实的就不要治罪。量刑时那种可重可轻的要从轻发落，赦免时要先赦免那些原判较重的。如果案件可疑就要广泛地向民众征求意见共同审理，如果情有可疑的就予以赦免。不论案件大还是小，都要审理好。因此授予人官爵就一定要在朝廷之上，让众人一同参加；给人施以刑罚时就一定要在街市上当众施行，让众人也一同唾弃他。古时候诸侯不允许收留犯罪的人，大夫也不允许供养犯罪的人。在道路上，读书人遇到犯人不要和他说话。将他放逐出去，随便流放到什么地方，不要让他参与政事，以示不想让他存活在人间。"

原文

仲弓曰："听狱，狱之成①，成②何官？"孔子曰："成狱成于吏，吏以狱成告于正③。正既听之，乃告大司寇。大司寇听之，乃奉④于王。王命三公卿士参听⑤棘木⑥之下，然后乃以狱之成告⑦于王。王三宥⑧之以听命，而制刑⑨焉。所以重⑩之也。"

注释

①成：定案。②成：取决于。③正：一官之长，这里是指狱官之长。④奉：报告。⑤参听：参与审理。⑥棘木：古代判案的处所。⑦告：报告。⑧宥：原谅。⑨制刑：制定刑罚。⑩重：慎重。

译文

仲弓说："审理诉讼案件时，案件判定时，取决于什么官员呢？"孔子说："断定案件先由狱官来裁定，狱官再将断定的情况告诉狱官长。

狱官长审定一遍以后，再将裁定的结果报告给大司寇。大司寇审理以后，再将裁定结果上报给君王。君王便命令三公以及卿士在断案处审理，然后再将裁定的结果以及案件中不能确定的可疑之处上报给君王。君王根据三种可以宽恕的情况决定要不要减免刑罚，最后根据审断的结果去制定刑罚。这都因为慎重处理的缘故。"

原文

仲弓曰："其禁何禁①?"孔子曰："巧言②破律③，遁名④改作⑤，执左道⑥以乱政者⑦，杀；作淫声⑧，造异服⑨，设奇伎⑩器以荡⑪上心者，杀；行伪而坚⑫，言诈而辩⑬，学非⑭而博，顺非⑮而泽⑯，以惑众者，杀；假⑰于鬼神、时日、卜筮以疑众者，杀。此四诛者不以听⑱。"

注释

①禁：禁止。②巧言：花言巧语。③破律：破坏律法。④遁名：假冒别人的名义。⑤改作：改变法则。⑥执左道：即作乱的意思。⑦乱政者：扰乱政事的人。⑧淫声：淫靡之声。⑨异服：奇装异服。⑩伎：技艺。⑪荡：放浪。⑫坚：顽固。⑬辩：口才好。⑭学非：学习那些邪恶的东西。⑮顺非：顺从邪恶之事。⑯泽：积极。⑰假：借助。⑱听：审理。

译文

仲弓说："在刑罚中都有哪些禁止的条款呢?"孔子说："花言巧语地将律法曲解，假冒他人名义改变法度，扰乱政事和作乱的，都要处以

死刑；制作淫靡之声，制造奇装异服，设计出诡异的技艺、奇巧的器物来扰乱君王心思的，都要予以诛杀；行为诡谲却又顽固不化的，言语狡诈又善于诡辩的，学习大量邪恶的东西、积极顺从邪恶之事，用来蛊惑民心的，都要予以诛杀；假借鬼神、时日，利用卜筮以迷惑民心的，都要处以死刑。这四种应当处以死刑的，无须再重新审理。"

原文

仲弓曰："其禁尽于此而已？"孔子曰："此其急①者。其余禁者十有四焉：命服②命车③不粥④于市，圭璋璧琮不粥于市，宗庙之器⑤不粥于市，兵车旆旗不粥于市，牺牲⑥粔籹⑦不粥于市，戎器兵甲不粥于市，用器不中度⑧不粥于市，布帛精粗不中数⑨、广狭⑩不中量⑪不粥于市，奸色⑫乱正色不粥于市，文锦珠玉之器雕饰靡丽不粥于市，衣服饮食不粥于市，果实不时⑬不粥于市，五木不中伐⑭不粥于市，鸟兽鱼鳖不中杀⑮不粥于市。凡执此禁⑯以齐⑰众者，不赦过也。"

注释

①急：紧急。②命服：古代帝王按照官职的等级所赐予臣子们的制服。③命车：古代帝王按照官职等级赐给臣子的车子。④粥：通

"鬻"，卖。⑤器：祭器。⑥牺牲：祭祀用的牲畜。⑦秬鬯：祭祀所用的酒。⑧中度：符合尺度。⑨中数：符合数量。⑩广狭：即宽窄。⑪中量：符合规格。⑫奸色：杂色。⑬不时：不到时令。⑭不中伐：还没有长成材。⑮不中杀：没有成熟。⑯禁：禁令。⑰齐：治理、整治。

译文

　　仲弓说："刑罚中的禁令就到此为止吗？"孔子说："这些是其中最紧要的。其他应禁止的还有十四种：天子赐予的命服、命车不准在集市上售卖，圭璋璧琮等物品不准在集市上售卖，宗庙的祭器不准在集市上售卖，兵车旌旗不准在集市上售卖，祭祀用的牲畜和酒不准在集市上售卖，军队使用的兵器甲胄等不准在集市上售卖，家用的器具不符合规矩的不准在集市上售卖，布帛等物精细不符合要求的、宽窄不符合规格的不准在集市上售卖，染色不正、杂色覆盖了本色的不准在集市上售卖，锦缎珠玉等器物雕饰得太过于奢靡的不准在集市上售卖，衣服饮食等物不准在集市上售卖，果实不成熟的不准在集市上售卖，树木没有长成材的不准在集市上售卖，鸟兽鱼鳖年幼不够屠宰规定的不准在集市上售卖。凡执行这些禁令都是为了治理民众，不能赦免触犯这些禁令的人。"

礼运第三十二

原文

孔子为鲁司寇①，与②于蜡③。既④宾⑤事毕，乃出游于观⑥之上，喟然而叹。言偃侍，曰："夫子何叹也?"孔子曰："昔大道⑦之行，与三代⑧之英，吾未之逮⑨，而有记⑩焉。

注释

①司寇：官职名，掌管刑狱纠察等事。②与：参与。③蜡：祭祀名，周代在十二月合祭百神，称为"蜡"。④既：已经。⑤宾：陪祭者。⑥观：高台上的建筑物。⑦大道：上古三皇五帝时遵循的社会准则。⑧三代：夏、商、周三代。⑨逮：及，赶得上。⑩记：记载。

译文

孔子担任鲁国大司寇，曾参与蜡祭。等到宾客祭祀完毕走后，他便外出到高台上观览，深深地叹了口气。言偃跟随在孔子身边，问道："老师您为什么叹气呢?"孔子说："从前大道通行的时代，和夏、商、周三代那样英明杰出的君王当政的时代，我都没有赶上，而有些文字记载还可以看到。

原文

"大道之行，天下为公①，选贤与能，讲信修②睦。故人不独③亲其亲，不独子其子。老有所终，壮有所用，矜④寡⑤孤疾皆有所养。货恶⑥其弃于地，不必藏⑦于己；力恶其不出于身，不必为人。是以奸谋闭而弗兴⑧，盗窃乱贼不作。故外户而不闭，谓之大同。

注释

①天下为公：天下是公共的。②修：增进。③独：独自。④矜：通"鳏"，年老没有妻子的人。⑤寡：年老没有丈夫的人。⑥恶：憎恶，厌恶。⑦藏：收藏。⑧兴：发生。

译文

"在大道通行的时代，天下是人们所共有的，把有贤德、有才能的人选出来给大家办事，人人讲求诚信，崇尚和睦。因此人们不单奉养自己的父母，不单抚育自己的子女。要使老年人能终其天年，壮年人能为社会效力，幼童能顺利地成长，使老而无妻的人、老而无夫的人、幼年丧父的孩子、老而无子的人、残疾人都能得到供养。人们憎恶财货被抛弃在地上的现象，但不必要收藏到自己家里；人们担心自己的智力和体力无法得到发挥，但不是因为个人的利益。这样一来，就不会有人搞阴谋，不会有人盗窃财物和兴兵作乱。因此家家户户都不用关大门了，这就叫作大同。

原文

"今大道既隐①，天下为家，各亲其亲，各子其子。货则为己，力则为人。大人世及以为常，城郭沟池以为固。禹汤文武，成王周公，由此而选，未有不谨②于礼。礼之所兴③，与天地并。如有不由礼而在位者，则以为殃④。"

注释

①隐：隐藏，消失。②谨：谨慎。③兴：兴旺发达。④殃：灾难，祸害。

译文

"现在大道已经没有了，天下成为一家一姓的财产，各人只侍奉自己的亲人，养育自己的子女。卖东西所得财物也都成自己的了，出力的事则由别人来做。天子诸侯世袭的现象已经习以为常，修建城墙和护城河作为坚固的防御工具。夏禹、商汤、文王、武王、成王、周公都是依据这一点被推选为君王的，没有不小心谨慎遵守礼的。礼的产生和兴起，是和天地并存的。如果一个君王在位期间不遵守礼，那么就会有灾祸。"

原文

言偃复问曰："如此乎，礼其急①也。"孔子曰："夫礼，先王所以承②天之道以治③人之情④。列⑤其鬼神，达⑥

于丧、祭、乡射、冠、婚、朝
聘⑦。故圣人以礼示⑧之，则天
下国家可得以礼正⑨矣。"

注释

①急：急需，紧急。②承：遵循。
③治：治理。④情：性情。⑤列：参
验。⑥达：通达，贯彻。⑦丧、祭、乡
射、冠、婚、朝聘：丧，丧礼。祭，祭
神或者祭祖先。乡射，乡间的射礼。
冠，男子的加冠礼。婚，婚礼。朝聘，诸侯定期朝见天子之礼。⑧示：
展示，昭示。⑨正：合规范。

译文

言偃又问道："这样一来，礼就是很紧急的吧。"孔子说道："礼，
就是先王用来遵循天道治理人们性情的。它参验于鬼神，在丧、祭、乡
射、冠、婚、朝聘上都贯彻了。因此圣人以礼来昭示天下，那样天下国
家才能合乎规范。"

原文

言偃曰："今之在位，莫知由①礼，何也?"孔子曰：
"呜呼哀哉! 我观②周道，幽厉③伤④也。吾舍鲁何适⑤? 夫
鲁之郊⑥及禘⑦皆非礼⑧，周公其已衰矣。杞之郊也禹，宋

之郊也契，是天子之事守⑨也，天子以杞、宋二王之后。周公摄政致太平，而与天子同是礼也。诸侯祭社稷宗庙，上下皆奉其典⑩，而祝嘏⑪莫敢易⑫其常法，是谓大嘉。

注释

①由：遵循。②观：考察。③幽厉：周幽王和周厉王，都是暴戾昏庸之君。④伤：败坏。⑤适：到，去。⑥郊：郊祭，即在郊外祭天地。⑦禘：在宗庙中祭祀祖先。⑧非礼：不符合礼仪。⑨守：保留。⑩典：制度，法则。⑪祝嘏：祭祀时致祈祷词和传达神灵意旨的人。⑫易：改变。

译文

言偃说："现在的当权者没有人遵循礼，是什么原因呢？"孔子回答说："哎呀，悲哀啊！我考察了周代的制度，礼从周幽王和周厉王的时候就被败坏了。我舍弃了鲁国又能到哪里去呢？鲁国所举行的郊祭和禘祖的仪式也都是不合乎周礼的，周公定的礼已经衰败了。杞国人祭天是为了祭大禹，宋国人祭天是为了祭契，这是由于他们是夏、商两代天子的后裔，因此能保留着天子的职事。周公代行执政而天下得以太平，因此对他才用和天子一样的礼仪。诸侯祭祀社稷和祖先，上下的人都尊奉着同样的典章制度，祝嘏也不敢妄自改变原有的制度，这就称为大嘉。

原文

"今使祝嘏辞说徒藏于宗祝巫史①，非礼也，是谓幽国②。醆斝③及尸君④，非礼也，是谓僭⑤君。冕弁⑥兵革藏于私家，非礼也，是谓胁君。大夫具官⑦，祭器不假⑧，声

乐⑨皆具⑩，非礼也，是为乱国。故仕于公曰臣，仕于家曰仆。三年之丧，与新有婚者，期⑪不使也。以衰裳⑫入朝，与家仆杂居齐齿⑬，非礼也，是谓臣与君共国⑭。天子有田，以处⑮其子孙；诸侯有国，以处其子孙；大夫有采⑯，以处其子孙，是谓制度。天子适⑰诸侯，必舍其宗庙，而不以礼籍⑱人，是谓天子坏法乱纪。诸侯非问疾吊丧，而入诸臣之家，是谓君臣为谑⑲。

注释

①宗祝巫史：宗，宗伯，掌管宗庙的祭祀礼仪。祝，太祝，掌管祭祀祈祷。巫，巫官，掌管占卜以及鬼神之事。史，史官，掌管祭祀时的记事。②幽国：典礼制度幽昧不明的国家。③醆斝：古代的两种酒器名。④尸君：献尸。⑤僭：超越本分。⑥冕弁：礼帽和礼服。⑦具官：设立各项官职。⑧假：借。⑨声乐：乐器。⑩具：具备。⑪期：期间。⑫衰裳：丧服。⑬齐齿：平等。⑭共国：共同占有国家。⑮处：安置。⑯采：即采邑，也就是封地。⑰适：到。⑱礼籍：典章礼制。⑲谑：开玩笑。

译文

"如今祝词、嘏辞只藏到宗伯、太祝、巫官、史官家中，这不符合礼，这就是所谓的国家典礼幽昧不明。醆斝是天子用于祭祀的酒器，诸侯用来献尸，这不符合礼，这就是所谓的僭越国君。冕弁兵车私自藏在大夫家中，这不符合礼，这就是所谓的威胁国君。大夫家中设立各种官职，祭器齐备，声乐俱全，这不符合礼，这就是所谓的悖乱国家纲纪。因此，受命于国君为官的称为臣，受命于大夫做事的称为仆。处于服三年之丧以及刚刚结婚的，在服丧和婚期的时间内，给他们假期，不要因公事而任用他们。穿着丧服入朝，或者在家和奴仆杂役一起并行，这些都是不符合礼的，这就是所谓的国君和臣子一同治理国家。因此天子拥有田地以安置自己的子孙；诸侯有国以安置自己的子孙；大夫有封地以安置自己的子孙，这就是所谓的制度。天子到诸侯国去，必须要住在诸侯的祖庙中，如果不依照典章礼制进到祖庙，那就叫作天子败坏法纪。诸侯如果不是为了探望病人或者吊丧，就随便进入到大臣家中，那就叫作君和臣开玩笑。

原文

"故夫礼者，君之柄①，所以别嫌明微，傧②鬼神，考③制度，别仁义，立政教，安君臣上下也。故政不正则君位危，君位危则大臣倍小臣窃。刑肃而俗弊，则法无常；法无常，则礼无别；礼无别，则士不事，民不归，是谓疵国。

注释

①柄：根本，依据。②傧：敬。③考：考正。

译文

"礼是国君治理国家的根本，用来辨别是非嫌疑，明察细微之处，迎敬鬼神，考正国家制度，列出仁义道德，树立政令和教化，使君臣上下的关系安定和谐。所以，政令不正确的话，君王的地位就会受到威胁，君王的地位受到威胁了，大臣们就会悖逆犯上，小官员们就会非法窃取权力。刑法严厉，但是社会风气却很败坏，法令就会变化无常；法令不正常的话，礼节就没有了秩序可言；礼节没有了秩序的话，读书人就不会按礼行事，百姓就不会归顺，这样的国家是有问题的。

原文

"是故夫政①者，君之所以藏身②。必本③之天，效④以降命⑤。命教于社⑥之谓教地⑦，降于祖庙之谓仁义，降于山川之谓兴作⑧，降于五祀⑨之谓制度，此圣人所以藏身固也。圣人参于天地，并于鬼神，以治政也。处⑩其所存⑪，礼之序也。瓽⑫其所乐，民之治也。天生时⑬，地生财⑭，人其父生而师教之。四者君以政⑮用之，所以立于无过⑯之地。

注释

①政：政事。②藏身：托身。③本：依照。④效：效仿。⑤降命：降，发布、实施。命，命令。⑥社：社神，这里是指大地。⑦教地：效法于地。⑧兴作：兴起、兴建。⑨五祀：五种祭祀的神祇，一般是门、户、灶、进、中霤五神。⑩处：处理。⑪存：存在的事物。⑫瓽：研习。⑬时：时节、时令。⑭财：物资。⑮政：通"正"。正确的、恰当的。⑯无过：没有过失。

译文

"所以政治是君主用于托身的东西。必定会依照天道来制定政令。政令实施于社神之祭，称之为效法于地；政令实施给祖庙之祭，称之为仁义；政令实施于山川之祭，称为兴建。政令实施给'五祀'之祭，称为制度。这就是圣人用来稳固地将政治托于自身的原因。圣人参验天地，和鬼神相合，以此来治理政事。处理那些存在的事物，就是礼的秩序。研习民众的喜好，就可以知道如何治理他们。天孕育出了四季，地生产

出了物资，人的身体都是父母所生，知识都是老师授予的。对于这四者，君王只要恰当地利用他们，就会立于不败之地。

原文

"君者，人所则^①，非则人者也；人所养^②，非养人者也；人所事^③，非事人者。夫君者明人则有过，养人则不足^④，事人则失位^⑤。故百姓则君以自治，养君以自安，事君以自显。是以礼达^⑥而分定^⑦，人皆爱其死而患其生。是故用人之智去其诈，用人之勇去其怒，用人之仁去其贪。国有患，君死社稷谓之义，大夫死宗庙谓之变。凡圣人能以天下为一家，以中国^⑧为一人，非意^⑨之。必知其情，从于其义，明于其利，达^⑩于其患，然后能为之。

注释

①则：效法尊崇。②养：供养。③事：服侍。④不足：不能满足。⑤失位：失去地位。⑥礼达：达于礼，即知礼。⑦分定：职分确定。⑧中国：此处指天下人。⑨意：通"臆"，臆想。⑩达：知晓，通达。

译文

"君王是众人所效法尊崇的，而不是尊崇效法别人的人；国君是众人所供养的，而不是供养别人的人；国君是众人侍奉的人，而不是侍奉别人的人。对于君王来说，效仿别人的话那自己就有过失，奉养别人的话那自己就不能满足百姓的要求，侍奉别人的话那自己就会失去职位。因此老百姓尊崇效法君王以管理自己，奉养君王以安定自己的生活，侍奉

君王让自己显达。因此懂得了礼，每个人的职分就得以确定了，每个人就乐于为君王奉献出自己的生命而耻于苟且偷生。因此国君要运用他们的智慧而去除他们的狡诈，任用他们的勇猛而去除他们的鲁莽冲动，任用他们的仁爱而去除他们的贪欲。国家出现了祸患，君王为了国家而死称为义，大夫为了宗庙而死称为变。所以圣人能将全天下治理得如同一家，将全天下人治理得如同一个人，这不是主观臆想出来的。他必须要懂得人之性情，通晓义理，明白利害，而后才可以做到这些。

原文

"何谓人情？喜、怒、哀、惧、爱、恶、欲，七者弗学而能。何谓人义？父慈，子孝，兄良，弟悌①，夫义，妇听，长惠②，幼顺，君仁，臣忠，十者谓之人义。讲信修睦，谓之人利。争夺相杀，谓之人患。圣人之所以治人七情，修十义，讲信修睦，尚③辞让，去④争夺，舍礼何以治之？饮食男女，人之大欲存焉；死亡贫苦，人之大恶存焉。欲、恶者，人之大端。人藏其心，不可测度⑤。美恶皆在其心，不见其色，欲一以穷之，舍礼何以哉？

注释

①悌：恭敬。②惠：恩惠，惠爱。③尚：崇尚。④去：消除。⑤测度：测量，度量。

译文

"什么叫人情？喜、怒、哀、惧、爱、恶、欲，这七点不用学习就会。什么叫人义？父亲慈爱，子女孝顺，兄长温顺和气，弟弟恭敬，丈夫遵守道义，妻子顺从，长辈们惠爱，幼小的人尊老，君王仁慈，臣子忠诚，这十点叫作人义。讲究诚信和睦相处，叫作人利。争夺东西相互杀害，叫作人患。圣人治理天下的七情，讲究十义，重视诚实守信和睦相处，崇尚谦让，摒弃争斗，不讲究礼节怎么能够治理好国家呢？食欲和性欲，是人的最大欲望所在；死亡和贫困、痛苦，是人的最大厌恶所在。欲望和厌恶是人心中重要的情绪。人都隐藏了自己真实所想的，别人不能够猜测和度量。喜欢和厌恶都隐藏在心里面，不能在脸上看出来，想要了解一个人的真实心理，舍弃礼节怎么能够成功呢？

原文

"故人者，天地之德①，阴阳之交②，鬼神之会③，五行之秀④。天秉⑤阳，垂日星；地秉阴，载山川。播⑥五行于四时，和⑦四气⑧而后月生。是以三五⑨而盈，三五而缺。五行之动，共相竭也。五行四气十二月还⑩相为本⑪，五声五六律十二管还相为宫⑫，五味六和十二食还相为质，五色六章十二衣还相为主⑬。故人者，天地之心，而五行之端⑭，食味别声⑮被色⑯而生者也。

注释

①德：功德、造化。②交：交会，交合。③会：相合。④秀：灵秀。⑤秉：秉承。⑥播：分散。⑦和：相合。⑧四气：即四季。⑨三五：十五日。⑩还：循环、交替。⑪本：即主体。⑫宫：宫声。⑬主：主色。⑭端：首。⑮别声：识别声音。⑯被色：穿着彩衣。

译文

"因此说人是天地造化之功，阴阳交会、鬼神相合的产物，是五行中的灵秀之气。天秉承着阳性，太阳和星辰从空中垂射着大地；地秉承着阴性，承载着山川河流。将五行分散到四季中去，和四季相合以后就产生月亮的各种形状。因此月亮十五天就会圆满，过十五天又会出现残缺。五行互相运行消长，彼此互为终结。五行四季以及十二月，依次交替成为主体；五声六律十二管，依次交替成为宫声；五味六和十二食，依次交替成为主味；五色六章十二衣，依次交替成为主色。因此，人是天地之心，是五行之首，人品尝美味，识别声音，身穿彩衣而生活。

原文

"圣人作则①，必以天地为本，以阴阳为端，以四时为柄②。日星为纪③，以月为量④，鬼神以为徒⑤，五行以为质⑥，礼义以为器⑦，人情以为田，四灵以为畜。以天地为本，故物可举；以阴阳为端，故人情可睹；以四时为柄，故事可劝⑧；以日星为纪，故业可别⑨；以月为量，故功有艺⑩；鬼神以为徒，故事有守；

五行以为质，故事可复⑪也；礼义以为器，故事行有考⑫；人情以为田，故人以为奥⑬。四灵以为畜，故饮食有由⑭。

何谓四灵？麟凤龟龙谓之四灵。故龙以为畜，而鱼鲔不诊⑮；凤以为畜，而鸟不狝⑯；麟以为畜，而兽不狘⑰；龟以为畜，而人情不失⑱。

注释

①则：法则。②柄：权衡。③纪：纲纪。④量：限度。⑤徒：徒属。⑥质：主体。⑦器：器物，工具。⑧劝：劝勉。⑨别：区别，这里是有条理的意思。⑩艺：准则。⑪复：循环往复。⑫考：成效。⑬奥：主要对象。⑭由：由来。⑮诊：潜藏。⑯狝：飞走。⑰狘：逃走。⑱失：失误、过失。

译文

"圣人制定法则，必定是以天地为依据，以阴阳为两端，以四季为权衡。以太阳星辰为纲纪，以月亮为限度，以鬼神为徒属，以五行为主体，以礼义为器具，以人情为田地，以四灵为家畜。由于以天地为依据，所以能够包罗万象；由于以阴阳为两端，所以能够看得清人情世故；由于以四季为权衡，所以劝勉人们耕作；由于以太阳星辰为纲纪，所以事情处理得有条理；由于以月亮为限度，所以功业有准则；由于以鬼神为徒属，所以职事得以保守；由于以五行为主体，所以事情可以周而复始；由于以礼仪为器具，所以做事情有成效；由于以人情为田地，所以人就是主要的对象。由于以四灵为家畜，所以知晓了饮食的由来。四灵是什么呢？麟、凤、龟、龙被称为四灵。因此畜养了龙，鱼类就不会乱跳了；畜养了凤，鸟类就不会乱飞了；畜养了麒麟，兽类就不会乱逃了；畜养了灵龟，用来占卜人情真假之事就不会有差错了。

原文

"先王秉蓍①龟，列祭祀，瘗②缯③，宣④祝嘏⑤辞说，设制度。故国有礼⑥，官有御⑦，事有职，礼有序⑧。先王患礼之不达⑨于下，故飨帝于郊，所以定天位也；祀社于国，所以列⑩地利也；禘祖庙，所以本仁⑪也；旅⑫山川，所以傧鬼神也；祭五祀，所以本事也。故宗祝在庙，三公在朝，三老在学，王前巫而后史，卜筮瞽侑，皆在左右。王中心无违也，以守至正。是以礼行于郊，而百神受职；礼行于社，而百货可极；礼行于祖庙，而孝慈服焉。礼行于五祀，而正法则焉。故郊社宗庙山川五祀，义之修而礼之藏。

注释

①蓍龟：占卜所用的蓍草和龟甲。②瘗：掩埋、埋葬。③缯：丝织品。④宣：宣示。⑤祝嘏：祭祀时的祈祷和所传达的神祇的言语。⑥礼：礼制。⑦御：执掌。⑧序：秩序。⑨达：通达。⑩列：陈列。⑪本仁：以仁为本。⑫旅：祭祀。

译文

"先王秉持着卜筮用的蓍草和龟甲，安排对鬼神的祭祀，掩埋锦帛，宣读祝辞嘏辞，制定制度，设立祝嘏辞说。因而国家有了礼制，官吏有了执掌，事情有人做，礼有了秩序。先王担忧礼无法通达于天下，因此在南郊祭天，以确定天的至高无上的地位；在国中祭祀土神，以显现土

地给予人们的利益；祭祀祖庙，以推行以孝为本的仁道；祭祀山川，以逢迎鬼神；祭祀户、门、灶、中霤、井等五神，以推究各种功业和制度的源头。因此宗祝在庙堂中帮助君王施行礼，三公在朝廷中辅佐君王，三老在学校中推行教化，君王前面有侍奉鬼神的巫官，后面有记录言行的史官，左右有人筮之人以及乐师。君王处在中心，不需多用心思，只需用最保守最纯正的态度成为万民仿效的对象。因此礼施行于郊祀中，天上的神灵就会各司其职；礼施行于社祭中，大地所产的物品就能够各尽其用；礼施行于祖庙中，孝慈之道就会被人们接受。礼施行于五祀，各项法则制度就可以得到匡正。因此在郊、社、祖庙、山川、五祀这些祭祀中，礼修治了义又寄托在义当中。

原文

"夫礼必本于太一①，分②而为天地，转③而为阴阳，变④而为四时，列⑤而为鬼神。其降曰命⑥，其官⑦于天也，协⑧于分艺⑨。其居于人也曰养⑩。所以讲信修睦，而固人之肌肤之会⑪，筋骸之束也；所以养生送死，事鬼神之大端⑫；所以达天道，顺人情之大窦⑬。唯圣人为知礼之不可以已⑭也。故破国丧家亡人，必先去⑮其礼。礼之于人，犹酒之有糵⑯也。君子以厚⑰，小人以薄⑱。圣王修义之柄⑲，礼之序，以治人情。

注释

①太一：元气。②分：分化。③转：运转。④变：变换。⑤列：陈列。⑥命：政令。⑦官：取法。⑧协：符合。⑨分艺：分界准则。

⑩养：修养身心。⑪肌肤之会：肌肤的会合。⑫大端：重大事情。⑬大窦：根本的通道。⑭已：废除，停止。⑮先：去除、抛弃。⑯蘖：原意是树木的新芽，这里是酒曲的意思。⑰厚：淳厚。⑱薄：浅薄。⑲柄：根本。

译文

　　"礼必定是源于那混沌的'太一'，太一分为二，上为天，下为地，运转而成为阴和阳，变换而成为四季，陈列而成为鬼神。它下降到世间称为君王的政令，它是取法于天道、符合分界的准则的。礼对于人来说，是用来修养身心的。因此要讲求诚信和睦，以坚固人的肌肤组合，束缚起筋骨；礼是被人们用来奉养生者送别死者、侍奉鬼神等重大事情的；是被用来通达天道、顺通人情的根本通道。只有圣人知道礼是不能够被废止的。因此那些危害国家、败坏家世、亡命天涯的人，必定是先丧失了礼。礼对于人来说，就像酒必须要有酒曲一样。礼仪淳厚的是君子，礼仪寡薄的就是小人。圣人修治义的根本就在于礼的次序，用来治理人情。

原文

　　"人情者，圣王之田也。修礼以耕之，陈①义以种之，讲学以耨②之，本仁以聚之，播乐以安之。故礼者，义之实也。协③诸义而协，则礼虽先王未之有，可以义起④焉。义者艺之分，仁之节。协诸艺，讲于仁，得之者强，失之者丧。仁者义之本，顺之体，得之者尊。

注释

①陈：陈述。②耨：锄草。③协：协调，和谐。④起：出来，创造出新的东西。

译文

"人情就像是圣明君王的田地。修治礼义用来耕耘它，讲述义理用来播种它，讲学用来保养它，以仁爱为本来收获它，放优美的音乐使百姓的心情得到安定。所以，礼是义的结果。使各种义协调一致，这种协调就是礼，即使之前的君王没有制定的礼仪，也可以根据义来创造新的礼仪。义是辨别是非的准则，衡量人的尺度。合乎义理，讲究仁爱，做到这些的人就会强大，没有做到的人就会衰弱。仁是义的本质，是合乎人情的表现，做到的人就会受人尊重。

原文

"故治国不以礼，犹无耜①而耕；为礼而不本于义，犹耕而不种。为义而不讲于学，犹种而不耨②；讲之以学而不合②以仁，犹耨而不获；合之以仁而不安③之以乐，犹获而弗食；安之以乐而不达于顺，犹食而不肥。

注释

①耜：耕种时用的农具。②合：统一。③安：使……安定。

　　"所以，治理国家的时候不用礼节，就好像耕耘的时候不用农具一样；不依据义制定礼节，就像耕耘土地而不播种；治理义的时候不研究学习，就好像播种了而不锄草；研究学习了但是没有和仁爱统一，就好像锄草以后没有收获；与仁爱统一了而不能用音乐使百姓的心情得到安定，就好像收获了庄稼但是却不食用；播放音乐使百姓的心情得到安定，但是没有达到和睦，就好像食用了以后却没有让身体强壮。

　　"四体既正①，肤革充盈，人之肥也；父子笃，兄弟睦，夫妇和，家之肥也；大臣法②而小臣廉，官职相序，君臣相正③，国之肥也；天子以德为车，以乐为御④，诸侯以礼相与，大夫以法相序，士以信相考，百姓以睦相守，天下之肥也。是谓大顺。大顺者，所以养生送死事鬼神之常也。

　　①正：完好无缺。②法：遵纪守法。③相正：相互纠正。④御：驾驭。

　　"四肢健全完好，肌肤丰润，这是健康的身体；父子感情深厚，兄弟和睦相处，夫妇和谐，这是健康的家庭；大的官员遵纪守法，小的官员廉洁清正，官制次序井然有序，君臣之间相互指出彼此的错误，这是健康的国家；君王把德行当作马车，用音乐来驾驭马车，诸侯们按照礼仪相互往来，大夫用法令排序，士人用诚信来考察彼此，这就是健康的天下。这就叫作大顺。顺，是用来养生送死敬奉鬼神的常道。

原文

"故事大积①焉而不苑②，并行而不谬③，细行而不失。深而通，茂而有间，连而不相及，动而不相害，此顺之至也。明于顺，然后乃能守危。夫礼之不同不丰不杀，所以持④情而合危⑤也。

注释

①积：聚集。②苑：堆积。③谬：错误。④持：维护，维持。⑤危：危险，矛盾。

译文

"所以事情往往都会聚集在一起但是不会堆积，同时进行不会相互交错，小细节的事情也不会忘记。深奥的事情可以通晓，繁杂但是井然，相互联结而没有扰乱，运动而不相互妨碍，这就是顺的最高境界了。明了顺的意义，然后可以守住高位而不危乱。礼是有差别的，不能太过分，也不能消减，这样可以用来维护人情，调节矛盾。

原文

"山者①不使居川，渚者②不使居原。用水火金木，饮食必时③。冬合④男女，春颁⑤爵位，必当⑥年德，皆所谓顺也。

用民必顺⑦，故无水旱昆虫之灾，民无凶饥⑧妖孽之疾。天不爱⑨其道，地不爱其宝，人不爱其情，是以天降甘露，地出醴泉，山出器车，河出马图，凤凰麒麟皆在近郊，龟龙在宫沼。其余鸟兽及卵胎，皆可俯而窥也。则是无故⑩，先王能循礼以达义，体信⑪以达顺，此顺之实也。"

注释

①山者：居住在山间的人。②渚者：居住在水边的人。③时：时令。④冬合：在冬季举行婚礼，让男女相合。⑤颁：授予。⑥当：相当。⑦顺：顺应。⑧凶饥：指年成不好，有灾荒饥饿。⑨爱：吝惜。⑩无故：没有原因。⑪体信：遵循诚信。

译文

"住惯山区的人不能让他们迁居河边，在水边住惯的人也不能让他们迁居平原。使用水、火、金、木以及饮食必须和时令相符。冬季男女婚配，春季颁授爵位，这些都要与年龄和德行相符，这些都是符合'顺'的。役使人民必须顺应天时，所以才没有旱涝虫害之灾，人民也没有灾荒饥饿以及怪异之事。上天不吝惜它的天理，大地不吝惜它的宝贝，人不吝惜他的情感，于是天降甘霖，地涌甘泉，山林出产器物和车辆，河水中跳跃出龙马载着宝图，凤凰和麒麟出现在郊外的水泽旁，神龟和龙来到宫殿的池沼中生活。其他的那些鸟兽以及它们的卵胎，随处任人俯身近看。出现这些并没有别的原因，而是先王遵循礼仪通达于义，遵循诚信通达和顺，这些都是顺的真实表现。"

卷八

❀冠颂第三十三❀

郕隐公既即位，将冠①，使大夫因②孟懿子问礼于孔子。子曰："其礼如世子③之冠。冠于阼④者，以著⑤代也。醮⑥于客位，加其有成。三加弥尊，导喻其志。冠而字之，敬其名也。虽天子之元子⑦，犹士⑧也，其礼无变⑨。天下无生而贵者，故也行冠事必于祖庙。以裸享⑩之礼以将之，以金石之乐节⑪之，所以自卑而尊先祖，示不敢擅。"懿子曰："天子未冠即位，长亦冠也?"孔子曰："古者王世子虽幼，其即位，则尊为人君。人君治成人之事者，何冠之有?"

①冠：即冠礼，古代男子二十岁举行冠礼，加帽于头上，表示已经成年。②因：通过。③世子：帝王、诸侯的嫡长子。④阼：大堂前东面的台阶。古代迎接客人，主人走东面的台阶，客人走西面。⑤著：表明。⑥醮：举行冠礼时的一种礼节，位尊者对位卑者敬酒，位卑者接受敬酒饮尽，不需回敬。⑦元子：长子。⑧士：代指平民。⑨无变：相同。⑩裸享：祭祀中的一种礼节。⑪节：节制。

译文

邾隐公即位后，将要举行冠礼，便派大夫通过孟懿子向孔子询问举行冠礼的有关事情。孔子说："这个礼仪应该和世子的冠礼相同。世子加冠时要站在堂前东面的台阶上，以表示他将要接替其父成为家长。然后站在宾客之位上向席间位卑者敬酒。每加一次冠都要敬一次酒，表示加礼于有成的人。三次加冠，一次比一次尊贵，是为了教导他要有志向。加冠以后要以字来称呼他，这是表示对他名的尊重。即便是天子的长子，也与普通的百姓一样，冠礼是没有什么不同的。天下没有生下来就富贵的，故而冠礼一定要在祖庙中举行。要用裸享之礼来加以约束，用金石之乐来加以节制，这样是为了让加冠者感到自己的卑微因而更加尊敬其祖先，表示自己是不敢擅自改变祖先的礼制的。"孟懿子说："天子还没有成人就继承了王位，等到他长大成人的时候还要举行冠礼吗？"孔子说："古代的太子即便年纪很小，一旦他继承了王位就被尊为人君。身为人君所做的都是成人应该做的事，如何需要再举行冠礼呢？"

原文

懿子曰："然则诸侯之冠异天子与？"孔子曰："君薨①而世子主丧，是亦冠也已。人君无所殊也。"懿子曰："今邾君之冠，非礼②也？"孔子曰："诸侯之有冠礼也，夏之末造③也。有自来矣，今无讥焉。天子冠者，武王崩④，成王年十有三而嗣⑤立，周公居冢宰，摄⑥政以治天下。明年夏六月，既葬。冠成王而朝于祖，以见诸侯，亦有君也。周公命祝雍作颂，曰：'祝王达⑦而未幼。'祝雍

辞曰：'使王近于民，远于年，啬⑧于时，惠于财，亲贤而任能。'其颂曰：'令月吉日，王始加元服⑨。去王幼志，服衮职。钦若昊⑩天，六合⑪是式⑫。率尔祖考⑬，永永无极。'此周公之制也。"

注释

①薨：诸侯死称薨。②非礼：不符合礼制。③造：制定。④崩：帝王或者王后死称崩。⑤嗣：继承。⑥摄：代理。⑦达：通达。⑧啬：爱护。⑨元服：即冠。⑩昊：大，常用来指天。⑪六合：天、地、东、南、西、北称之为六合。⑫式：法式、范式。⑬祖考：祖先。

译文

孟懿子问道："那么诸侯的冠礼和天子的冠礼有什么不同吗？"孔子说："诸侯死了以后，由他的世子来主持丧礼，也就表明他已经行过冠礼成人了。这一点和天子是没有什么区别的。"孟懿子问道："那么现在郏君的冠礼是不符合礼制的吧？"孔子说："诸侯也可以举行冠礼，是从夏朝末年开始制定的。这是有由来的，如今对此也不用讥讽。天子举行冠礼是从周成王开始的，周武王去世了以后，成王以十三岁的年龄继承了王位，周公担任家宰，代理执掌政事辅助成王治理天下。到了第二年的夏六月，安葬了武王。为成王举行了冠礼并朝拜祖先，这就告诉诸侯他们已经有了新的国君。周公让祝雍写了颂词，说：'祝愿我王明达于政事而不再年幼。'祝雍祝辞说：'让我王得到民心，长命百岁，爱护百姓让他们和农时相合，善于积聚财物并且亲近和任用贤明之士。'颂辞道：'在美好吉祥的日子中，我王举行了冠礼。从此去掉那些年幼者的不成熟的想法，穿上衮服。顺应天命，效法于六合。我们伟大的祖先啊，祈祷你们保佑我王，永远福寿无疆。'这就是周公创建的礼制。"

懿子曰:"诸侯之冠,其所以为宾主①,何也?"孔子曰:"公冠则以卿为宾,无介②。公自为主,迎宾,揖升自阼,立于席北。其醴也则如士,飨之以三献③之礼。既醴,降自阼阶。诸侯非公而自为主者,其所以异,皆降自西阶④。玄端⑤与皮弁,异朝服素⑥毕,公冠四⑦,加玄冕祭,其酬币⑧于宾,则束帛乘马。王太子、庶子⑨之冠拟⑩焉,皆天子自为主,其礼与士无变。飨食宾也,皆同。"懿子曰:"始冠必加缁布⑪之冠,何也?"孔子曰:"示不忘古,太古冠布,斋则缁之,其緌⑫也,吾未之闻。今则冠而敝之,可也。"懿子曰:"三王之冠,其异何也?"孔子曰:"周弁、殷冔、夏收,一也。三王共皮弁素绩。委貌,周道也;章甫,殷道也;毋追,夏后氏之道也。"

①为宾主:在宾位上主持。②介:宾主之间的传话人。③三献:祭祀时要献酒三次,第一次叫初献爵,第二次叫亚献爵,第三次叫终献爵。④西阶:宾客所站的台阶。⑤玄端:皮制的礼服。⑥素:没有染色

的丝绸。⑦冠四：加四次冠。⑧酬币：酬谢宾客的礼物。⑨庶子：不是嫡出的儿子。⑩拟：仿效。⑪缁布：黑色的麻布。⑫緌：垂下来的帽带。

译文

　　孟懿子问："诸侯举行冠礼时，都是在宾位上举行的，这是什么原因呢？"孔子说："诸侯中的公举行冠礼时要以卿为宾客，不需要中间的传话人。公亲自主持，在堂前的台阶上作揖迎接宾客，将宾客引领到宾位后，自己站立在北面。他们斟美酒的礼节也和一般的百姓一样，要敬三次酒以祭祀祖先。举行完斟美酒礼以后，就从堂上下来回到东面的台阶上。爵位不是公的诸侯要自己做主持举行冠礼，这就是他们不同的地方，但要回到宾位上举行。身穿黑色礼服，头戴白鹿皮的冠，和平常所穿的素色朝服和蔽膝不一样。公要加四次冠，头戴礼帽，身穿礼服，在宾位上以礼物酬谢宾客，然后乘马出行。王太子以及庶子的冠礼也效法诸侯的冠礼，都是天子亲自主持，礼仪和士冠礼一样。用酒食来款待宾客，也是一样的。"孟懿子问："第一次加冠必须戴缁布冠，这是为什么呢？"孔子说："这是为了表示不忘古代的礼制，在太古的时候，帽子都是用麻布做成的，行斋礼的时候才戴缁布冠，而帽子垂下来的带子，我没有听说过。现在举行冠礼连缁布冠也不用戴了。"孟懿子问："上古三王所戴的帽子，有什么不同吗？"孔子说："周代叫弁、殷代叫冔、夏代叫收，是一样的。三王的帽子都是皮帽和没有染色的帽带。委貌，是周人常戴的帽子；章甫，是殷人常戴的帽子；毋追，是夏人常戴的帽子。"

庙制第三十四

卫将军文子将立先君之庙于其家①，使子羔访于孔子。子曰："公庙设于私家，非古礼之所及，吾弗知。"子羔曰："敢问尊卑上下立庙之制，可得而闻乎?"孔子曰："天下有王，分地建国，设祖宗，乃为亲疏贵贱多少之数。是故天子立七庙，三昭三穆，与太祖之庙而七。太祖近庙，皆月祭之。远庙为祧②，有二祧③焉，享尝④乃止。诸侯立五庙，二昭二穆，与太祖之庙而五，曰祖考庙，享尝乃止。大夫立三庙，一昭一穆，与太祖之庙而三，曰皇考庙，享尝乃止。士立一庙，曰考庙，王考⑤无庙，合而⑥享尝乃止。庶人无庙，四时祭于寝。此自有虞以至于周之所不变也。凡四代帝王之所谓郊者，皆以配天。其所谓禘⑦者，皆五年大祭之所及也。应为太祖者，则其庙不毁。不及太祖，虽在禘郊，其庙则毁矣。古者祖有功而宗有德，谓之祖宗者，其庙皆不毁。"

注释

①家：大夫的封地叫家。②祧：远祖的庙。③二祧：高祖庙和父母祖庙。④尝：即祭祀。⑤王考：对祖父的尊称。⑥合而：将祖庙合到父庙之中。⑦禘：在南郊祭天称为"禘"。

译文

卫国的将军文子将要在他的封地上建立先代君王的宗庙，派子羔向孔子询问有关的礼仪。孔子说："公家的庙宇设立在私人的封地上，这是古代礼制没有的，我不知道。"子羔说："请问建立宗庙的尊卑、上下的相关礼制，我能够听您讲一下吗？"孔子说："自从天下有了君王，便开始分封土地，建立国家，设立祖宗的庙宇，这样就有了亲疏、贵贱、多少的区分。因此天子建七庙，左边三座昭庙，右边三座穆庙，再加上中间的太祖庙一共有七座。太祖庙是近亲的庙，每月都要祭祀。远祖的庙称为'祧'，一共有二祧，每个季节祭祀一次。诸侯建五座庙，左边两座昭庙，右边两座穆庙，加上中间的太祖庙一共五座，称为始祖庙，每个季节都要举行一次祭祀。大夫建三庙，左边一座昭庙，右边一座穆庙，加上中间的太庙一共三座，称为曾祖庙，每个季节都要举行一次祭祀。士建一座庙，称为考庙，没有祖庙，合到了父庙之中，每个季节都要举行一次祭祀。普通的百姓没有庙宇，每个季节都要在居室中举行祭祀。这种制度是从有虞开始的，一直到周朝都没有改变。凡是四代帝王称为郊祭的，都是和上天相配的。凡是称作禘的，都是五年中最大规模的祭祀。被称作太祖的，他的庙宇不会被摧毁。而那些功德比不上太祖的，即便是受到禘、郊的祭祀，他的宗庙也会被摧毁。古代将祖有功而宗有德的称作祖宗，他们的庙宇也是不会被毁坏的。"

原文

子羔问曰："祭典云：'昔有虞氏祖颛顼而宗尧，夏后氏亦祖颛顼而宗禹，殷人祖契而宗汤，周人祖文王而宗武王。'此四祖四宗，或乃异代，或其考祖之有功德，其庙可①也。若有虞宗尧，夏祖颛顼，皆异代之有功德者也，亦可以存其庙乎?"孔子曰："善，如汝所问也。如殷周之祖宗，其庙可以不毁，其他祖宗者，功德不殊②，虽在殊③代，亦可以无疑矣。《诗》云：'蔽芾甘棠，勿翦勿伐，召伯所憩。'周人之于召公也，爱其人，犹敬其所舍之树，况祖宗其功德而可以不尊奉其庙焉!"

注释

①可：可以不被摧毁。②殊：显著、非凡。③殊：不同。

译文

子羔问道："祭典上说：'以前有虞氏的宗庙以颛顼为祖、以尧为宗；夏后氏的宗庙也以颛顼为祖而以禹为宗；殷人的宗庙以契为祖、以

汤为宗；周人的宗庙以文王为祖、以武王为宗。'这四祖四宗，有的是时代不同，有的是祖上有功德，因此他们的庙宇可以永远供奉不毁。像有虞氏以尧为宗，夏后氏以颛顼为祖，这都是处在不同的时代而有功德的，那么他们的庙宇可以永存不毁吗？"孔子说："是的，就像你问的一样。像殷人以及周人的祖宗，他们的庙宇是可以不被毁坏的，其他的祖宗，功德和他们的祖先相同，即便是处在不同的朝代，他们的庙宇无疑也是不可毁坏的。《诗经》上说：'那幼小的甘棠树，不要裁剪，不要砍伐，那是召伯曾休息过的地方。'周人对待召公，不但敬爱他本人，连他在其下休息过的树也一并爱护，更何况祖宗有功德，又怎么会不尊奉他的庙呢？"

❀ 辩乐解第三十五 ❀

【原文】

孔子学琴于师襄子。师襄子曰:"吾虽以击磬①为官,然能于琴。今子于琴已习,可以益②矣。"孔子曰:"丘未得其数③也。"有间④,曰:"已习其数,可以益矣。"孔子曰:"丘未得其志也。"有间,曰:"已习其志,可以益矣。"孔子曰:"丘未得其为人也。"

【注释】

①磬:古代的一种乐器。②益:增加,加上。③数:节奏度数。④有间:过了一段时间。

【译文】

孔子向师襄子学习弹琴。师襄子说:"我虽然是因为磬打得好才被委任官职的,但是我最擅长的是弹琴。现在你的琴已经弹得很娴熟了,可以学习新的东西了。"孔子说:"我还没有掌握弹琴的节奏。"过了一段时间,师襄子说:"你已经熟练地掌握弹琴的节奏了,现在可以学习新的内容了。"孔子说:"我还没有领会琴曲的内涵呢。"过了一段时

间，师襄子说："你已经领会琴曲的内涵了，可以学习新的内容了。"孔子说："我还没有了解作曲的是什么人呢。"

原文

有间，曰："孔子有所缪然思焉，有所睪然高望而远眺。"曰："丘迨①得其为人矣，黮而黑，颀然长②，旷③如望羊，掩有四方。非文王其孰能为此？"师襄子避席叶拱④而对曰："君子圣人也，其传曰《文王操》。"

注释

①迨：等到。②颀然长：这里特指身体修长。③旷：高远。④叶拱：以两手抚于胸前为礼。

译文

过了一段时间，师襄子说："孔子穆然深思，有志向高远、登高远眺的神态。"孔子说："我现在才了解到作曲的是什么人。他皮肤很黑，身体修长，眼光明亮，高瞻远瞩，看上去拥有了四方的土地。他不是周文王还能是谁呢？"师襄子从席子上起来向孔子拜了两拜说："你真是圣人，这个曲子据传说就是《文王操》。"

原文

子路鼓琴，孔子闻之，谓冉有曰："甚矣^①！由之不才也。夫先王之制^②音也，奏中声以为节，入于南，不归于北。夫南者，生育之乡，北者，杀伐之城。故君子之音，温柔居中，以养生育之气，忧愁之感不加^③于心也，暴厉^④之动不在于体也。夫然者，乃所谓治安之风也。

注释

①甚矣：严重得很。②制：创制。③加：存在于。④暴厉：剧烈。

译文

子路在弹琴，孔子听到以后对冉有说："真是很严重啊！仲由的琴弹得不是很好啊。先王创制音乐，并用弹奏中音作为节制，音乐流传到南方，但是不流传到北方。因为南方是生长发育的地方，北方则是充满战争杀戮的地方。所以君子的音乐温和适中，从而用来调养生育气息，使忧愁的感觉不会存在心中，让剧烈的运动不存在体内。这样的声音就是大家经常说的盛世安乐之音。

原文

"小人之音则不然，亢丽①微末，以象杀伐之气，中和之感不载于心，温和之动不存于体。夫然者，乃所以为乱②之风。昔者舜弹五弦之琴，造③《南风》之诗，其诗曰：'南风之薰兮，可以解吾民之愠④兮。南风之时兮，可以阜⑤吾民之财兮。'唯修此化，故其兴也勃焉。德如泉流，至于今王公大人述⑥而弗忘。

注释

①亢丽：激烈。②乱：扰乱。③造：创造，作出。④愠：不高兴。⑤阜：盛，大。⑥述：叙述，陈述。

译文

"小人的音乐就不是这样的，小人的音乐激烈而且很琐碎，用以象征杀戮征战，温和适中的感觉不存在他的心中，温和的运动不存在他的体内。这样的声音就是扰乱国家的声音。先前的舜帝弹奏五弦琴，创造出《南风》的诗篇，诗中说：'南方的风真温馨啊！它可以消去百姓们的愤怒。南风吹来的时间正是时候啊！它可以让百姓们的钱财更加富足。'只有讲究这样的音乐教化，舜帝的国家才能如此的兴盛。品德就好像泉水一样，一直流到现在，王公大臣们还能叙述出来而没有忘记。

原文

"殷纣好为北鄙①之声,其废②也忽焉。至于今王公大人举以为诫。夫舜起布衣,积德含和,而终以帝。纣为天子,荒淫暴乱,而终以亡。非各所修之致③乎?由今也匹夫之徒,曾无意④于先王之制,而习亡国之声,岂能保其六七尺之体哉?"冉有以告子路,子路惧而自悔,静思不食,以至骨立。夫子曰:"过而能改,其进矣乎!"

注释

①鄙:边远的地方。②废:灭亡。③致:导致,致使。④无意:没有考虑。

译文

"纣王喜欢北方杀伐征战的音乐,他的国家很快就灭亡了。现在,王公大臣都经常以此为戒。舜帝是从百姓中起家的,他积累品德性情温和,最终称帝。纣王贵为天子,荒淫无度,残暴地对待百姓,最终导致了灭亡。难道他们的遭遇不是各自修养政事的结果吗?仲由现在只是个平常的人,但是没有思考先王的教导,演奏这种亡国之音,怎么能够保全七尺之身呢?"冉有将这些话告诉了子路,子路很恐惧并且暗自悔恨,每天静坐反思并且不进食,以至于到了形销骨立的地步。孔子说道:"有了错误能够改正,这就是进步了。"

原文

　　周宾牟贾侍坐于孔子，孔子与之言，及乐，曰："夫《武》之备诫之以久，何也?"对曰："病①不得其众。""咏叹②之，淫液③之，何也?"对曰："恐不逮事④。""发扬蹈厉⑤之已蚤⑥，何也?"对曰："及时事。""《武》坐⑦致右⑧而轩左⑨，何也?"对曰："非《武》坐。""声淫及商，何也?"对曰："非《武》音也。"孔子曰："若非《武》音，则何音也?"对曰："有司失其传⑩也。"孔子曰："唯，丘闻诸苌弘，亦若吾子之言是也。若非有司失其传，则武王之志荒⑪矣。"

注释

　　①病：担心，害怕。②咏叹：长声歌唱。③淫液：乐声连绵悠长。④事：战事。⑤发扬蹈厉：举起手以表示奋发，顿足以表示勇猛。⑥蚤：通"早"。⑦坐：即跪。⑧致右：右膝着地。⑨轩左：提起左膝。⑩传：传授。⑪荒：迷乱。

译文

　　周宾牟贾在孔子一旁陪侍而坐，孔子和他谈论到了音乐，说："《武舞》刚开始时击鼓警示众人的时间很长，这是什么原因啊？"周宾牟贾回答说："那是在模仿武王，武王因为担心众人不肯拥护他。"孔子问道："为什么歌声拖得那么长，乐声又那么连绵不绝呢？"周宾牟贾回答说："恐怕是为了模仿当时武王还不能集合诸侯共同起事吧。"孔子问："很早就开始剧烈地手舞足蹈，是什么缘故呢？"周宾牟贾回答说："那是在模仿当时的时机很适合，要趁机发动征伐。"孔子问道："《武舞》时右膝跪着地，左膝提起，是什么缘故呢？"周宾牟贾回答说："那并不是《武舞》的跪。"孔子问道："歌声中充满了杀气，是什么缘故呢？"周宾牟贾回答说："那并不是《武舞》的歌声。"孔子问道："如果不是《武舞》的歌声，那又是什么歌声呢？"周宾牟贾回答说："那是由于乐官们的错误传授致使其失去了原来的面目。"孔子说："我在苌弘先生那里听到的和你所说的相似。如果不是乐官传授错了的话，那就是武王意志迷乱了。"

原文

　　宾牟贾起，免席①而请曰："夫《武》之备诫之以久，则既闻命矣。敢问迟②矣而又久立于缀③，何也？"子曰："居④，吾语尔。夫乐者，象成⑤者也。总⑥干⑦而山立，武王之事也；发扬蹈厉，太公之志也；《武》乱皆坐，周召之治也。且夫《武》，始⑧成而北出⑨，再成而灭商，三成而南反，四成而南国是疆，五成而分陕，周公左，召公右，六成而复缀⑩，以崇其天子焉。众夹振⑪之而四伐⑫，

所以盛威于中国；分夹而进，所以事蚤济；久立于缀，所以待诸侯之至也。今汝独未闻牧野之语乎？武王克殷而反商之政，未及下车则封黄帝之后[13]于蓟，封帝尧之后于祝，封帝舜之后于陈。下车又封夏后氏之后于杞，封殷之后于宋。封王子比干之墓，释箕子之囚，使人行[14]商容[15]之旧，以复其位。庶民弛政[16]，庶士倍禄。既济[17]河西，马散之华山之阳而弗复乘，牛散之桃林之野而弗复服[18]。车甲则衅[19]之而藏诸府库，以示弗复用。倒载干戈，而包之以虎皮。将率之士，使为诸侯，命之曰建櫜[20]，然后天下知武王之不复用兵也。散军[21]而修郊射，左射以《狸首》，右射以《驺虞》，而贯革[22]之射息[23]也。裨冕搢笏[24]，而虎贲[25]之士脱[26]剑；郊配后稷，而民知尊父焉；配明堂，而民知孝焉；朝觐，然后诸侯知所以臣；耕藉[27]，然后民知所以敬亲。六者，天下之大教也。食三老五更[28]于太学，天子袒而割牲，执酱而馈，执爵[29]而酳，冕而总干，所以教诸侯之弟也。如此则周道四达，礼乐交通[30]，夫《武》之迟久，不亦宜乎？"

注释

①免席：离开席位。②迟：等待。③缀：表演者所处的位置。④居：请坐。⑤象成：表明已经成功的事业。⑥总：拿着、手持。⑦干：盾牌。⑧始：《武舞》开始的第一段。下面的再、三、四、五、六都是指舞的段数。⑨北出：指武王北上讨伐商纣之事。⑩复缀：回归原位。⑪夹振：表演中众将围在武王四周摇动铎铃。⑫四伐：舞者按金铎的声音节奏向四方击刺，示武王征伐四方。⑬后：后裔。⑭行：巡行。⑮商容：人名，殷商时的贵族。⑯弛政：废除商纣的暴政。⑰济：渡过。⑱服：驾驭。⑲衅：包裹起来（不再使用）。⑳建櫜：将兵器包裹起来

收藏不再使用。㉑散军：解散军队。㉒贯革：射穿革甲。㉓息：停止。
㉔裨冕搢笏：裨，礼服。冕，礼帽。裨冕，穿戴上礼服和礼帽。搢笏，
将笏板插在腰间。㉕虎贲：指勇士。㉖脱：解下。㉗耕藉：古代的一种
礼仪。每逢春耕开始之前，由天子等率领群臣一同来到藉田，亲自耕
作，以表示重视农业生产以及对祖先的敬仰之情。㉘三老五更：古代朝
廷中设有三老、五更各一人，君王以父兄之礼来尊养他们，以表示敬
老。㉙爵：酒杯。㉚交通：相通，交往。

译文

　　宾牟贾站起来，离开席位向孔子请教："《武舞》开始前击鼓时间
之久的原因，已经听你提问过了。那么敢问《武舞》的扮演者，演出
时长久地站在舞位上等待，这是为什么呢？"孔子说："请坐下，我告
诉你。乐舞，是表现已经成功的事业的。手持盾牌不动，是为了表示武
王伐纣不是以杀戮征伐为目的；剧烈地手舞足蹈，是为了表示姜太公的
雄心壮志；《武舞》快要结束时全体跪坐，表示周公和召公共同辅政的
政绩。而《武舞》的那些队列变化，第一段从原位向北行进，是表示
武王北上伐纣；第二段队列向东，表示武王灭商纣；第三段队列向南，
表示武王灭商以后南还；第四段则表示向南方开拓疆土；第五段队列表
示以陕为界，周公治理东方的国土，邵公治理西方的国土；第六段，队
列回到原位，表示诸侯会聚对天子表示尊崇。在《武舞》的第六段中，
众将围在武王周围摇动铎铃，士卒用戈矛进行四次刺击，表示武王用武
力征服了天下。分成两列，表示战事已成。开始时扮演战士的演员长久
地立在原位歌舞，是表示武王等待诸侯会师伐纣。你难道没有听过牧野
之战的传说吗？武王战胜商纣以后，又将政权交给商的后人，他还没来
得及下车，就分封黄帝的后裔在蓟，分封尧帝的后裔在祝，分封舜帝的
后裔在陈。下了车以后，又分封夏后氏的后裔在杞，分封殷的后裔在
宋。命令修建王子比干的墓，释放被囚禁牢中的箕子，并派人查访寻找
贤臣商容并恢复他的官职。免除殷商时对百姓的赋税徭役，给官吏增加

了一倍的俸禄。而后他渡过黄河西行，将战马放到华山之南，不再用来骑乘；将拉辎重的牛都驱散到桃林的原野，不再用来运输；将兵车盔甲都涂上牲血收藏到府库中，不再使用；将盾牌矛戈等物都倒置起来，用虎皮包裹好。将将帅封到各国做诸侯，并将其称为'鞬橐'，这么一来，天下人就都知道武王不再用兵了。然后他解散了军队让他们学习郊射礼，在东郊练习射箭时以《狸首》这首诗作为节奏，在西郊练习射箭时《驺虞》这首诗作为节奏，停止了那种穿透铠甲的射箭。众人头戴礼帽，身穿礼服，腰间插着笏板，勇猛的战士解下了腰间悬挂的刀剑；在郊外祭祀后稷，是为了让百姓知道应当尊敬父辈；在明堂中祭祀祖先，是为了让百姓懂得孝道；让诸侯定期朝觐，是为了让诸侯知道如何做臣子；在藉田中亲自进行耕作，是为了让民众懂得如何重农养亲。上面这六件事，就是天下重大的施政措施。此外，太学中宴请三老、五更，天子袒露着左臂亲自切割牲畜肉，端着肉酱请他们食用，拿着酒杯向他们敬酒，天子头戴礼帽，手持盾牌为之歌舞，亲自主持慰问仪式，这些都是为了教导诸侯懂得孝悌之义。这样，周代的教化才通达于四海之间，礼乐互相通行，那么表现武王文治武功的《武舞》用了很长的时间，不是很适宜的吗？"